사라진 직업의 역사

하이브리드 총서 8

사라진 직업의 역사

© 이승원, 2011

1판 1쇄 발행일. 2011년 12월 30일
1판 4쇄 발행일. 2015년 8월 11일
2판 1쇄 발행일. 2021년 2월 10일

지은이. 이승원
펴낸이. 정은영

펴낸곳. (주)자음과모음
출판등록. 2001년 11월 28일 제2001-000259호
주소. 04047 서울시 마포구 양화로6길 49
전화. 편집부 02.324.2347 / 경영지원부 02.325.6047
팩스. 편집부 02.324.2348 / 경영지원부 02.2648.1311
이메일. munhak@jamobook.com

ISBN 978-89-544-4581-8 (04300)

하이브리드 총서 8

사라진 직업의 역사

이승원

자음과모음

사라진 직업의 역사

서문

막 스무 살이 될 무렵, 재수 끝에 대학에 들어갔다. '국문과'였다. 특별히 문학에 재능이 있거나 관심이 있어서가 아니었다. 내 꿈은 나무를 기르는 것이었다. 구체적으로 말하면 조경업에 종사하고 싶었다. 나무를 길러 도시 곳곳에 푸르른 정원을 만들고 싶었다. 매일매일 나무들과 어우러져 한평생 산다면 정말 좋을 것 같았다. 하지만 그건 역시 꿈일 뿐이었다.

어정쩡한 1학년을 보내고, 2학년에 접어들었을 무렵 일가친척에게 호된 사기를 당했다. 어머니는 매일 밤잠을 설쳤다. 군대에 가면 밥은 그냥 준다고 해서 별 고민 없이 입대했다. 어머니는 내게 미안한 마음으로 고맙다고 했다. 군 생활은 지루했다. 지루함을 달래는 유일한 길은 열심히 삽질과 곡괭이질을 하는 것이었다. 온몸이 땀으로 범벅된 후 샤워를 할 때의 그 개운함이 좋았다.

어느 날 대대장이 호출했다. 제대를 몇 달 남겨두지 않은 시점이었다. 긴히 할 말이 있다는 거였다. 무슨 얘길까. 대대장은 심각한 표정을 지으며 말했다. "자네, 군대에 말뚝 박을 생각 없나?" 갑작스런 대대장의 질문에, "네?!"라고 말할 수밖에 없었다. 대대장은 내가 군대 체질이란다. '직업 군인'이 되란다. 내가 불평도 없고, 불만도 없고, 시키면 시키는 대로 일을 잘하고, 야전 생활은 더할 나위 없이 잘 버틴단다. 물론 내 성격은 정반대다. 그저 참는 게 약이려니, 그저 귀머거리 3년, 벙어리 3년, 장님 3년의 마음으로 버틴다고 생각했을 뿐이었다.

대대장이 그 말을 꺼냈을 무렵, 사실 난 제대 후 무엇을 할 것인가 고민에 빠져 있었다. '무엇을 할 것인가'는 곧 앞으로 '어떤 직업을 선택할 것인가'와 같은 의미였다. 복학을 하면 교직을 이수한 후 중고등학교 선생님이 되고 싶었다. 학교에서 아이들을 가르치면 좋을 것 같았다. 하지만 복학 후 내 삶은 전혀 다른 길로 빠졌다.

내 첫 직업은 조그만 인테리어 회사의 말단 직원이었다. 내가 다니던 인테리어 회사의 주된 고객들은 '조폭'이 운영하는 룸살롱이나 클럽이었다. 물론 처음부터 알고 있었던 것은 아니었다. 내가 맡은 주요 업무는 현장이 잘 돌아가도록 목수, 칠장이, 배선기사 등의 비위를 맞춰주고, 필요할 때면 그들의 '데모도'를 해주는 것이었다. 그러나 그 일도 오래가지는 못했다. 사장마저 '조폭들'과 '절친'이라는 사실을 안 후 집안 핑계를 대고 슬그머니 그곳을 빠져나왔다. 배운 게 도둑질이라고, 인테리어를 하면서 알게 된 기술과 인맥을 동원해 조그맣게 '물장사'를 시작했다. 두 번째 직업은 '자영업'인 셈이었다.

자영업자로 막 화류계에 입성했을 때 IMF가 터졌으나, 힘든 시절일수록 술 권하는 '미풍양속'이 남아 있어서인지 그럭저럭 가게를 운영할 수 있었다. 두 해 정도는 재밌었다. 사람을 상대하는 일이라 쉽지는 않았지만, 매일매일 '현금'이 들어오는 게 신기하기도 뿌듯하기도 했다. 물론 가게 월세를 내지 못해 전전긍긍하는 경우도 있었지만 말이다. 장사를 한 지삼 년 정도 되었을 무렵부터 심신이 지치기 시작했다. 생각보다 '거친 일'들이 종종 있었고, 같은 업종에 종사하는 사람들에 대한 실망과 회의가 밀려왔다. 3년 동안 물장사를 하면서 얻은 가장 큰 소득은 아마 '인내'라는 두 글자의 위력을 깨달은 것. 마침 그 무렵 누군가가 내게 새로운 길을 알려줬다. 대학원에 가서 공부를 해보는 것은 어떻겠냐고. 장사를 접을 적당한 이유이자 삶을 잠시나마 유예할 수 있다는 안일한 생각과 내가 공부를 할 수 있을까 하는 막연한 기대감이 뒤범벅된 상태로 대학원에 진학했다. 그때가 1999년 봄이었다.

석·박사 과정을 이수하면서 '직업'을 갖지는 못했지만, 다양한 아르바이트로 연명했다. 대학원생들이 가장 쉽게 할 수 있는 '과외'를 한 번도하지 않고 몸으로 때우는 아르바이트만 했으니, 선생님이 되겠다는 예전의 내 꿈은 거짓이었거나, 내가 누군가를 가르치는 능력이 '젬병'이었음을 인정할 수밖에 없었다. 박사 과정을 수료한 후 '시간 강사'가 되었다. 세 번째 직업인 셈이었다.

'시간 강사'의 '시간'은 참으로 더뎠다. 박사 학위를 받고 모 대학 연구소 연구교수로 몇 년을 근무했으니, 네 번째 직업이었으며, 이제 다시 시간 강사로 컴백했으니, 다섯 번째 직업이라 부를 수 있겠다. 그러고 보니 많지도 적지도 않게 여러 직업을 거쳐왔다. 한 5년 전부터 취미로 목공을 시작했는데, 지금은 가끔씩 주문을 받고 가구를 만들어 팔기도 한다. 공방 선생님도 때때로 언제 창업할 거냐며 묻기도 한다. 함께 사는 여자는 매일같이 목수가 되라고 옆에서 좋알거린다. 만약 목수가 된다면 여섯 번째 직업이 될 것이다.

그러나 앞으로 내가 어떤 직업을 선택할지는 나도 모른다. 1999년 봄부터 지금까지 가장 열심히, 그리고 즐겁게 한 일은 100여 년 전과 식민지시대의 신문과 잡지를 보고 또 보는 일이었다. 옛날 신문과 잡지 속에서 나는 문학을, 역사를, 사회를, 문화를, 일상을 본다. 옛날 자료들을 볼 때면 한없이 차분해지기도 하고 재미있는 기사와 마주쳤을 때는 심장이 쿵쾅거리기도 한다. 심장이 두근거린다는 것은 좋아한다는 뜻일 게다. 그러니 그동안 옛날 신문과 잡지를 보고 뒹굴면서 몇 권의 책을 냈을 게다. 만약 옛날 신문과 잡지를 보고 글을 쓴다는 것, 그것을 '공부'라 부를 수 있다면, 또한 '공부'가 '직업'이 될 수 있다면, 내 마지막 직업은 공부이고 싶다. 시간 강사도, 연구원도, 교수도 아닌 '공부'가 직업이 될 수는 있는 것일까. 될 수 있었으면 좋겠다. 욕심을 부리자면 '4대 보험'도 적용됐으면 더 좋겠다.

이 책을 쓰는 내내 막막하면서도 즐거웠다. 내가 다룬 대다수의 직업들, 그들이 근무했던 직장들은 그 어느 것도 '신이 내린 직장'이거나 '미래를 선도하는 직업'이 아니다. 그렇다고 과거의 세대들이나 오늘날 세대들이 존경하(던)는 직종도 아니다. 이 책에 기록된 대부분의 직업은 역사의 거센 파도에 휩쓸려 난파되거나 조난당했던 것들이라 말할 수 있겠다. 그러니 있어도 있지 않은 것처럼, 존재했어도 존재하지 않았던 것처럼 존재하는 그런 것들이다.

얼마 전 『마르코스와 안토니오 할아버지』라는 책을 다시 읽었다. 마음이 복잡할 때면 가끔씩 펼쳐보는 책이다. 그곳에 '정의正義'란 각자에게 걸맞은 가치를 되돌려주는 것이라고 '정의定義'되어 있었다. 그리고 그 문장 밑에 나와 한집에 사는 여자의 몽실몽실한 글씨가 행간을 채우고 있었다. 메모에는 "정의란 결국 우리를 비추어 우리의 모습을 볼 수 있게 만드는 능력이 아닐까"라고 적혀 있었다. 만약 그렇다면, 이 책에 등장하는 다양한 직업들은 바로 지금 여기에서 숨 쉬는 우리의 모습을 되돌아볼 수 있는 역사적 정의이자, 역사적 거울이 될 수 있지 않을까. 그렇기에 이 책에 등장하는 직업들은 사라졌어도 사라지지 않은 직업들인 것이다.

모쪼록 이 책을 읽게 될 그 누군가도, 내가 그랬던 것처럼, 옛날 직업들과의 만남이 행복하고 즐겁고 가슴 시린 만남이었으면 좋겠다.

덧붙이는 말

이 책은 자음과모음 출판사의 호의로 2010년 8월부터 2011년 2월까지 인터넷 서점 '알라딘' 창작블로그에 연재되었던 글을 단행본에 맞게 전면 개고한 것입니다. 언젠가는 전자책에 밀려 '사라질지' 모르는 종이책의 형태로 다시 만나게 되어 기쁩니다. 연재 내내 마실 와주신 모든 분들께 깊은 감사의 인사를 드립니다. 반갑고, 고맙고, 기쁜 마음 오래도록 간직하겠습니다.

오랜 시간 제 글의 '첫 독자'이자 이제 제 글을 종이책의 형태로 나올 수 있게 도와주신 자음과모음 편집부 인문팀 식구들께 고마운 마음을 전합니다. 또한 이 책의 아이디어를 제공해주신, '야생적 감각'이 빼어난 자음과모음의 강병철 사장님께 감사의 인사를 드립니다. 이번에도 '달콤 살벌한' 미소로 나를 담금질해준 정여울 선생께 마음을 담아 감사드립니다. 혹시 이 책을 읽으면서 조금이나마 유익하거나 좋은 점을 발견하셨다면, 그것은 모두 정여울 선생 덕분입니다.

그럼 모두 행복하시기를.

2011년 12월
이승원

프롤로그

뱀 잡아 먹고사는 사람, 뚜드리고 먹고사는 사람, 새 잡아 먹고사는 사람, 귀신 잡아 먹고사는 사람, 싸움만 찾아서 먹고사는 사람, 입으로 벌어먹는 사람, 뗏국으로 먹고사는 사람, 똥으로 먹고사는 사람, 뚫고 먹고사는 사람, 강짜로 먹고사는 사람, 어두운 데서 벌어먹는 사람, 천당과 지옥을 오고가는 벌이.

위 글은 1927년 1월호 『별건곤別乾坤』에 실린 「현대진직업전람회現代珍職業展覽會」라는 글이다. 근대 초기 조선인들의 시선을 사로잡은 신기한 직업 리스트다. 물론 단박에 유추할 수 있는 직업도 있다. 하지만 고개를 갸우뚱할 수밖에 없는, 알 듯 모를 듯한 직업이 태반이다. 그럼 하나씩 정답을 맞춰보자. 뱀 잡아 먹고사는 사람은 쉽게 알 수 있다. 땅꾼이다. 당시 기사에서는 땅꾼을 '깍정이'라고 불렀다. 뚜드리고 먹고사는 사람은 '딱딱이'다. 딱딱이는 나무토막 두 개를 딱딱 치면서 저녁마다 동네를 순찰하는 방범을 말한다. 새 잡아 먹고사는 사람은 말 그대로 새 사냥꾼이다. 희귀한 새를 잡아 시장에 파는 직업이다. 귀신 잡아 먹고사는 직업은 장님이다. 장님들은 액운이 든 집들을 찾아다니면서 지팡이를 두드리고 요상한 주문을 외워 귀신을 쫓아주고는 돈을 받았다고 한다.

그렇다면 위에 제시된 '희한한 직업들' 중에서 당시 사람들이 주목한 '싸움만 쫓아다니며 돈을 버는 직업'은 무엇일까. 검은 양복에 각진 짧은 머리 모양을 고수하는 '어깨들', 흔히 조폭이나 깡패로 불리는 사람들일까. 『별건곤』의 편집자들이 지목한 '싸움만 쫓아다니며 돈을 버는' 직업은 바로 변호사다. 변호사의 지위가 지금처럼 높지 않던 시절이었다. 사람들의 눈에 비친 변호사라는 직업은 '다른 사람들의 싸움만 쫓아다니며 돈을 버는' 이미지였던 것이다. 입으로 먹고사는 사람은 엄청나게 많다. 목사, 약장수, 성악가, 변호사, 변사, 교사 등등. 하지만 당시에는 '경매장이'가 입으로 먹고사는 직업으로 뽑혔다. 천당과 지옥을 오고가면서 벌어먹는 직업은 뚜쟁이, 땟국으로 먹고사는 직업은 목욕탕 주인이고, 똥으로 먹고사는 사람은 똥지게꾼, 뚫고 먹고사는 사람은 연통 수리공, 강짜가 직업인 경우는 신파극에 출현하는 표독스러운 여배우, 어두운 곳에서 벌어먹는 사람은 활동사진 변사다. 이 중에서 목욕탕 주인, 똥지게꾼, 연통 수리공, 여배우, 변사 등은 모두 근대화의 물결을 타고 새롭게 등장한 직업이었다. 특히 똥지게꾼과 목욕탕 주인은 조선의 문명화 과정에 따른 공중위생 개혁 사업과 매우 밀접하게 연관된 직업이었다.

『별건곤』의 편집자들이 열거한 진기한 직업 중에는 예전부터 있었던 직업도 있고, 근대에 들어 새롭게 생겨난 직업도 있다. 깍정이(땅꾼), 뚜쟁이, 장님(소경) 등은 옛날부터 있었던 직업이다. 딱딱이, 변호사, 활동사진 변사, 여배우, 연통 수리공, 경매쟁이, 똥지게꾼, 목욕탕 주인 등은 근대에 들어 새롭게 등장한 직업이다. 이 중에는 지금은 이미 사라진 직업들도 있다. 활동사진 변사, 똥지게꾼 등이 대표적이다. 어디 똥지게꾼과 변사만 그럴까. 1895년 고종이 단발령을 선포하고 흰 옷을 금지하는 일련의 조치를 취하자, 갓장수는 망하고 모자 장수가 생겨났으며, 이발사라는 신종 직업이 등장했고, 양복과 구두를 만들고 파는 사람들이 나타나기 시작했다.

신종 직업은 새로운 시대의 변화를 틈타 새롭게 생겨나고, 또 오래된 직업은 시대의 흐름에 따라 사라지기도 한다. 근대 초기 조선을 덮쳤던 광포한 '사회진화론'처럼 우승열패, 적자생존, 약육강식의 구호 속에서 근대 초기 조선인의 직업은 생성과 소멸을 반복했다. 그렇지만 약육강식에 밀려 어떤 직업이 사라졌다고 해서 완전히 소멸된 것만은 아니다. 완전히 '멸종'하는 직업은 의외로 적다. 예를 들어 식모라는 말은 사라졌지만, 가사도우미라는 직업이 생겨났다. 활동사진 변사를 대신해 내레이터나 성우라는 직업이 변사의 자리를 차지하고 있다. 인력거꾼이 사라진 곳에는 택시

기사가 엄연히 존재하고 있는 셈이다.

직업의 변화야말로 근대성의 일부분이다. 한 사회의 지배적인 욕망의 배치와 경제적 메커니즘을 대변하는 것이 바로 직업이다. 어떤 직업이 사라졌다고 해서 그 직업에 대한 욕망이 사라진 것이라고 말할 수는 없다. 오히려 좀 더 세련되고 모던해진 직업으로 변화할 뿐이다. 그렇다면 무엇이 사라지고 무엇이 남는 것이며, 무엇이 새롭게 생겨났을까.

이 책에서 다루는 직업은 전화교환수, 변사, 기생, 전기수, 유모, 인력거꾼, 여차장, 물장수, 약장수다. 변사, 전화교환수, 인력거꾼, 물장수, 여차장, 약장수는 근대 초기에 새롭게 등장했다가 사라진 직업이며, 기생, 전기수, 유모는 근대 이전부터 존재해오다가 사라져간 직업이다. 앞의 직업들을 선택한 이유는 이 직업들이야말로 근대 조선의 문화적·일상적 풍경의 세밀화를 그리는 데 매우 적절한 직업들이라고 생각했기 때문이다. 근대 문화와 일상의 상징적 풍경이라고 할 수 있는 영화, 도시, 젠더(섹슈얼리티), 통신, 교통, 의학(위생 담론), 독서(읽기 문화), 모성 등을 통해 지금 여기의 문화와 일상의 지형도가 형성된 역사의 퇴적층을 탐사해보고 싶다. 또한 이들 직업의 생성과 소멸 속에서 근대와 현대를 치열하게 살아갔던, 그리고 살아가고 있는 평범한 사람들의 소소한 일상의 결들을 더불어 살펴보고 싶다. 그리하여 사라진 직업, 새롭게 등장한 직업의 역사를 통해서 우리네 근대식 삶의 흔적과 무늬를 더듬으면서 지금 여기의 삶을 재조명하고 싶은 것이다.

1 소리의 네트워커, 전화교환수

한 달에 삼십 원 내지 사십 원의 월급! 이것이 그들의 몸을 붙들어 매고, 어여쁜 손가락도 입도 귀도 모두 뺏어버렸다. 아무리 보아도 움직이는 인형이다! 소리 나는 기계다! 인조 인형은 이런 것을 가리키는 것인가. /「여자 직업 순례—어느 편이 기계인지 분간키 어려운 동작」, 『중외일보』, 1929년 10월 10일.

전화선을 타고 시작된 황태자의 로맨스

조선의 마지막 황태자의 '연인'은 누구였을까. 그녀는 바로 창덕궁 전화교환수였다. 조선의 마지막 황태자 의친왕 이강의 나이 예순한 살이었다. 파란만장한 삶을 살아온 비운의 황태자 의친왕은 여섯 번 혼례를 치렀고, 슬하에 자녀도 많았다. 의친왕은 식민지 조선의 독립을 염원하여 상하이 임시정부로 망명하고자 했으나, 중국 안동安東에서 일본 경찰에게 붙잡혀 그 뜻을 펼치지 못했다. 이후 일제의 감시 속에서 반평생을 지내온 그였다.

격정의 세월을 헤쳐온 의친왕. 이제 살아온 날보다 살아갈 날이 더 짧았다. 그런 그에게 다시 싱그러운 봄이 찾아왔다. 한 여인을 마음에 품은 것이다. 그녀의 이름은 홍정순, 아직 십 대 소녀였다. 홍정순 역시 의친왕이 싫지 않았고 지아비로 섬기기로 마음먹었다. 의친왕이 예순한 살이었고, 홍정순은 열아홉 살이었다. 의친왕은 일곱 번째 혼례를 치렀다. 비운의 황태자에게 시집을 간 홍정순은 조선의 마지막 후궁이 되었다. 일곱 번의 혼례를 치른 의친왕은 이로써 슬하에 13남 9녀를 두게 되었다. 이 중 열한 번째 아들이 〈비둘기 집〉이란 노래를 부른 가수 이석이다. 이석의 어머니는 조선의 마지막 후궁인 홍정순이었으며, 창덕궁 전화교환수였다.

전화교환수와 사랑에 빠진 의친왕. 그녀의 미모에 마음을 빼앗겼을까, 아니면 그녀의 목소리에 정이 들었을까. 그녀가 만약 전화교환수라는 직업을 선택하지 않았다면 의친왕을 만날 수나 있었을까. '신여성' 혹은 '모던 걸'이 선택했던 최첨단 인기 직업 '전화교환수'. 전화라는 새로운 미디어가 등장하지 않았다면, 그리하여 전화교환수라는 직업이 탄생하지 않았다면, 의친왕의 마지막 로맨스는 시작될 수 없었을 것이다. 여기서 최첨단 미디어인 전화가 맺어준 애절한 사랑 이야기를 한 편 더 보도록 하자.

조선 최초의 '폰팅', 사랑은 전화선을 타고

1929년 1월, 조선 최초의 '폰팅'이 세상에 알려졌다. 이 폰팅을 세상에 알린 사람은 '용당포인龍塘浦人'이라는 필명의 기자였다. 「전화로 3년간 연애」라는 제목으로 『별건곤』에 실려 있다. 기자가 몇 해 전의 일이라고 썼으니, 1925년 무렵일 것이다. '폰팅'이라고 해서 요즘처럼 '매춘'과 연관된 것은 아니니 걱정하지 않아도 좋고, '19금禁'에 걸릴 일도 없다.

연애의 주인공은 이니셜로 처리했다. K라는 남자와 C라는 여자다. 이들은 지방 우체국 사무원이었다. 근무지는 서로 달랐다. 관공서에 근무하다 보니 이들에게 '전화'는 다른 사람들보다 익숙한 물건이었다. K와 C는 어느 날 우체국 업무에 관한 일로 우연히 통화를 하게 된다. 그렇지만 그 우연치 않은 통화가 이름도 얼굴도 모르는 두 사람의 관계를 직업적 동료가 아닌 연인으로 발전하게 만들었다. 둘은 전화를 할 때마다 "유달리 목소리가 더 곱고 다정하게" 들림을 느끼고 하루에 한 번씩 전화 통화를 했다. 물론 상사 몰래 시작된 은밀한 로맨스일 것이다.

전화로 밀어를 속삭인 지 3년이 지났건만 이들은 단 한 번도 직접 서로의 얼굴을 대면하지는 않았다. 전화기를 통해 흘러나오는 다정다감하고 감미로운 서로의 목소리에 이끌려 자그마치 3년을 그들은 전화기만 붙들고 있었던 것이다. 그들은 '번개'도 하지 않은 채 3년 동안 전화기를 통해 사랑을 속삭였다. 그러던 어느 날 K는 마산에 있는 온천에 가게 된다. 온천욕을 하고 있던 K는 "어떤 여자가 이야기를 하는데 평소에 전화로 듣던 그 여자의 목소리와 조금도" 다르지 않음을 알아차린다. K의 눈이 아닌 귀가 '그 여자'가 자신의 연인임을 본능적으로 알아차린 것이다.

K는 자신의 귀를 의심치 않았다. 여관에 가서 숙박부의 이름을 확인

해보니 '그 여자'가 바로 자신과 3년 동안 전화 통화를 한 바로 C였다. 너무나 기뻤지만, 어찌할 바를 몰랐다. 만나서 자신이 당신과 3년 동안 밀어를 나눴던 사람이라고 말할 것인가, 말 것인가. 한 번도 만난 적이 없지만, K에게 C는 첫사랑이었다. K는 용기를 냈다. 만나야 한다. 자신이 누구인지 말해야 한다. K는 여관 주인에게 여차저차 사정을 얘기하고, C를 불러줄 것을 부탁했다. 여관 주인의 말을 듣고 C는 K를 만나러 왔다. 만나긴 했지만, 서로 긴가민가했다. 그렇지만 몇 마디 주고받은 그들은 자신들이 3년 동안 "전화로 정情을 통하던 사람"들이었음을 확인한다. 그러자 두 사람의 "가슴속에는 남모르는 불길이" 타올랐다.

이 두 청춘 남녀는 그날부터 대놓고 만나기 시작했다. 서로의 감정을 더 솔직하게 속살거렸고, 마침내 약혼까지 했다. 그러나 이들의 약혼이 그 둘만의 '몰래한 사랑'이었는지 어떤지 그 속사정은 모를 일이다. 여하튼 C의 아버지가 두 사람의 만남을 알아차리고 결국엔 그들의 사랑에 악역으로 끼어든다. 결국 아버지의 강압으로 C는 우체국까지 그만두게 된다. K와 C는 이제 "전화 하나를 가지고 오직 따뜻한 정을 통하던 것조차 아주 끊어지고" 말았다. 결국 C의 아버지는 그녀를 다른 사람과 결혼시켜버렸다.

K와 C의 애틋한 사랑을 전하는 '용당포인'은 비록 아버지의 반대로 이 둘의 사랑은 끊어졌지만, 전화가 있는 한 "이 세상에 전화가 없어질 때까지 그들의 사랑의 실마리는 전파와 같이 통할" 것이라며 두 사람의 애처로운 사랑을 위로한다.

이처럼 K와 C의 사랑은 '전파'를 타고 싹텄다. 서로 다른 공간에서 살고 있는, 이름도 얼굴도 모르는 그들은 빠른 전파를 매개체로 동일한 시공간으로 진입할 수 있었다. 그들의 사랑은 수많은 전봇대와 전선을 타고 흘러가 서로를 감전시켰다. 전파의 속도는 그 어떤 '매파'보다 뛰어난 능력으로 그들의 운명을 단단히 묶었던 것이다. 만약 전화가 없었다면 이들의 사랑은 시작될 수 있었을까. 만약 전화교환수가 이들의 전화를 잘못 '중매' 했다면 이들의 사랑은 과연 어떻게 되었을까. 의친왕과 홍정순의 사랑을, K와 C의 사랑을 중매해준 최신 전기통신 미디어였던 전화. 그 전화가 등장함에 따라 탄생한 신종 직업이 바로 전화교환수였다.

요술쟁이 전기통신의 발명

1884년 갑신정변이 일어났다. 김옥균을 비롯한 개화파들이 일본으로 망명하여 몸을 피했다. 고종은 분을 참지 못했다. 믿는 도끼에 발등을 찍힌 꼴이었다. 고종은 일본으로 도망간 '역적들'을 잡아들이고 싶었다. 그래서 자신의 짓밟힌 자존심을 회복하고 싶었다. 하여 고종은 일본으로 봉명사신奉命使臣을 보낸다. 이때 박대양朴戴陽은 정사正使 서상우徐相雨의 종사관從事官 신분으로 일본으로 건너갔다. 난생처음 현해탄을 건너고 대마도를 지나 일본에 도착한 박대양. 일본은 과연 어떤 나라였을까. 당시 일본은 메이지 유신을 단행한 이후 서구식 근대화에 박차를 가하고 있었다. 하지만 주자학자였던 박대양에게 일본은 '마귀의 세계'에 불과했다. 박대양이 일본을 '마귀의 세계'로 부른 것은 일본 사람들이 '주자학'을 숭상하지도 않으며, 남녀의 '예의범절'도 지키지 않으며, 거기에다가 '서구 오랑캐'의 온갖 문물을 들여와 사람들의 마음을 현혹시키고 있다고 믿었기 때문이었다.

그렇다면 박대양의 혼을 쏙 빼놓았던 요사스런 서구의 문물은 과연 무엇이었을까. 박대양의 심기를 불편하게 만들었던 서구의 문물 중에는 1843년 모스Samuel Finley Breese Morse가 발명한 유선 전신도 포함되어 있었다. 박대양은 일본의 전신국을 방문했다. 조선에서 온 사신들에 대한 답례의 차원이었을까, 아니면 '니들이 이걸 알아!'라는 자만심이었을까. 일본 전신국에서는 조선 사신들에게 보란 듯이 전신 치는 법을 보여주었다. 혹시나 조선 사신들이 믿지 못할까 봐 부산으로 전신을 쳤다. 전신국에서 부산의 날씨가 어떠냐고 물으면, 한 시간도 지나지 않아서, 부산의 날씨가 매우 청명하고 좋다는 답신이 왔다. 도쿄에서 몇백 킬로미터나 떨어져 있는 부산의 풍경이 바로 자신 앞에 펼쳐진 것 같았다. 박대양은 할 말을 잃었다. 겨우 내뱉은 말이라고는, "전신은 사람을 현혹시키는 요술쟁이의 속임수에 불과하다"는 것이었다.

전신의 발명은 서로 다른 공간에 존재하는 사람들이 아주 짧은 시간에 서로의 의견이나 소식을 교환할 수 있게 해주었다. 전신과 같은 근대미디어의 탄생은 인간이 경험할 수 있는 시공간을 극도로 '확장'함과 동시에 '축소'했다. 나와 타자와 관계를 맺을 수 있는 공간은 확장되었으며, 나와 타자와의 공간적 거리는 축소되어 '같은 공간'에 있다는 착각을 불러일으켰다. 전신은 서로 다른 이질적인 공간, 당시 조선인의 인식으로는 판단 불가능한 한계 영역을 한순간에 이동하게 할 수 있는 획기적인 미디어였던 것이다.

박대양이 '전신'에 문화적 충격을 받았다면, 민영환은 전신보다 좀 더 발전된 '전화'에 문화적 충격을 받는다. 민영환은 1897년 영국 빅토리아Victoria 여왕 즉위 60주년 하례식 특명공사로 영국에 파견되었다. 영국 런던의 호텔에 도착한 그는 육중하고 화려한 호텔의 스펙터클에 압도된다. 난생처음 엘리베이터도 탔다. 민영환은 순식간에 몇 층을 오르고 내리는 엘리베이터의 기묘함에 감탄을 금할 수 없었다. 더욱이 호텔 방에 비치되어 있는 전화는 그가 평생 보지도 듣지도 못한 신기한 물건이었다. 민영환은 가느다란 전선을 통해 수백만 명을 연결하는 전화를 접하고 그저 한숨을 내쉴 수밖에 없었다. 전화의 위용에 대해 무언가 설명하려고 했으나, 그 위용을 표현할 적당한 말을 찾지 못했기 때문이었다.

이는 민영환이나 박대양만의 경험은 아니었다. 19세기 말 외국을 방문한 수많은 조선인이라면 누구나 겪을 수밖에 없었던 서구 세계에 진입하기 위한 통과의례였다. 외국으로 파견된 조선의 사신들은 서구의 기계문명에 넋을 빼앗겼다. 조선의 사신들에게 서구의 기계문명은 신이 계시한 질서나 자연 그대로의 질서가 아니었다. 그들은 전기, 전신, 전화 등 인간의 힘으로 만든 기계가 자연의 속성과 신의 권능함을 대체하고 있다고 믿었다.

다리풍, 덕률풍, 전어통

그것은 '악마의 힘'이었다. 1881년 고종은 조사시찰단朝士視察團을 일본에 파견한다. 그때 어윤중의 수행원 자격으로 유길준이 동행한다. 유길준은 일본에서 전등을 본다. 유길준은 "전깃불이 '인간의 힘'이 아닌 '악마의 힘'으로 켜진다"고 말했다. 그러나 설마 전깃불이 진짜 '악마의 힘'으로 켜진다고 생각했을 리는 없다. 그만큼 전기 테크놀로지로부터 받은 충격이 가히 메가톤급이었음을 짐작할 수 있다. 1887년 3월, 경복궁에 100촉짜리 '물불'이 켜졌다. 연못에 불빛이 비쳐 '물불'이 된 것이다. 유길준이 말한 '악마의 힘'으로 켜진 전등이었다. 이후 민영환이 영국에서 공무를 마치고 돌아온 1898년 1월 경운궁에서 또 한 번의 전기 테크놀로지의 마술이 펼쳐졌다. '얼리어답터'였던 고종의 어명에 따라 다리풍多離風, 덕률풍德律風, 전어통傳語筒 등 다양한 '음역音譯'으로 불린 전화가 가설된 것이다.

서구의 박래품인 전화가 궁중에 가설되자 갖가지 에피소드들이 넘쳐났다. 유교적인 의례에 익숙한 신하들에게 전화는 여간 불편하고 거북한 기계가 아닐 수 없었다. 고종으로부터 전화가 걸려오면 신하들은 더욱 난감했다. 고종은 중요한 일이 있을 때마다 신하들에게 전화를 걸어 어명을 내렸다. 하지만 신하들의 입장에서는 이 전화를 통한 어명 하달이 여간 곤혹스러운 일이 아닐 수 없었다. 시커먼 기계에 입을 대고 말하는 것이 찝찝할 뿐더러 국왕의 목소리에 어떻게 예의를 갖춰야 할지도 몰랐다. 눈앞에 놓여 있는 것은 분명 요상한 기계 덩어리에 불과했지만, 그 기계 안에서는 '국왕'의 '옥음玉音'이 흘러나오고 있는 것이었다. 과연 이를 어찌할 것인가. 고종으로부터 전화가 걸려오면 신하들은 곧장 전화를 받지 않았다. 경건한 마음을 갖추고 전화기를 향해 큰절을 올렸다. 네 번의 큰절이 끝난 후 신하들은 공손하게 전화기를 들었고, 그 속에서 흘러나오는 존엄한 국왕의 옥음을 경청했던 것이다.

순종도 부왕인 고종의 영향을 받았다. 순종은 부왕인 고종에게 하루에 네 번씩 전화를 걸었다. 부자지간의 정이 남달랐다고 생각할 수도 있지만, 순종이 고종에게 전화를 건 이유는 다름 아닌 문안 인사를 위해서였다. 전화가 없었다면 순종은 하루에 네 번씩 고종의 처소를 방문해야만 했을 터인데, 전화가 생기자 전화로 문안 인사를 대신했던 셈이다. 서구의 문물에 대해서 많은 호기심을 갖고 애용했던 고종이었기에 전례를 깨는 순종의 이러한 행동에 대해서 아무런 문제 제기도 하지 않았다. 물론 신하들은 마뜩치 않았지만 말이다. 고종이 승하하자 순종은 혼전魂殿과 산릉山陵에 직통 전화를 가설했다. 평소 전화를 애용했던 아버지를 위해서일까. 순종은 수시로 전화로 곡을 하며 아버지의 혼백을 위로했다.

커피를 그 누구보다 먼저 사랑하고 즐겨 마셨던 '얼리어답터' 고종. 서구 문물에 대한 남다른 호기심을 보였던 고종 덕택이었는지는 모르겠지만, 전화는 다른 서구 문물에 비해 일찍 수입된 편이다. 전신과 전화와 같은 통신 기술의 발 빠른 수입은 긴급한 국가적 사무를 좀 더 신속하고 효과적으로 처리하기 위해서였다. 그렇지만 전화의 높은 가격과 기반 설비 부족으로 전화가 일상화되기까지는 오랜 시간이 더 흘러야 했다. 초창기 전화는 보통 관공서나 상점에서 주로 사용되었다.

그레이엄 벨Alexander Graham Bell이 특허를 받은 전화기는 '자석식 전화기'였다. 이 전화기는 발신자가 전화기의 핸들을 돌리면 신호가 호출되고, 전화교환수가 발신자와 수신자를 연결시켜주는 방식이었다. 1920년대 식민지 조선에서 사용되었던 전화기는 자석식 전화기에서 한 걸음 더 발전한 '공전식 전화기'였다. 공전식 전화기는 발신자가 전화기를 들어올리기만 하면 공전식 전화교환기의 표시 램프가 점등되고, 이 점들을 보고 전화교환수가 발신자에게 수신자의 이름을 물어 전화를 연결시키는 방식이다.

1910년도에 조선에서 유통된 전화기는 6774대였다. 대부분 관공서에서 사용되었다. 1920년에 이르면 전화기의 보급률은 1910년에 비해 두 배로 증가한 1만 5641대였으며, 1930년에는 4만 128대에 이르렀다. 통계 수치로만 본다면 전화의 보급률은 확실히 크게 증가했다. 그렇지만 전화의 소유주를 살펴보면 당시 보급률의 70퍼센트 이상이 일본인들이었으며, 전화를 사용한 곳 또한 신문사, 요릿집, 관청, 극장 등이었다. 식민지 조선인들에게 전화는 여전히 고가의 상품에 불과했던 셈이다. 1930년대에 이르

1881년 테아트로폰이 설치된 국제전기박람회장은 연일 관람객들로 붐볐다.

러서야 '공중전화'가 도심의 거리 곳곳에 가설되어 사람들에게 편의를 제
공했다.

전화기인가, 주크박스인가?

대한제국 시기와 식민지 조선 초기를 살펴보면 전화는 대부분 '업무용'이
었다. 지금처럼 전화가 온갖 '수다'를 떠는 도구로 사용되지는 않았던 듯하
다. 하지만 전화를 발명한 서구에서 전화는 다양한 용법으로 이용되었다.
전화는 단순히 사람의 목소리를 송신하는 데 그치는 기계가 아니었다.

그러니까 1881년이었다. 파리에서 열린 국제전기박람회에 전화가 출
품되었다. 그레이엄 벨이 1876년에 전화기로 특허를 취득했으니, 약 5년
후의 일이다. 테아트로폰theatrophone이라 불리는 전화 수화기가 박람회장에
설치되었다. 호기심 많은 관람자들은 사람의 목소리를 실어 나르는 이 신
기한 기계에서 눈을 떼지 못했다. 사람들이 전화에 홀린 건 가느다란 전선
을 통해 먼 곳에 있는 사람들의 목소리가 바로 내 앞에 있는 것처럼 들렸
기 때문만은 아니었다.

관람자들이 테아트로폰에 귀를 가까이 대자, 아니나 다를까 사람의
목소리가 들려왔다. 그런데 그 목소리는 일상적인 대화가 아니었다. 전화
수화기에서는 오페라가 흘러나왔고, 연극배우의 대사가 또렷하게 들렸다.
테아트로폰이 설치된 전시장은 연일 관람객들로 붐볐다. 이제 오페라와
연극을 '보는 것'이 아니라 전화 수화기를 통해 '들을 수' 있는 시대가 활짝
열렸다. 관람자들은 전기 테크놀로지가 선사하는 이 마술 같은 현실에 빠
져들지 않을 수 없었다.

초기의 전화기는 이처럼 일반적인 '통신' 기능을 갖추고 있었을 뿐만
아니라 '오락 기계'의 기능도 수행했다. 아직까지 라디오가 등장하지 않
던 시대였다. 전화기는 라디오의 역할을 충실하게 수행했던 셈이다. 극장
공연이 전화기를 통해 송출되었을 뿐만 아니라 오케스트라의 연주도 송출
되었다. 최신식 호텔에 설치된 전화기는 주크박스의 대용품으로 사용되기

도 했다. 전화기에 동전을 넣으면 약 5분 동안 음악이 흘러나왔다. 『잃어버린 시간을 찾아서*A la recherche du temps perdu*』의 작가 프루스트Marcel Proust도 테아트로폰으로 드뷔시의 오페라 〈펠리아스와 멜리장드Pelleas et Melisande〉를 듣곤 했다고 한다. 교회의 미사, 선거 연설, 음악, 소설 낭독, 스포츠 경기 보도 등 전화기는 그야말로 다양한 장르의 메신저 역할을 톡톡히 해낸 최첨단 미디어였다.

'할로 걸'의 '하이, 하이, 난방'?

전화의 등장으로 전화교환수라는 신종 직업이 생겨났다. 전화뿐만 아니라 서구로부터 유입된 각종 기계 문물 덕택에 다양한 직업이 등장할 수 있는 환경이 조성되었다. 근대화의 물결에 편승한 신종 직업 중에는 특히 여성들이 진출할 수 있는 분야가 많았다. 개항 이전까지만 해도 집안일을 돌보며 지냈던 여성들이 이제 서서히 '가사 노동'이 아닌 자신만의 직업을 갖기 위해 거리로 나서기 시작했다.

여성들이 선택할 수 있는 직업은 대부분 '생산직'이거나 '서비스직'이었다. 물론 교육계나 사무직과 같은 '화이트칼라'의 삶을 사는 여성도 있기는 했다. 하지만 이는 매우 드문 경우였다. 특히 '서비스직'의 탄생은 서구식 근대화를 받아들인 결과였다. 따라서 일부의 여성들은 서비스직에 대해서 선망과 호기심 어린 시선을 보내기도 했다. 그도 그럴 것이, 일부의 여성들은 서비스직이야말로 구시대적인 여성의 삶에서 벗어날 수 있는 절호의 기회라고 판단했기 때문이다. 더군다나 식민지 조선에서 여성이 사회에 진출할 수 있는 경로 또한 그리 선택의 폭이 넓지 않았던 것도 여성의 서비스직 진출에 한몫을 했다. 서비스직에 종사하는 여성들을 당시에는 '신여성' 혹은 '모던 걸'이라 불렀다. 그런데 식민지 조선에서 '신여성' 혹은 '모던 걸'은 부정적 의미가 강했다. 일본에서만 해도 모던 걸은 경제적·정신적으로 독립한 여성을 뜻했지만, 식민지 조선에서는 퇴폐적인 의미로 자주 사용되었던 것이다.

'모던 걸'이라는 말은 말하자면 '플리퍼flipper, 輕薄者'라는 의미인데 이 '플리퍼'라는 것은 짐승 같은 생활獸的生活을 좋아하며 여자로서 상식을 갖지 못한 여자를 가리켜 말하는 것입니다. 영국으로 말하면 고전주의를 존중하던 '빅토리아 왕' 시대에도 이미 문제가 된 일이 있습니다. (……) '모던 걸'이라는 것들은 정조를 귀중하게 여기는 이상 아래서 교양을 받을 기회가 없었음으로 인생의 실재가 어떠한 곳에 있는지를 알지 못하여 항상 구사상을 배척하는 생각에 평균을 잃어버린 것입니다. /「모던 걸이란 어떠한 여자인가」, 『중외일보』, 1927년 7월 25일.

식민지 조선의 많은 남성들은 '모던 걸'을 천박하고 경박할 뿐만 아니라 교양도 없으며 정조를 가볍게 여기는 여자라고 싸잡아 비판하는 경우가 많았다. 근대사회가 되었다고 해서 여성들을 대하는 남성들의 태도가 조선시대와 크게 달라진 것은 아니었다. 특히 '정조'를 지키고 보존해야 할 존재는 '여성'이지 '남성'이 아니었다. '정절 훼손'이라는 말 역시 여성들에게만 적용되는 이데올로기적 단죄의 상징이었다.

　더욱이 여성들이 종사했던 직업명에도 별칭을 만들어 불렀는데, 항상 '걸girl'이라는 말을 붙여 썼다. 일반적으로는 '걸'의 거센 발음인 '껄'을 주로 사용했다. 다방의 여급은 '카페 걸', 백화점 여직원은 '데파트 걸', 엘리베이터 안내원은 '엘리베이터 걸', 극장에서 표를 파는 창구원은 '티켓 걸', 버스 여차장은 '버스 걸', 주유소에서 근무하는 여성은 '가솔린 걸', 여자 전화교환수는 '할로 걸'이라 불렸다. 이러한 현상은 식민지 조선이 '도시화', '근대화', '산업화' 됨에 따라 여성 서비스직이 많이 생겨난 결과였다. 이는 전근대사회와 비교해보면 매우 희귀하고 새로운 현상이었다. 더군다나 '걸'보다 '걸'의 거센 발음인 '껄'이라는 표현이 더 보편적으로 사용되었던 시대적 상황의 이면에는 신여성과 모던 걸에 대한 남성들의 비아냥거리고 조롱에 찬 시선뿐만 아니라 관음증적 시선이 반영되어 있었다. 서비스직에 종사하는 여성들의 신체는 매번 남성들에게 '보이고' '만져졌다'. 식민지 조

1920년대에 여성들 사이에서 전화교환수는 새로운 직업으로 각광받았다.

선의 많은 남성들은 거리를 활보하는 모던 걸들을 곱지 않은 시선으로 바라보면서도 그들의 외향적 모습 속에서 육체적 쾌락을 상상하는 등 이중적인 자세를 취했다.

누구든지 전화를 걸고 "모시 모시" 부르면, "하이! 난방" 하는 꾀꼬리 같이 고운 목소리를 들을 것이다.
바쁠 때 걸어도, 하이 하이
한가한 때 걸어도, 하이 하이
낮에 걸어도, 하이 하이
밤에 걸어도, 하이 하이
욕하며 걸어도, 하이 하이
웃으며 걸어도, 하이 하이
귀한 사람이 걸어도, 하이 하이
천한 사람이 걸어도, 하이 하이
/「여교환수의 생활 이면」, 『동아일보』, 1924년 6월 13일.

'여자 전화교환수'가 '꾀꼬리' 같은 목소리로 "모시 모시, 하이, 하이, 난방?(여보세요, 네, 몇 번이십니까?)"을 외치기 시작한 것은 조선에 전화가 도입된 이후 한참이 지나서였다. 전화가 도입되던 초기에는 상투를 틀고 수염을 기른 남자들이 전화교환수로 근무했다. 설마 그들이 꾀꼬리 같은 하이 톤의 목소리로 '하이, 하이'를 외치지는 않았을 것이다. 전화를 발명한 유럽의 전화 회사들도 초기에는 남성 전화교환수를 고용했다. 하지만 남성 전화교환수들의 불성실한 업무 태도와 비속하고 거친 말투 때문에 종종 고객과의 마찰이 일어나자 전화교환수 자리는 여성으로 대체되었다.

19세기 후반 들어 전화를 도입한 조선의 통신 환경도 마찬가지였다. 초창기 전화교환수는 모두 남성이었다. 물론 여성의 사회 진출이 아직은 요원했던 사회·문화적 환경도 여성 전화교환수의 등장을 늦추는 계기가 됐다. 1920년대에 들어 전화기의 보급이 증가하자 여성 전화교환수가 등장했으며, 여성들 사이에서 전화교환수는 새로운 직업으로 각광받았다. 그렇다고 1920년 이전에 여성 전화교환수가 식민지 조선에 없었던 것은 아니었다. 일본인은 있었다. 1920년 경성우편국에서 드디어 여성 전화교환수를 공식적으로 채용함으로써 식민지 조선 여성의 새로운 직업이 탄생했다. 그 시작은 '창대'했다. 1920년 4월 12일자 『동아일보』에 실린 경성우편국의 전화교환수 모집 요강은 이랬다.

> 학력은 보통학교 졸업 정도. 제일 중요한 것은 일어. 나이는 15~16세에서 23~24세가 가장 적당. 성적이 우수한 전화교환수는 4개월마다 승급. 기회가 되면 여성 판임관으로도 임명. 야근을 할 경우 경성우편국에서 철저하게 신변을 관리. 출퇴근 시간을 비롯하여 퇴근 후 집에 도착하는 시간까지 경성우편국에서 책임을 질 것임.

여성에게 최하급 관료이기는 하나 잘만 하면 판임관까지 시켜준다니 파격적인 조건이었다. 그것도 식민지 조선에서 말이다. 더구나 경성우편국에서는 당시 조선의 '전통'을 고려하여 철저하게 귀댁의 자녀를 '보호'할 것이니, 가정에서는 아무런 걱정 말고 회사에 보내라는 것이다. 그야말로 '여성 우대 정책'인 셈이다. 경성우편국의 이러한 정책은 '제국의 본국'인 일본의 시스템을 식민지 조선에 이식한 것이었다. 험악한(?) 세상에서 딸을 키우는 부모들의 입장이야 일본과 조선이 달랐을 리 없다. 일본의 부모들도 처음에는 자신의 딸들이 전화교환수로 취직하는 것을 탐탁지 않게 여겼다. 이를 파악한 일본 정부는 여성 전화교환수들의 근무지 환경을 개선했다. 이른바 여성 전화교환수의 근무 공간을 철저하게 남성과 차단시켰던 것이다. 이러한 정부의 정책은 적중했다. 이후로 일본 가정에서는 전화교환수라는 직업이야말로 여성들에게는 아주 '안전한' 직업이라고 믿게 되었다. 1930년대에 이르면 여성 전화교환수는 전국적으로 수천 명에 이르렀다. 중앙전화국과 광화문 분국 그리고 용산 분국에 근무하는 여성 전화교환수만 400여 명이었다.

'진상' 손님의 욕설에 멍든 그녀들

식민지 당국은 여성 전화교환수를 모집하기 위해서 어찌 보면 파격적인 조건을 내세웠다. 이런 조건만 보면 여성 전화교환수는 겉으로는 매력적인 직업일 수도 있다. 꼬박꼬박 지급되는 월급과 승진 그리고 신변 보호까지. 그렇지만 여전히 여성을 하대하는 풍토가 남아 있었기 때문이었는지는 몰라도 여성 전화교환수라는 직업은 겉보기만큼 편한 일자리만은 아니었다.

1929년 1월호 『별건곤』에는 각계각층의 신년 소원을 다룬 기사가 실렸다. 여기에는 광화문 우편국에서 근무하는 '김○숙'의 신년 소원도 있었다. 그녀의 넋두리에 잠시 귀를 기울여보자.

제 불평이야 어찌 말씀드리겠습니까. 혹 말씀드리면 이 글을 보는 어른들은 반드시 꾸지람을 할 거예요. 그렇지만 한마디만은 꼭 하겠습니다. 제가 하루 종일 하는 말이라고는 "난방! 하이"뿐입니다. 누구는 하루 종일 앉아서 일하니 좀 편하겠냐고도 하고, 누구는 겨우 하는 일이라고는 "난방! 하이"밖에 없는데 뭐 그리 힘들겠냐고 합니다. 하지만 점심시간이 다가오면 전화교환대에 불이 납니다. 손이 네 개면 좋겠어요. 이쪽, 저쪽, 또 이쪽, 또 저쪽. 전화선을 이리저리 꽂느라고 정신이 없습니다. 그러다 보면 가끔 늦게 전화를 연결할 때도 있어요. 그런데 전화 연결이 조금만 늦으면 "이년아! 빠가, 조느냐 자느냐" 그러면서 별별 욕을 다 하는 손님들이 계세요. 일부러 그런 게 아니라 너무 바쁘다 보면 좀 늦게 연결할 수도 있는데, 너무 꾸지람만 하는 것 같아요.

전화교환수들이 하루 종일 입에 달고 사는 말은 '난방! 하이'다. 물론 일본말이다. 당시의 전화 가입자들 대부분 일본인들이었다. 조선이 일본의 식민지였으니 당연한 일이었다. 하루 종일 '몇 번이십니까? 네!'라는 말만 반복하는 것도 쉽지 않은 일일 터인데, 전화교환수들은 남성들의 언어폭력이나 성희롱까지 감내해야만 했다. 혹시나 모를 '폭력' 때문에 자신의 이름조차 온전히 밝히지 못했던 전화교환수 '김○숙'의 일상은 단지 그녀 혼자만의 문제는 아니었다. 전화교환수들이 제아무리 번갯불처럼 손을 놀린다고 해도, 그들도 사람인 이상 가끔씩 고객의 호출에 늦거나 실수를 하기 마련이다. 그럴 때 일부 고객들은 아무렇지도 않게 육두문자를 내뱉었다. 그녀들의 가슴은 '죽일 년', '살릴 년', '빠가' 같은 언어폭력으로 시퍼렇게 멍들어만 갔다.

여자 전화교환수들은 신여성이니 모던 걸이니 하는 다소 부정적인 의미로 호출되었으며, 사회적으로는 소수자이자 약자였다. 특히 뭇 남성들로부터의 성희롱과 맞서 싸우기엔 그들은 아직 어린 '소녀'였고, 그들의 인권을 보호해줄 그 어떤 사회적 장치도 마련되어 있지 않았다. 물론 전화교환수들에게 폭언을 퍼붓는 남성 고객들도 다 그럴 만한 이유가 있다고 말한다. 한 전화 가설자의 이야기를 들어보자.

> 전화를 매는 것은 급할 때 급한 일에 쓰자고 매는 일인데, 요새 이 교환수들은 어찌 그리 불친절하고 전화를 걸면 곧 대주지도 않고, 어떤 때는 그저 '하나시주(통화 중)'라고만 하니, 그래서야 전화를 할 수가 어디 있나요. 여보, 교환수 아가씨네! 새해부터는 좀 빨리빨리 나와주고, 제발 딴 곳으로 대어주어서 남의 모양 숭하게 말고, 무슨 말을 하거든 생기 있게 좀 하오. 꼭 몇 끼 굶은 사람처럼 죽어가는 소리로 말고요! 화나는 판에 당신네 말소리까지 생기가 없으면 화가 더 나지 않아요? 꼭 좀 주의하시오. 그러한 점을. / 전화 가설자 이창렬, 「각계각급 백지 한 겹 관계자 간의 신년 소원」, 『별건곤』, 1929년 1월.

당시의 전화는 요즘처럼 생활필수품이 아니었다. 전화는 매우 고가의 상품이었다. 전화 가설자의 푸념처럼 혹시나 모를 '급한 일'을 위해 거금을 들여 전화를 설치했는데, 전화가 제대로 연결되지 않는다면 고객의 입장에서는 짜증나고 화가 치밀 일이다. 또한 아주 철저하게 서비스를 받는 고객의 입장에서 본다면 백번 양보해서 전화교환수의 목소리가 명랑하지 않다는 것도 얘기할 수 있다. 그런데 거기까지다. 이 '진상' 손님은 한마디로 전화 서비스의 모든 책임을 전화교환수에게만 전가하고 있다. 하지만 고객의 입장을 십분 이해한다면 그들은 전화교환수의 열악한 노동 조건을 잘 알지 못하기 때문이지 않을까. 설마 전화교환수의 노동 조건과 환경을 충분히 알고 있으면서도 그렇게 말했을 리가 있을까. 전화교환수는 겉으로는 최첨단 미디어 산업에 종사하는 신여성의 직업으로 포장되어 있었다. 그러나 그 고용 조건이나 노동 환경은 최첨단 미디어 산업에 걸맞지 않게 매우 열악했다.

그렇다면 전화교환수들이 고객의 전화를 잘못 연결한다든가, 몇 끼 굶은 사람처럼 목소리에 생기가 없다든가, 전화를 빨리빨리 연결하지 않는다든가 하는 '불친절'하고 '미숙한' 서비스를 제공할 수밖에 없었던 노동 조건이란 과연 어떤 것이었을까.

4척 7촌의 노동 조건, 나는 기계다!

여성의 사회 진출이 증가하면서 식민지 조선의 언론도 여성들의 직업에 관심을 갖기 시작했다. 특히 서비스직에 종사하는 여성들과 그 직업에 관한 특집 기사가 종종 언론을 통해 보도되었다. 1927년 3월호 『별건곤』에는 「여자 직업 안내―돈 없어서 외국 유학 못 가고 취직할 곳 몇이나 되는가」라는 기사가 실렸다. 이 기사에서 다룬 직업은 여자 교원, 여의사, 부인婦人 기자, 유치원 보모, 간호사, 아나운서 등이었으며, 마지막으로 전화교환수였다.

『동아일보』는 「돈벌이하는 여자 직업 탐방기」라는 기획기사를 꾸렸다. 그 첫 번째 직업이 여자 전화교환수였다. 『동아일보』는 1928년 2월 25일과 26일자 신문에 여자 전화교환수에 대한 심층 취재 기사를 실었다. 그 제목 또한 독자들의 마음을 움직이기에 충분했다. 기사 제목은 「하이 하이, 난방'이 입버릇 된 교환수 아가씨의 설움―앞에는 손님의 야비한 욕

당시 까다로운 시험을 통과해야 했던 여성 전화교환수에게 주어진 일은
단순하지만 고된 반복 노동이었다.

설, 뒤에는 교환 감독의 꾸지람, 그러고도 일급은 팔구십 전」이었다.

『동아일보』는 8년이 지난 1936년 2월 20일자 신문에서도 여성의 직업에 관한 특집 기사를 실었는데, 여기에서도 전화교환수의 직업에 대해서 구체적으로 설명하고 있다. 기사의 제목은 「얼굴보다 중요한 '키', 산호가지 같은 '귀', 이상야릇한 '적성시험', 전화교환수의 자격」이었다.

이 기사들의 내용을 정리해보면 이렇다. 여성 전화교환수의 자격 조건은 15세에서 20세 이하의 미혼여성으로 연령 제한이 정해져 있으며, 학력은 여자보통학교 졸업 정도면 됐다. 월급은 20원에서 많게는 50원 정도이니 학력과 나이에 비해 적은 월급은 아니라고 생각할 수도 있다. 그러나 『동아일보』 기자가 중앙전화국 광화문 분국의 전화교환수를 어렵사리 설득하여 취재한 결과 그들의 고용 조건은 좋은 편이 아니었다.

전화교환수는 채용 시험을 보아야 했다. 시험 과목은 국어, 산술, 작문이었다. 여기서 '국어'는 당연히 '일본어'였다. 이 밖에도 기억력과 동작 예민성 등을 살펴보는 적성시험도 보았다. 예민한 청각과 '어여쁜' 목소리도 전화교환수가 되기 위한 중요한 자격 조건이었다. 월급은 견습생일 경우 19원 50전이었고, 정식 교환수로 진급하면 24원 정도였다. 근무시간은 9시 30분에서 4시 30분이었으며, 3일에 한 번씩 야근이 있고, 다음 날 9시 40분부터 휴식을 취하는 방식이었다. 평균 근무시간으로 따지면 8시간에서 12시간 사이였다. 편의상 전화교환수의 월급이 24원 정도라고 했지만, 이는 한 달 내내 근무하면 받을 수 있는 총합계였다. 전화교환수는 월급제가 아니라 일급제였다. 매일매일 돈을 받는 식이었다.

전화교환수의 자격 요건 중에서 재미난 부분이 있는데, 그것은 다름 아닌 신장 제한이었다. 키가 너무 작으면 전화교환수 채용시험을 아예 볼 수가 없었다. 일종의 신체적 차별 정책이었다. 신장 4척 7촌 이상이 채용 기준이었다. 4척 7촌이면 142.4센티미터이다. 이렇게 기준을 정한 데에는 다 이유가 있었다. 전화교환대의 높이 때문이었다. 물론 전화교환대의 높이가 문제였다면 의자를 높이면 될 일이지만, 그런 것까지 생각하여 고용 평등을 주장하고 실현했던 시대는 아니었다.

전화교환수는 규칙상 45분 동안 일하고 15분간 휴식이 주어졌다. 하지만 통화량이 많은 시간에 휴식을 취하는 것은 어림없는 일이었다. 오전 9시부터 11시까지가 통화량이 가장 많은 시간이었다. 이 시간대에 한 명의 전화교환수가 상대하는 고객은 210명 정도였다. 이들은 단지 전화 회선만 꽂아주면 되는 것이 아니라 전화 연결을 바라는 고객을 직접 응대해야 했으니, 한 시간에 210명 정도에게 '꾀꼬리' 같은 목소리로 '모시 모시, 하이, 난방'을 지속적으로 말하기란 결코 쉽지 않은 일이었고, 가끔씩 원치 않은 실수도 하기 마련이었다.

또한 그네들의 일이란 철저하게 단순 반복 노동이었다. 특히 전화교환수의 근무지에는 그들을 감시하는 사람이 있었다. 전화교환수 감독이었는데, 감독은 남성이었다. 전화교환수 감독은 전화교환수들이 한눈을 팔거나 딴짓을 하지 못하도록 철저하게 관리하고 감독했다. 눈을 부라리고 있는 감독이 지배하는 조그만 방에 갇혀서 마치 녹음된 레코드에서 나오는 소리마냥 매일 똑같은 말을 한다고 생각해보라.

그래서일까. 매일매일 '모시 모시, 하이 하이, 난방 난방'을 외쳐야 했던 전화교환수들의 애환이 가끔은 웃어야 할지 말아야 할지 모르는 이야기로 저잣거리에 유통되기도 했다.

김혜숙의 기도—
전화교환수이자 기독교를 신실하게 믿는 김혜숙 양은 밤에 잘 때마다 취침 전에 기도를 올린다.
"여보세요, 여보세요, 거기는 하느님입니까? 저는요, 혜숙인데요……
하늘에 계신 아버지께서……."
이것을 듣고 있던 그 오빠가
"습관은 할 수 없군!"
/「소화笑話」, 『삼천리』, 1932년 5월.

직업에는 귀천이 없다
여자 전화교환수는 '모던'한 신여성의 직업임은 분명했다. 신여성이라 불리는 여성들의 직업도 사회적으로 인정받는 직업이 있는 반면 그렇지 못한 직업이 엄연히 있었다. 특히 예나 지금이나 서비스직에 종사하는 여성들을 바라보는 세상의 시선은 그리 곱지는 못했다. 여성이 직업을 갖되, 세상으로부터 인정받기 위해서는 '교사'와 같은 직업을 선택해야만 했다.

> 저는 무엇보다도 세상 사람들이 너무도 학대를 하고 냉대를 하는 것이 서러워 못살겠어요! 책보나 끼고 학교에 다니는 여학생은 의례히 점잖고 훌륭하다 하여 다정하게 신성하게 대접하면서도 우리 같은 '벤또'나 끼고 밥벌이하는 여자는 덮어놓고 푸대접한답니다. 그러나 그뿐이 아니에요. 심한 사람들은 놀리기까지도 하니 이럴 때에는 그만 가슴이 쓰리며 울고 싶어서 못 견디겠어요. 어쩌면 우리의 사회는 이같이도 이해와 동정이 없고 게다가 점잖지 못한가요? / 광화문 분국 전화교환수 이막동, 「교환수가 본 세상, 학대와 비애」, 『동아일보』, 1924년 1월 1일.

전화교환수 중에서 가정 형편이 넉넉한 사람들은 거의 없었다. 1970년대 '여공들'이 집안의 경제는 물론 국가 경제 발전에 혁혁한 공을 세웠음에도 불구하고 사회적으로 '천대'를 받았듯이, 여자 전화교환수 역시 그랬다. 자신의 꿈을 뒤로하고 가정을 위해 '봉사'하는 그네들에게 세상은 차가운 눈초리를 보내며 그들의 일과 삶을 제대로 인정해주지 않았다. 가끔씩 '전근대적'인 사고방식으로 '효녀 심청'과 같은 사건이 있었을 때에나 그들의 고된 생활을 다독거려주었다.

> 운명하는 모친을 위하여 단지斷指한 철원의 이소완李小完, 22세 양은 십오 세 때에 보통학교를 졸업한 후 가정에서 한문과 침선 방적을 배웠다. 대정 십일 년 삼월(1922년 3월)에 철원우편국 전화교환수로 일급

칠십 전에 채용되어 십 일간 견습을 하고, 즉시 사무를 담당했다. 이후 육 개 성상(6년)을 하루도 결근하지 않고 우편국 한 모퉁이 조그마한 방 속에서 추우나 더우나 군소리 한마디 아니하고 밤중이나 새벽이나 교환대에 매달려 '히야카시(희롱)' 군의 전화에 시달리고, 술 주정꾼의 되채지 못한 성화며 성미 급한 자들의 야단야단과 부랑자들의 함부로 퍼대는 욕설을 들으면서도 조금도 얼굴을 찡그리지 않고 열심히 근무하는 직업여성이었다. 웬만하면 자기 손으로 월급을 받으니 동무들과 같이 호사도 하련마는 지금까지도 구두를 신지 않고 집세기가 아니면 고무신을 신고 의복은 항상 광목에 흑색을 물들여 입을 뿐이었으며, 다달이 월급을 저축하여 동생들의 학비와 모친의 치료비를 대왔다 한다. /「전화교환수로 일가를 부양」, 『중외일보』, 1927년 11월 9일.

세상은 미담을 원하고 권한다. 그러나 미담은 미담일 뿐이다. 이소완의 미담이 널리 알려진다고 해서 그의 힘겨운 삶이 달라지지 않는다. 당시 신문이나 잡지에서 유행하던 미담의 줄거리는 대부분 이렇다. 주인공은 힘든 가정에서 태어나 온갖 간난신고를 겪었지만, 그럼에도 불구하고 '충'과 '효'를 그 누구보다 앞장서서 행했다는 것이다. 세상의 눈에는, 당시 사회의 눈에는 주인공의 충과 효가 눈에 들어왔을 것이다. 그러나 주인공의 간난신고와 그럼에도 불구하고 자신의 미래를 위해 '투자'할 수 없는 그 환경과 보이지 않는 '억압'의 시선이 자꾸만 눈에 아른거리는 이유는 무엇일까.

이제는 수화기를 내려놓을 시간

식민지 시기 여자 전화교환수는 사람들 사이의 관계를 매개해주는 소리의 네트워커이자 메신저였다. 그네들이 했던 일은 통신 산업에서 매우 중요한 영역이었지만, 대부분 여성이라는 이유로, 서비스직에 몸담고 있다는 이유로 세상으로부터 홀대받은 것으로 보인다. 그뿐만이 아니다. 전화교환수는 근대 문명의 '진보'와 함께 기술이 발달하면서 생긴 신종 직업이었다. 전화교환수는 어떤 면에서는 '문명'의 혜택을 받은 직업이었다. 그러나 기술은 점점 진보해갔고, 결국 기술이 발전해감에 따라 전화교환수는 '퇴물'로 전락하고 말았다.

1935년에 이르면 공전식 전화교환기 대신 자동식 전화교환기가 등장한다. 이제 전화교환수가 일일이 전화선을 연결시킬 필요가 없어졌다. 1935년 10월 1일 경성중앙전화국에 근무하던 전화교환수 100명이 퇴직했다. 신문에는 퇴직이라고 나왔지만, 지금으로 말하면 정리 해고된 것이다.

식민지 시기의 언론은 전화교환수의 힘겨운 노동 환경을 이야기하기는 했지만, 그들의 노동 환경을 어떻게 개선해야 하는지에 대해서는 좀처럼 의견을 내놓지 않았다. 이는 식민지 시기라는 특수한 상황 때문만은 아니었고, 해방 후에도 마찬가지였다. 1945년 10월 5일 새로운 종합 일간지가 창간되었다. 시기에 걸맞게 그 이름도 『자유신문』이었다.

「먼저 찾을 것은 '우리말'—일상생활에서 일본어를 말살하라」, 1945년 10월 23일자 『자유신문』의 기사 제목이다. 오랫동안 일제의 '강압'에 의해 '우리말'을 빼앗겼으니 당연한 일이었다. 말이야말로 민족정신의 요체라고 믿어왔던 지식인들이었기에 빼앗긴 우리말에 대한 사랑은 더더욱 깊었을 것이다. 우리말을 찾기 위해 가장 먼저 해야 할 일은 일상생활에서 일본어를 '말살'하는 것이었는데, 그 첫 번째 대상이 전화교환수의 '말'이었다. '모시 모시, 하이, 난방'에서 풍기는 '왜색'이 문제였던 셈이다. 매일 접하는 전화교환수의 일본어야말로 가장 먼저 말살하고 척결해야 할 식민지의 잔재였던 것이다. 틀린 말은 아니었다. 그러나 열악한 근무 조건 속에서 '소리의 네트워커'라는 임무에 청춘을 바쳤던 전화교환수의 노고를 치하하는 대목은 그 어디에도 없다.

2   모던 엔터테이너, 변사

"이때에 나타난 청년은 후레뎃릿구 백작. 비조와 같이 기차에 몸을 날려 악한의
뒤를 추격!"하고 일대 기염을 토하면, 관중은 사진보다도 변사에 취해 손뼉을 쳤
다. / 하소夏蘇, 「영화가 백면상」, 『조광』, 1937년 12월.

옛날 영화의 '손발이 오그라드는' 더빙, '변사'의 후예들

"경아~, 오랜만에 같이 누워보는군!"
"아~ 행복해요……. 더 꼭 껴안아주세요……."

생각만 해도 온몸에 벌레가 스멀스멀 기어다닐 것 같은 간지러운 대사다.
중학교 시절이었을 것이다. 주말만 되면 텔레비전에서는 '방화邦畵'를 절찬
리에 방영했다. 중학교 시절에는 '방화'가 '한국 영화'를 의미하는 말인지
도 몰랐다. '경아~'와 '아~ 행복해요'는 영화 〈별들의 고향〉(1974)의 한 장
면이었다. 버터를 잔뜩 바른 것 같은 신성일의 목소리와 이에 질세라 이상
야릇하면서 간지러운 콧소리를 내는 안인숙의 '러브신'을 생각하면 지금도
닭살이 돋고 손발이 오그라든다. 〈별들의 고향〉뿐만이 아니었다. 방화에
등장하는 남녀 주인공의 목소리는 대개 비슷했다. '빠다'를 잔뜩 바른 듯한
목소리, 아니면 간드러지는 '코맹맹이' 소리였다.
　　나야 버터 바른 목소리와 콧소리를 느끼하고 간지러운 목소리라고 느
꼈지만, 어떤 사람들은 터프하고 나긋나긋하다고 느끼지 않았을까. 그런데
어느 날 아침 방송을 보며 더 놀라운 사실을 발견했다. 〈별들의 고향〉에 등
장하는 주인공들의 목소리는 더빙된 것이었다. 본인의 목소리가 아닌 전
문 성우의 목소리라니! 잠깐 실망을 하기는 했지만, 이내 주인공들의 목소
리를 대신 연기했던 성우가 누군지 더 궁금해졌다. 스크린에 펼쳐지는 배
우들의 연기를 보며 입을 맞췄던 성우들은 과연 어떤 사람들이었을까. 만

약 그들의 목소리 연기가 없었다면 영화와 드라마의 흥행은 어떻게 되었을까.

1960~1970년대의 방화, 외국의 영화나 드라마 또는 애니메이션이 텔레비전을 통해 방송될 경우 목소리 연기자인 성우의 역할은 더없이 중요하다. 〈별들의 고향〉의 경아는 고은정, 〈형사 가제트〉의 가제트는 배한성, 〈날아라 슈퍼보드〉의 저팔계는 노민, 〈CSI: 마이애미〉의 호레이쇼 케인은 양지운 등등. 이들의 목소리 연기가 없었다면 경아도, 가제트도, 저팔계도, 호레이쇼 케인도 그저 그런 캐릭터로 우리 곁을 스쳐 지나가버렸을지도 모른다. 이런 목소리 연기자인 성우의 대선배 격이었던 사람들이 있었다. 바로 '변사'다. 변사는 지금으로부터 100여 년 전에 활동했던 온 백성의 엔터테이너이자 목소리 연기자였다.

나는야 '뽕뽕이 춤'을 추는 사나이!

영화가 끝나고 불이 꺼졌다. 막간幕間의 쇼가 펼쳐질 시간이다. 무대 뒤편에서 악대의 무도곡 소리가 잔잔하게 흘러나왔다. 갑자기 현란한 오색 조명들이 무대를 비췄다. '뽕뽕'거리는 자전거 나팔 소리가 들려왔다. 이때 프록코트를 입고 중절모를 쓴 한 사내가 무대에 섰다. 사타구니에 자전거 나팔을 끼우고 연신 엉덩이를 흔들며 뽕뽕, 뽕뽕, 뽕뽕거렸다. 그 사내의 음란한 몸짓에 관객들은 비명을 지르며 열광했다.

지금 같으면 공연법에 걸려 검찰 조사를 받을 만한 퍼포먼스였다. 공공장소에서 성행위를 묘사한 듯한 행위를 했으니 말이다. 이 사내에게 여성 팬들은 마음을 빼앗겼다. 와이셔츠, 넥타이, 향수, 한복 등 여성 팬들의 선물 공세에 뽕뽕이 춤을 추는 사내는 온 세상이 자기 손에 들어온 것처럼 의기양양했다. 그렇다고 그 사내에게 여성 팬들만 있었던 것은 아니다. 그의 화려하고 구성진 언변에 매료되어 식음을 전폐한 남성 팬들도 한둘이 아니었다. 당대의 소년과 소녀를 불문하고 그의 괴상망측한 춤과 언변에 빠져들지 않는 사람은 드물었다.

수많은 식민지 조선 사람들을 웃고 울린 이 사내의 이름은 서상호
徐相昊였다. 무성영화 시대의 최고 스타이자 은막의 톱스타들보다 더 인기
가 높았던 엔터테이너 서상호의 직업은 활동사진(영화) 변사였다. 남녀노
소를 불문하고 두터운 팬층을 거느리며 영화판을 휘어잡았던 서상호는 한
시대를 주름잡은 대스타였다. 하지만 그의 말년은 너무도 비참하고 쓸쓸
했다.

　　1938년 8월 12일 어떤 모르핀 중독자가 우미관 구석에 쓰러져 파란
만장한 생을 마감했다. 한때 무성영화의 황금시대를 호령하던 영화 해설
계의 슈퍼스타이자 영화광들의 인기를 독차지했던 서상호였다. 그의 나이
마흔아홉이었다. 1920년대 대중문화 최고의 스타였던 서상호의 인생 역
정이야말로 조선 무성영화를 증언하는 살아 있는 역사였다. 그렇다면 식
민지 조선에서 '변사'는 과연 어떤 직업이었을까. 또한 그들의 삶과 일상은
어떠했을까.

민중 오락의 제왕, 키네마가 납신다

100여 년 전에는 영화를 활동사진活動寫眞이라 불렀다. 움직이는 사진이라
는 뜻이다. 활동사진은 영어 'Motion Picture'를 직역한 말이었으니, 당연
히 박래품이었다. 조선에 영화가 들어온 것은 19세기 후반에서 20세기 초
다. 1899년 무렵 한성전기회사에서 영화를 상영했다는 기록이 있으나, 본
격적으로 영화가 수입된 것은 1903년경이었다. 1903년 한성전기회사의 공
터에서 활동사진을 상영했다. 당시 입장료는 10전이었다. 사람들은 물 건
너온 박래품인 활동사진을 보기 위해서 매일 밤 인산인해를 이뤘다. 매일
저녁 관람객은 약 1000여 명이 넘었다. 당시 서울 인구는 약 20만 명 정도
였으니, 활동사진의 인기를 넉넉히 짐작할 수 있다.

　　당시의 '영화'를 요즘의 영화와 혼동해서는 안 된다. 그때의 활동사진
은 자연 풍경과 사람들의 일상을 촬영한 다큐 필름과 비슷했다. 상영 시간
도 아주 짧았다. 활동사진이라는 이 신기한 발명품을 고종 황제도 몸소 관

1900년대 영화 해설계의 슈퍼스타이자 영화 팬들의 우상이었던 변사 서상호.

람했다. 1907년 5월 10일 저녁 8시에 고종 황제의 일가는 중명전에서 활동사진을 관람했다. 이때 전무과電務課 기사 원희정元熙貞 씨가 영화를 해설했다. 총 20여 종의 필름을 상영했는데, 빙활氷滑, 군함의 수병이 바다에 뛰어들어 수영하는 모습, 다양한 사람들의 풍경, 해수욕장의 광경 등이었고, 전쟁영화는 없었다.

고종 황제 일가가 본 활동사진은 지금 생각해보면 그리 대단한 내용은 아니었다. 빙활, 즉 스케이트, 해수욕장 풍경, 수병의 수영하는 모습 등을 관람했을 뿐이다. 그렇지만 고종 황제 일가가 본 활동사진 내용들을 당시의 문화적 풍경 속에서 생각해보면 아주 대단한 볼거리였음에 틀림없다. 1907년까지만 해도 스케이트를 신고 얼음을 지치는 조선인들도, 수영복을 입고 '해수욕장'에서 피서를 즐기는 조선인들도 없었다. 활동사진이라는 미디어 자체도 신기했지만, 그 콘텐츠 자체도 놀라움으로 가득했던 것이다.

영화는 예술이다. 단순한 볼거리나 오락거리기도 하다. 하지만 영화는 무엇보다 근대 과학기술이 만들어낸 최첨단 발명품이었다. 활동사진이 조선으로 유입되었을 때 그것은 예술이나 볼거리라는 의미보다는 '서구 근대 문명'의 이기利器라는 의미가 더 컸다. 고종 황제와 그 주변 사람들이 서구 세계를 간접적으로나마 체험할 수 있었던 것은 활동사진 덕택이었다. 활동사진은 조선 사람들에게 낯선 신세계를 간접 체험할 수 있는 신기한 근대 문명의 산물이었다. 활동사진의 스크린에서는 서구 문명의 화려함과 경이로운 풍경이 재현되었다.

조선인들에게 활동사진은 서구 세계를 간접 경험할 수 있는 미디어였다. 또한 활동사진은 무료한 저녁 시간을 보낼 수 있는 흥겨운 오락거리였다. 단성사(1907), 연흥사(1907), 원각사(1908)와 같은 극장이 문을 열었고, 외국 영화도 속속 수입되었다. 활동사진이 조선에 들어온 지 20여 년이 지난 1927년에 이르면 영화 관객은 260만 명 정도였으며, 1935년에는 880만 명에 육박했으니, 이제 활동사진은 그저 '신기한' 박래품에 그치는 것이 아니라 조선인들이 여가 문화를 즐기는 중요한 수단이 된 것이었다. 1910년부터 1925년까지 약 2250여 편에 달하는 영화가 수입되었는데, 이

중 미국 영화가 압도적으로 많았다. 미국 영화가 2130여 편이었고, 유럽 영화가 124편이었다. 영화 상설관도 전국적으로 약 39곳에 이르렀다. 가히 영화의 황금시대로 접어들고 있었다.

최초의 변사, '송깡깽이'

변사는 무성영화와 함께 등장한 직업이다. 앞서 고종 황제가 활동사진을 관람할 때 원희정 씨가 '해설'을 했다는 기록을 확인할 수 있는데, 그를 전문적인 변사라고 말하기는 어렵다. 말 그대로 활동사진의 대강의 내용을 '설명'해준 정도의 역할을 했을 것이고, 직업은 아니었을 터다.

1910년 영화 전문관인 경성고등연예관이 개관했다. 전문적인 변사는 이때 이후에 등장했다고 알려져 있다. 변사가 담당했던 일은 활동사진이 시작하기 전에 활동사진의 내용을 간략하게 설명하는 것이었다. 이를 전설前說이라고 한다. 변사의 역할은 영화와 관객 사이를 연결하는 매파였던 셈이다.

1910년대에만 해도 우리에게 익숙한 장편 무성영화보다는 사진을 파노라마 형식으로 보여주는 단편 활동사진이 더 많았다. 활동사진이나 무성영화가 생겨났다고 해서 바로 변사라는 직업이 생긴 것은 아니다. 그렇다면 변사의 기원은 어디서 찾을까.

변사의 기원을 일본과 조선의 전통문화에서 찾기도 한다. 일반적으로는 조선 변사의 기원을 일본의 전통극에서 찾는다. 일본의 전통극인 분라쿠文樂나 가부키歌舞伎에 등장하는 극 해설자, 즉 분라쿠의 다유太夫, 가부키의 다케모도竹本의 역할을 변사가 이어받았다는 설이다. 이와는 다르게 조선의 전통극인 가면극과 남사당놀이에서 변사의 기원을 찾기도 한다. 탈춤에 등장하는 말뚝이와 남사당놀이에 등장하는 산받이를 변사의 기원으로 보기도 한다. 산받이는 남사당놀이에 등장하는 악사樂士이며 인형과 대화를 나누는 역할을 맡은 사람을 뜻한다.

1938년 4월호 『조광』에는 「활동사진 변사 좌담회」라는 제목의 기사가 실렸다. 『조광』이 변사들의 좌담회를 기획한 이유는 발성영화인 '토키 Talkie'가 출현했기 때문이었다. 1930년대 후반에 들어서면 무성영화는 토키에 밀려 점점 사라져갔다. 이와 함께 한때 최고의 인기를 누렸던 변사라는 직업도 시대의 뒤편으로 사라져가고 있었다. 『조광』은 이러한 시점에서 변사들이 활동했던 무성영화 시대를 회고하기 위한 자리를 마련한 것이었다. 참석자의 면면을 살펴보면, 사회는 소설가이자 연극인이었던 함대훈咸大勳이 맡았다. 변사로 참석한 사람은 성동호成東鎬, 박응면朴應冕, 서상필徐相弼이었다. 이 세 사람은 무성영화 시대의 마지막 변사 그룹에 속했으며, 시쳇말로 변사로서는 끝물을 탄 셈이었다. 무성영화 시대를 회고하는 자리인 만큼 당시 무성영화의 최고 변사와 최초의 변사에 대한 얘기가 빠질 수 없었다. 이들의 회고에 따르면 조선 최초의 변사는 '송깡깽이'였으며, 그 이름은 송병운이었다.

옛날의 변사들은 참으로 눈물겨운 노력을 해야만 했다. 특히 의음擬音(음향 효과)을 내느라고 그들은 무척 골몰했는데, 예를 들면 대포 소리나 다이나마이트 터지는 소리 대신에 북을 두드렸고, 격투 장면에는 발을 동동 구르고, 실감을 내기 위해 테이블을 쿵쿵 치면서 호들갑을 떨어야 했던 것이다. 영사 개시 전에는 의례히 악대가 흥겹게 행진곡도 연주했고, 한껏 모양을 낸 변사가 무대에 나타나면 우레 같은 박수가 터져나왔는데, 지정된 자리에 앉은 변사는 갖은 애교를 다 부리면서 청산유수와 같은 열변을 한바탕 늘어놓기 일쑤였다. / 안종화, 『한국영화측면비사』, 현대미학사, 1998.

취군 나팔을 따라 극장에 가다

근일 단성사에서 풍류가 밤낮으로 질탕하여 노래하고 춤추기로 사람의 심장을 방탕하게 하는지라. 장안의 호걸들이 황금을 무수하게

48

허비하였더라. /「시사평론」,『대한매일신보』, 1907년 12월 4일.

여러 면에서 오늘날 같지는 않지만 1900년대 초에도 근대식 극장이 몇 군
데 영업을 했다. 그런데 그 극장들은 오늘날처럼 영화만을 상영하는 곳은
아니었다. 극장에서는 오후만 되면 취군 나팔을 요란스럽게 불었다. 취군
나팔대는 온 동네를 돌아다니면서 사람들에게 활동사진 선전을 하며 관객
몰이에 여념이 없었으니, 일종의 호객 행위를 하는 '삐끼'였다. 근대식 극장
으로 이름을 날린 연흥사, 단성사, 협률사, 원각사 등은 원래 '풍속 개량'을
목적으로 설립되었다. 〈춘향가〉는 음탕하다는 이유로, 〈홍길동전〉은 허무
맹랑하다는 이유로 비판을 받았다. 따라서 이인직을 비롯한 계몽 지식인
들이 외쳤던 '연희演戲'의 풍속 개량이란 이렇다. 음탕하고 허황된 이야기는
가라, 대신 인민의 무지몽매함을 각성시킬 수 있는 계몽적이고 교육적인
이야기는 허한다.

그러나 풍속 개량을 목적으로 설립된 근대식 극장은 오히려 유교적
인 윤리 속에 갇혀 있던 성적 욕망과 개인의 쾌락이 범람하는 근대적인 공
간으로 변해갔다. 계몽 지식인들은 본말이 전도되었다며 이러한 상황을
수없이 질타했다. 그렇지만 이미 새로운 엔터테인먼트 문화가 전파한 '쾌
락'에 도취된 대중의 움직임을 가로막을 수는 없었다. 근대의 시작은 바로
'산업화'된 엔터테인먼트의 조직적 확산이기도 했던 것이다.

단지 활동사진만을 관람하기 위해서 극장에 출입하는 관객은 드물
었다. 1907년 동대문에 위치해 있던 광무대에서는 프랑스에서 수입한 활
동사진을 상영했다. 그런데 광무대에서는 활동사진만 상영한 것이 아니라
검무, 승무, 한량무, 무고舞鼓, 관기남무官妓男舞, 성진무性眞舞 등의 공연도 함
께 상연했다. 활동사진의 분량은 보통 15분에서 20분 정도였고, 모든 공연
이 끝난 후 마지막 순서로 상영되었다. 근대 초기 극장에서는 대중에게 활
동사진뿐만 아니라 다양한 볼거리를 제공했던 것이다. 이러한 극장의 관
행은 한동안 지속되다가 영화만을 전문으로 상영하는 영화상설관, 즉 경
성고등연예관이 설립되면서 점차 사라져갔다.

변사의 시대가 열리다

이제 변사의 생생한 음성을 한번 들어보자. 무성영화 〈아리랑〉에서 울려 퍼진 변사의 목소리다. 저마다 상상력을 발휘해보자. 변사의 우렁차고 구성진 음색을 우리 마음속에 울려 퍼지게 해보자.

> 친구도 나가고 영진이도 나가고 빈 동리 빈 집안에 홀로 남은 영희는 현구의 사진을 가만히 내어 들고 기꺼울 그 앞날을 남모르게 그려볼 때 별안간에 방문이 열려지며 영희 앞에 들어서는 건장한 사나이.
> 영희: 에구머니! 당신이 웬일이셔요? 어서 나가주셔요.
> 기호: 웅! 오늘은 동리도 비고 집도 비고 서울서 온 그 자식도 없으니 참으로 좋은 기회다. 자! 내 말을 들어라, 웅!
> 돈 많은 자의 세력을 믿고 꽃 같은 영희를 꺾으려는 기호는 혈안을 부릅뜨고 영희를 들어 안을 때, 처녀는 아무리 반항하였으나 무지한 그의 팔에 꺾이어진 가는 허리!
> 이때에 마침 놀이터에 갔던 현구가 돌아왔다.
> 현구: 오! 이 악마 같은 놈아! 영희를 거기 놓아라!
> 현구와 기호의 사이에는 맹렬한 육박이 시작되었을 때 영진이가 돌아와 이 모양을 보았다. 그는 낫을 찾아가지고 기호와 그의 부하들에게 달려들었다.(음악)
> / 변사 성동호, 〈아리랑〉, 김만수 채록, Regal C 107-108.

1926년 10월 5일부터 단성사에서 무성영화 〈아리랑〉이 상영되었다. 이후 〈아리랑〉은 전국 방방곡곡에서 흥행몰이를 이어갔으며, 그 인기는 1938년까지 이어졌다. 〈아리랑〉의 변사는 성동호였다. 〈아리랑〉이 흥행에 성공을 거둔 이유는 작품성도 작품성이지만, 관객들을 영화에 몰입시키게 만들었던 변사의 애절하고도 드라마틱한 목소리 연기 덕분이었다. 변사는 단순히 대본을 읽는 존재가 아니었다. 스크린에서는 배우가 주연이었지만, 극장에서는 변사가 단연 '주연을 뛰어넘는 주연'이었다. 관객들이 영화를 선

1926년 무성영화 〈아리랑〉이 상영되면서 변사의 인기 또한 날로 높아져 갔다.

택할 때 고려하는 사항 중에서 가장 중요한 것은 주연배우도 영화감독도 아닌, 영화의 변사가 누구냐였다. 무성영화 시대에나 가능한 기이한 풍속도였던 셈이다.

변사의 인기에 따라 영화도 덩달아 흥행가도를 달렸다. 영화의 흥행을 위해 변사는 배우보다 더 현장에서 목소리 연기에 몰입해야만 했다. 영화의 소비자에게는 배우의 화려한 비주얼만큼이나 청각을 자극하는 목소리의 임팩트 역시 중요한 요소다. 그래야만 관객의 폭발적인 호응을 얻을 수 있었다. 관객들은 변사가 액션 신을 설명할 때면 열화와 같은 함성을 지르고 박수를 쳤으며, 러브신을 설명할 때면 마치 짐승의 신음 소리와 같은 외마디 소리를 질렀다고 한다. 스크린에 펼쳐진 영상과 변사의 목소리 연기가 찰떡궁합이 되기 위해서 변사는 스토리와 대사뿐 아니라 다이너마이트 소리, 대포 소리, 주먹이 살갗을 파고드는 소리, 말발굽 소리까지 온몸을 이용해 전달해야 했다.

변사는 영화의 '숨은 주연배우'이자 관객의 리액션을 좌지우지하는 멀티플레이어였다. 변사는 스크린 왼쪽에 자리 잡았다. 무대 왼쪽에 조그만 책상을 놓았다. 책상 위에는 대본을 밝히는 스탠드 조명이 놓였다. 변사는 스크린과 대본을 번갈아 보며 영화를 '연기'해냈다. 외국어로 된 자막을 읽지 못하는 관객들에게 변사는 살아 움직이는 자막이었다. 변사가 목소리 연기가 빛을 발하기 위해서는 스태프의 도움이 필요했다. 무성영화는 삼박자가 잘 맞아야만 좋은 결과를 낼 수 있었다. 스크린에 무성영화를 비추는 영사기사가 있어야 했고, 변사의 목소리 연기에 따라 상황에 적절한 음악이 깔려야 했다. 변사와 영사기사와 오케스트라가 혼연일체가 되어야만 무성영화는 관객들에게 좋은 반응을 얻을 수 있었다.

그러나 녹음기라는 최첨단 음향기기가 발명되었다. 때문에 변사와 영사기사와 오케스트라의 혼연일체는 깨졌다. 라이브 음악이 사라지고 녹음된 반주 음악이 등장한 것이다. 변사들은 녹음된 음반에 맞춰 대본을 읽었다. 녹음된 음반이 등장하자 무성영화 상영관에서 오케스트라는 점차 사라지고 말았다.

변사는 한 편의 영화가 끝나고 또 한 편의 영화가 시작되기 전인 막
간을 이용해서 쇼를 했다. 서상호가 뿅뿅이 춤을 췄던 것과 유사한 막간극
이었다. 변사들의 막간극을 구경하는 것 역시 무성영화 관람객들만이 누
릴 수 있었던 특권이었다. 관객의 입장에서 보면 무성영화나 그 영화의 주
인공보다 변사가 더 극장에 가는 즐거움을 배가시키는 이슈 메이커였던
셈이다.

변사는 월급쟁이야?

변사들은 대부분 우미관과 단성사를 중심으로 활동했다. 각 극장마다 담
당 변사가 따로 있었다. 단성사의 주임변사는 서상호였고, 그 밑에 최병룡,
우정식 등이 일을 했다. 우미관의 주임변사는 이병조였다. 서상호의 경우
는 우미관에서 단성사로 옮긴 경우였다. 우미관의 '달러 박스'가 돈을 따라
단성사로 옮겼던 것이다. 변사의 인기만큼이나 그들의 몸값도 천정부지로
치솟았다. 극장들은 인기 있는 변사를 모셔오기 위해 출혈 경쟁에 바빴다.
지방 극장에서는 초청 비용 말고도 따로 거마비를 줘야만 인기 있는 변사
를 데려올 수 있을 정도였다.

　변사가 활약하던 시절 총독부에서 근무하던 고급 관리들의 월급은
30원에서 40원 사이였다. 변사의 월급은 일류 배우보다 많았다. 잠시 '삼천
만의 연인'으로 불렸던 식민지 조선의 최고 스타 문예봉文藝峯의 에피소드
를 한번 보자.

　1935년 겨울이었다. 문예봉은 〈춘향전〉과 〈춘풍春風〉을 촬영하느라
고 분주했다. 마침 〈춘풍〉을 촬영할 때였다. 얼굴이 시퍼렇게 질린 문예봉
이 곧 눈물이라도 왈칵 쏟아질 것 같은 얼굴을 하고 있었다. 감독과 카메
라맨은 어리둥절했다. 설마 작업 현장이 열악해서 그런가. 아니면 우리가
문예봉을 푸대접한 것일까. 감독은 조심스럽게 문예봉에게 말을 걸었다.
"왜 그러느냐?" 문예봉이 울먹이며 대답했다. '60원'을 잃어버렸다는 것이
다. '60원'! 문예봉에게 60원은 그냥 60원이 아니었다. 당대 최고의 인기를

구가했던 은막의 스타였지만, 인기가 높다고 해서 경제적으로 넉넉한 것
은 아니었다. 문예봉은 때로는 3원, 때로는 5원, 때로는 10원씩 가불을 받
아 돈을 모았다. 쌀과 땔감을 마련하기 위해서였다. 그렇게 몇 달 동안 조
금씩 가불해서 모았던 피와 눈물이 서린 돈을 잃어버린 것이었다.

　이처럼 문예봉과 같은 식민지 조선의 최고의 배우도 월급쟁이일 따
름이었다. 문예봉 같은 일류 배우의 월급은 40원에서 50원 사이였다. 그러
나 잘나가는 변사의 월급은 70원에 달했다. 대중문화의 아이콘이자 스타
였던 변사들의 수입은 다른 월급쟁이들에 비해서 훨씬 높았다. 서상호 같
은 경우도 그랬다. 그렇게 많은 돈을 모았으면서도, 결국 기생집을 들락거
리고 모르핀을 맞느라고 그 많은 돈을 모두 탕진해버리긴 했지만.

'번안'을 넘어 '원작'을 위협하는 변사의 '제멋'

당시 예술계에서는 무성영화의 예술적 가치를 완성하기 위해서는 변사의
역할이 무엇보다 중요하다는 의견이 나오기 시작했다. 그래서 변사는 연
극배우들보다 지식과 사상이 우월해야만 한다는 의견이 등장하기도 했다.
변사는 영화의 대본을 보고 목소리 연기를 했다. 변사의 목소리 연기는 대
본을 있는 그대로 읽는 것이 아니었다. 변사는 영화에 적극적으로 개입해
들어갔다. 변사는 영화의 해설자이자 주연 배우들의 목소리를 대신하는
성우이자 조선적 상황에 맞춰 영화를 적극적으로 '오역'했던 각색가이자
번안가의 역할도 떠맡았다.

　당시 상영되었던 대부분의 무성영화는 미국 영화였다. 자막이 있었
지만 영어로 된 자막이었으니 웬만한 지식을 갖춘 관객들이 아니고서는
쉽사리 자막을 읽을 수가 없었다. 따라서 변사는 관객과 영화 사이에서 가
교 역할을 담당해야만 했다. 영화 대본을 얼마나 잘 파악하고, 영화의 내
용을 얼마나 잘 이해하고 있느냐에 따라서 해설도 좋게 마련이다. 여기에
더해 변사가 조선적 상황에 맞춰 대본에 없는 말을 넣거나 의도적으로 내
용을 바꾸는 경우도 있었다.

서상호는 (……) '타이틀'에 없는 말을 그럴듯하게 창작하여 집어넣어서 더한층 갈채를 받기 시작하였으며, '타이틀'에 '쫀'이나 '메리'로 있건 말건 대중에 영합하기 위하여서 김 서방, 박 서방, 휘뚜루마뚜루 이름을 붙이다가 나중에는 '메리'가 '뺑덕어멈'이 되어 나오기까지 하였다. / 유흥태柳興台, 「은막암영銀幕暗影 속에 희비를 좌우하든 당대 인기 변사 서상호 일대기」, 『조광』, 1938년 10월.

금발의 메리가 검은 머리의 뺑덕어멈으로 변한다고 해서 관객들이 변사를 질타하지는 않았다. 오히려 관객들은 순간순간의 재치를 발휘하는 변사의 연기에 흠뻑 빠져들기만 했다. 변사도 영화의 장르에 따라 좀 더 전문적으로 분화해갔다. 사극은 김덕경, 문예극은 서상호와 우정식, 활극은 이병조, 희극은 최병룡, 연애극은 변사 출신의 감독 김영환이 전문 변사로 활동했다. 서상호는 미국 영화인 〈명금〉(1915)과 〈암굴왕〉(1913)의 변사로 유명했다. 〈명금〉의 원제는 〈The Broken Coin〉이었고, '어두운 동굴의 왕'이라는 〈암굴왕〉의 원제는 〈몬테크리스토 백작Le Comte de Monte-Cristo〉이었다. 그럼 서상호가 가장 호평 받았던 〈암굴왕〉의 해설 장면을 들어보자.

오! 하느님이시여. 원수의 하나를 인제서야 갚았습니다. 이십여 년의 장구한 세월을 무변대해이고도 차디찬 뇌옥에서 꽃 같은 청춘을 속절없이 다 늙히고, 복수의 불타는 일념은 골수에 사무쳐 그는 언제든지 이날만을 기다렸던 것입니다. / 유흥태, 「은막암영 속에 희비를 좌우하든 당대 인기 변사 서상호 일대기」, 『조광』, 1938년 10월.

오페라백은 괴상한 복면이다?

변사의 인기가 높아갈수록, 무성영화에서 변사가 차지하는 비중이 클수록, 각계각층에서는 변사의 일거수일투족에 비상한 관심을 갖기 시작했다. 총독부에서도 마찬가지였다. 1920년 7월 5일 오후 9시 30분경이었다. 우미관에서 일대 소동이 벌어졌다. '난동'을 부린 젊은이는 순사에게 체포되어 악명 높은 종로경찰서로 연행되었다. 이 사건의 전모는 1920년 7월 8일자 『동아일보』에 구체적으로 실렸는데, 그 제목은 「자유를 절규하고」였다. 젊은이의 이름은 정한설鄭漢卨이었고, 스물두 살이었다. 정한설은 3년 전부터 우미관 변사로 일했다. 그날도 우미관에서는 무성영화가 상영되고 있었다. 잠시 영사기가 멈추고 중간 휴식 시간이 되었다. 그때 갑자기 정한설이 무대 위로 올라왔다. 관객들은 막간극을 하려나 생각했다. 그런데 정한설은 의외로 매우 상기된 표정이었다. 너무나 순식간의 일이었다. 정한설은 주먹을 불끈 쥐고 관객을 향해 큰 소리로 외치기 시작했다. "오늘은 자유를 부르짖는 오늘이요, 활동을 기다리는 오늘이라. 우리의 맑고 뜨거운 붉은 피를 온 세상에 뿌려 세계의 이목을 한번 놀래어서 세계 만국으로 하여금 우리의 존재와 우리의 정성을 깨닫게 하자!" 관객들은 어리둥절했고, 영화 상영을 감시하던 경찰은 무대 위로 뛰어들어 정한설을 끌어내렸다.

3·1운동 직후였다. 일본의 식민지 정책이 문화정책으로 바뀐 시점에서 터진 사건이기는 하지만 이 사건과 변사 면허시험이 직접적으로 관련된 것인지는 알 수 없다. 다만 극장이라는 다수한 사람들이 모인 공간에서 변사의 역할은 절대적이었고, 그런 변사의 말과 행동을 통제할 필요가 생긴 것임에는 분명했다. 변사의 통통 튀는 '개성'을 최소화하고 보다 '규격화된', '표준화된' 목소리를 얻고자 했던 것이다. 그리하여 행여 대중들의 마음을 '선동'할지 모르는 변사의 목소리를 단속하고 싶었던 것이다. 1921년이 되자 변사의 자격을 제한하는 면허시험제도가 실시되었다. 1922년 5월에는 '흥행 및 흥행장 취체 규칙'이 제정되었으며, 1922년 6월 27일에 제1회 변사 시험이 실시되었다. 1926년에 실시된 변사 면허시험의 문제는 이렇다. 시험이니 원문 그대로 적는다. 한번 맞춰보시길.

○ 다음에 기록한 문자의 뜻을 간단히 설명하라.
衝動, 處女說明, 五色酒, 러브씬, 刹那主義, 크라이막스, 文盲, 로케숀, 社會主義, 赤化.

/『동아일보』, 1926년 12월 8일.

1927년 2월 25일에도 경기도청에서 변사 면허시험을 실시했다. 지원자는 10명이었다. 몇 명이 합격을 했는지는 알 수 없지만, 변사 시험을 보겠다는 사람들의 지식 정도를 알 수 있을 것이다. 답안이 참으로 엉뚱하다.

> 變態心理? (답) 變한 心의 變態, 시시로 심리가 변하는, 즉 찰나.
> 오페라백? (답) 괴상한 복면, 불란서 파리의 대극장.
> 힌트hint? (답) 사진의 기계가 장막에 合슘치 않는 것을 '힌트'가 부합不슘한다고 함.
> 스크린(영사막)? (답) 임시로 제작한 장소, 정지시키는 것.
> 키네마 팬? (답) 이태리에서는 대극장.
> /「오페라백은 괴상한 복면」, 『동아일보』, 1927년 3월 1일.

변사는 뛰어난 언변으로 무장했지만, 그들의 지식과 교양이 높지는 않았던 것 같다. 하기야 지식과 교양이 뛰어나다고 해서 사람들을 매료시키는 언변의 능력도 뛰어나리라는 보장은 없다. 일본에서도 변사 면허시험이 있었다. 1920년 8월 9일자 『동아일보』의 「동경전보」에 의하면, 일본에서 매우 인기가 많았던 일류 변사 한 사람이 '문제問題'라는 의미를 알지 못해서 벌벌 떨다가 별안간 실신하여 병원에 실려 갔다고 한다. 이처럼 일류 변사든 이류 변사든 간에 그들의 학식은 아직까지 검증되지 않았고, 영화 팬이 많아지고 영화에 대한 전문적인 지식을 갖춘 팬들이 증가할수록 점점 변사에 대한 불만의 목소리가 흘러나왔다.

저급한 남창적男娼的 인기에서 헤어나라!

식민지 조선 최초의 영화 마니아가 생겨났다. 조선에 영화가 들어온 지 20여 년이 지나자 영화를 단순히 즐기는 볼거리 이상으로 영화에 관심을 지닌 마니아층이 형성되었다. 이들은 영화에 대한 광범위한 지식으로 무장하고 있었고, 변사의 해설에도 집요한 관심을 보였다. 이제 서상호처럼 '메리'를 '뺑덕어멈'이라고 번안하거나 있지도 않은 대사를 대충 넣었다간 영화 마니아로부터 맹렬한 비난을 받기 일쑤였다.

관객들로부터 비난이나 조롱을 받는 정도면 그래도 견딜 만한 일이었다. 하지만 '말'이 아닌 '행동'으로 변사에게 봉변을 준 사건도 있었다. 1919년 1월 우미관에서 발생한 일이었다. 일명 '숯불덩이 투척 사건'이었다. 문해광文海光이라는 열여덟 살 '소년'이 변사를 향해 숯불덩이를 던졌다. 다행히 숯불덩이는 변사를 비껴가 스크린에 떨어졌다. 스크린에 불이 붙었지만 극장 직원들의 발 빠른 대처로 큰 화재는 모면했다. 영화 상영을 감시하던 순사는 문해광을 체포하여 종로경찰서로 연행했다. 순사는 문해광을 심문했다. 동기가 뭐냐? 문해광의 대답은 어이없었다. 변사에 대한 개인적인 원한이나 극장에 대한 불만이 아니었다. 이유는 황당하게도 변사의 설명이 엉뚱하고 괴상해서 영화를 감상하는 데 방해가 된다는 것이었다. 그래서 변사를 놀려주려고 숯불덩이를 던졌다는 것이었다. 문해광은 구류 7일의 '가벼운' 처벌을 받고 방송되었다.

결국 변사의 해설이 도마에 올랐다. 발음이 정확하지 않다는 둥, 사투리를 심하게 써서 어느 나라 말인지 알아들을 수 없다는 둥, 경어체를 쓰지 않고 반말로 해설을 한다는 둥, 비루한 음담패설을 한다는 둥. 변사의 해설도 문제가 되었지만 변사의 교양이나 지식이 더 중요한 문제로 부각되었다. 변사 면허시험 문제를 보아서 알겠지만, 그들의 지식 수준이 그리 높다고 말할 수는 없었다. 유창한 달변과 순간적인 기지, 그리고 관객을 휘어잡는 퍼포먼스와 같은 중요한 자질을 겸비했음에도 영화 마니아 계층이나 지식인들은 그들의 해설을 '삼류'로 취급하기 시작했다. 결국 영화에 대한 전문적인 지식을 겸비한 관객들이 늘어날수록 변사가 설 자리는 점점 좁아져갔다. 더욱이 영화 마니아들은 변사들이 자신들의 능력을 향상시키기 위해서 노력하기보다는 예전의 인기를 등에 업고 타성에 젖어 활동한다고 비판했다.

영화 마니아였던 소설가 심훈도 변사의 자질을 공개적으로 문제 삼기 시작했다. 심훈은 1928년 11월 18일자『조선일보』에「관중의 한 사람으로 해설자 제군에게」라는 장문의 글을 발표한다. 글의 요지는 이렇다.

요즘 영화를 보는 관객들은 대부분 학생들이다. 학생들은 적어도 초급 수준의 영어는 이해한다. 따라서 변사도 간단한 영어 회화 자막쯤은 해석할 수 있어야 되는 것 아닌가. 작품명이나 배우의 이름을 얼토당토않게 해석하는 것은 관객을 무시하는 일이다. 영화는 날로 발전해가는데 변사의 실력은 십 년 전이나 지금이나 똑같다. 어찌 한심한 일이 아니겠는가. 이제 변사들도 '남창적男娼的 인기'에만 연연하지 말고 공부 좀 했으면 한다. 물론 이게 좀 무리한 주문일지도 모른다.

영화가 소설을 정복했다는 말이 나올 정도로 영화의 파급력은 강력했다. 소설가 심훈도 조선 영화에 애정 어린 관심을 보였다. 그는 영화가 단순히 대중의 오락물에 그쳐서는 안 된다고 생각했다. 영화의 예술적·교육적 효과를 염두에 둔 발언이었다. 영화가 대중문화에 미치는 영향력이 커짐에 따라 조선의 영화도 변해야 한다는 의견이 각계에서 흘러나왔다. 영화 그 자체의 수준도 높여야 했다. 하지만 무엇보다 먼저 개혁해야 할 대상은 변사였다. 그러면 어떻게 변사의 수준을 높일 것인가. 또 그렇다면 수준 높은 변사란 어떤 변사를 가리키는 것일까. 저급한 남창적 인기에 만족하지 않는 수준 높은 변사가 되기 위한 롤 모델은 있기나 한 것일까. 아마 식민지 조선의 변사를 비판했던 일군의 사람들에게 이상적인 변사는, 그 사실을 아직 확인하지 못했지만, 러시아의 위대한 혁명가 트로츠키Leon Trotsky였을지도 모른다.

영화가 민중을 감화시킨다는 의미하에서 해설의 책임을 지고 있는 변사는 가장 위대한 예술가다. 일찍이 트로츠키가 시베리아를 방랑할 때 그는 해설자가 되었었다. 그것은 영화 예술이 가장 민중 지도에 첩경이 되기 때문이다. 그리하여 그가 컴컴한 무대 위에 서서 '스크린'을 통하여 제국의 횡포압정橫暴壓政을 타매唾罵하였으며 민중의 원분怨憤을 호소하였던 것이다. / 벽파생碧波生, 「영화 해설자의 편어片語」, 『중외일보』, 1927년 7월 24일.

영화, '소리'를 입다

1927년 미국의 워너브라더스픽처스에서 〈재즈 싱어The Jazz Singer〉를 제작했다. 〈재즈 싱어〉는 발성장치를 이용해서 만든 최초의 유성영화였다. 물론 완전한 유성영화는 아니었다. 주인공 제이크 라비노비츠(알 존슨 분)가 노래를 부르는 장면만 '유성영화'였다. 그럼에도 불구하고 〈재즈 싱어〉는 발성영화, 즉 토키의 전성시대를 여는 신호탄이었다.

　한국 최초의 발성영화는 〈춘향전〉(1935)이다. 〈춘향전〉이 등장하기 전까지 한국 영화는 모두 무성영화였다. 관객들은 미국에서 수입된 발성영화를 관람했다. 발성영화가 등장하자 변사의 지위는 더 위축되었다. 더군다나 변사의 수준을 의심하는 영화 마니아들이 생겨나면서 무성영화는 점점 삼류 영화 취급을 받게 되었다.

무성영화 시대에 변사의 열변에 도취되던 일반 저급 대중 팬은 보고 듣기에 알기 쉬운 연극으로 가버렸다. 고급 팬은 외국 토키에 침식되었다. 조선 영화의 무성판 같은 것은 눈도 떠보지 않고, 토키로 나오면 가보고들 한다. / 서광제, 「영화의 원작 문제—영화소설 기타에 관하야」, 『조광』, 1937년 7월.

토키의 등장으로 변사의 존재 자체가 위협을 받았을 뿐만 아니라 대중문화를 저급과 고급으로 나누는 문화의 구별 짓기 현상도 일어났다. 영화 마니아들은 더 이상 저급한 변사의 해설을 들을 수 없다며 발성영화로 몰렸다. 그들은 스스로 무성영화 팬들을 삼류로 취급하면서 자신들과 구별 짓

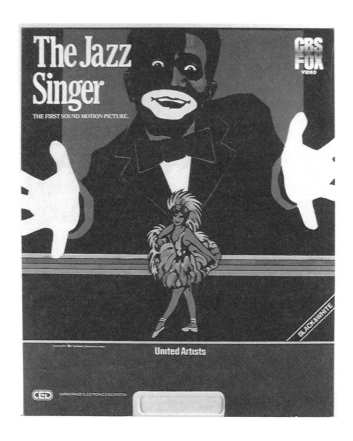

1927년 최초의 유성영화 〈재즈 싱어〉가 등장하면서 변사의 지위는 점차
위축되기 시작했다.

기를 했으며, 변사를 저급한 예술가로 취급했다.

또한 영화를 더 이상 단순한 오락물이 아닌 민중 계몽을 위한 도구로 사용해야 한다는 의견도 등장했다. 그만큼 영화가 대중에게 미치는 파급력이 컸기 때문이었다. 1930년 나운규는 〈아리랑 그 후〉(1930)를 제작했다. 물론 〈아리랑 그 후〉도 무성영화였으며, 공전의 히트를 쳤던 〈아리랑〉의 후속편이었다. 하지만 이 영화는 평단의 혹독한 공격을 받았다. 이유는 영화가 끝난 후 나운규가 직접 무대에 등장해서 일종의 퍼포먼스를 했기 때문이었다. 나운규는 무대에 올라와 기생들과 함께 춤을 추며 〈아리랑〉을 불렀다. 평단에서 보기에 나운규의 이런 행동은 무성영화 시대에 변사들이 보여주었던 저급하고 저질스러운 행동에 불과했던 것이다. 평단의 비판과 비난이 비등하자, 〈아리랑 그 후〉의 촬영기사 이필우李弼雨가 영화 비평가들에게 "무식한 광견들아, 짖으려거든 짖어라"라고 맞받아쳤다.

> 너희들보다 좀 더 민중의 친우란 말이다. 너희들 앞에서 내가 지사라고 떠들 그런 어리석은 사람은 아니다만 이렇게 남을 잡아먹고 더구나 동족끼리 피를 빨아먹는, 역사의 피를 받은 못된 버릇으로 남을 죽이려고 악을 쓰는 너희들 자신의 피부터 시험해보아라. 그 속에 누구에게든지 보여도 부끄럽지 않을 만한 피가 몇 방울이나 나겠느냐. 왜 팔을 걷고 나와서 작품을 만들지 못하느냐. (……) 우리들은 우리들의 작품을 손꼽아 기다리는 많은 동지들에게, 귀엽고 그리운 형제들에게 얼른 보이려고 제작한다. 그네들을 낙심하게 할 수 없다는 말이다. 정당하다고 생각하는 일에는 목숨도 아끼지 않는다. 무식한 광견들아, 짖으려거든 짖어라. 우리는 누구보다도 조선 영화계를 사랑하는 사람이요, 민중의 친우이다. / 이필우, 「영화계를 논하는 망상배들에게—제작자로서의 일언一言」,『중외일보』, 1930년 3월 23~24일.

1926년 무성영화 〈아리랑〉이 개봉되었을 때, 단성사는 인산인해를 이루었다. 그만큼 많은 관객이 단성사로 몰려들었고, 이후 〈아리랑〉은 '초대박' 흥행 신화를 기록했다. 〈아리랑〉을 보려는 인파들로 극장 앞은 연일 장사진을 쳤으며, 조선총독부에서는 혹시나 하는 사태를 '예방'하기 위해 기마 순사와 임검臨檢 순경을 극장에 파견했다고 한다. 〈아리랑〉의 목소리 연기자였던 변사의 한마디 한마디에 사람들은 울고 웃었고, 때로는 변사가 해설을 하다가 임검 순경에게 잡혀가면 다른 변사가 대신 바통을 이어받아 해설을 이어가기도 했으며, 영화의 마지막 장면에서는 변사마저 흐느끼고, 관객은 통곡했다고 한다. 어쩌면 〈아리랑〉이 개봉되었을 때가 변사의 최전성기였는지도 모른다. 영화와 변사와 관객이 혼연일체가 되어 거대한 축제의 장을 연출했으니 말이다.

〈아리랑〉이 개봉된 지 4년 후인 1930년에 이르러 영화는 과연 대중예술인가 고급예술인가를 놓고 평단과 영화 제작자가 한판 싸움을 벌였다. 평단에서는 영화는 고급예술이어야 하기에 무성영화 시대의 변사와 같은 저급한 행동을 해서는 안 된다고 했고, 영화 제작자는 영화야말로 대중의 예술이기에 그들에게 즐거움을 선사해야 한다고 맞섰다. 변사의 해설에 울고 웃던 대중은 과연 그들의 말처럼 '무지'하고 '저급한' 팬이었을까.

굿바이, 변사

1914년 『매일신보』에 기획 기사가 실렸다. 조선의 예술인·연예인에 대한 특집 기사였다. 당대의 뛰어난 예술인·연예인 100인에 대한 기획 기사였다. 이 기사의 아흔여덟 번째와 마지막 백 번째 자리를 변사가 차지했다. 아흔여덟 번째는 변사 김덕경에 대한 소개였다.

조선인 변사로 김덕경이란 사람이 신기록을 세웠다. 김 군은 소학교로부터 중학 정도까지 지내어 상당한 학식을 갖추었다. (……) 이십일 세부터 각 활동사진관으로 다니며 설명의 직책을 맡았다. 그는 유창한 어조로 혹은 높였다 내렸다 연약한 아녀자의 음성도 지으며 혹

은 웅장한 대장부의 호통도 능하였다. (……) 보는 사람으로 하여금
(……) 실제의 연극을 보는 듯, 또는 현장에서 그 광경을 직접으로 당
한 것같이 감염이 되니 이는 김덕경의 특이한 장기가 아니면 능치 못
할 일이라. 금년은 이십사 세이니 (……) 김덕경은 더욱 장래가 유망
하여 조선 변사 첫째 손가락을 꼽으리로다. /「예단 일백인藝壇一百人
(98)」,『매일신보』, 1914년 6월 9일.

김덕경 다음으로 백 번째에는 우미관의 변사 서상호와 이한경에 관한 기
사가 실렸다. 이처럼 무성영화 초기만 해도 변사는 조선을 빛낸 뛰어난 예
술인·연예인으로 세간의 주목을 받았다. 물론 당시의 문화적 환경에서 예
술인·연예인이라 부를 만한 사람들이 그리 많지 않았던 것은 사실이다.
예술인이나 연예인이라는 개념조차 희박했던 시대였다. 그렇지만 '예술계'
그리고 '연예계'라는 새로운 세계가 이제 막 도래했으며, 이 새로운 시대를
이끌어가는 중추적인 직업이 바로 변사였음은 부인할 수 없는 일이다.
　　영화 마니아층이 형성되면서 변사의 해설에 대한 신랄한 비판이 등
장했고, 여기에 더해 발성영화라는 최첨단 테크놀로지의 등장으로 변사는
화려한 옛 시대의 유물로 전락하고 말았다. 더욱이 무성영화 시대를 대표
했던 변사 서상호의 방탕한 삶이 가십거리가 되면서 변사의 이미지는 한
없이 추락했다. 발성영화의 등장으로 변사는 아직까지 발성영화를 상영할
수 있는 시설이 없었던 지방의 극장을 전전하면서 그 맥을 이어갔다.
　　1930년대 후반에 들어 활동사진 변사는 각계각층의 수많은 비난을
받았다. 무지하다, 저급하다는 것이 그 핵심이었다. 그렇지만 변사의 등장
으로 인해 조선의 극장 문화는 비로소 꽃필 수 있었다. 변사의 전성시대만
하더라도 극장은 그저 영화를 상영하는 공간의 역할에만 그치지 않았다.
극장은 종합 엔터테인먼트의 공간이었다. 극장 안에서 관객은 영화를 보
고, 변사의 퍼포먼스를 즐겼다. 그리고 관객은 변사의 '연기'에 개입하기도
했다. 잘하느니, 못하느니, 이렇게 해라, 저렇게 해라, 옳지 옳지, 그러면 그
렇지, 얼씨구나 좋구나…….

　무성영화 시대의 극장은 영화와 변사와 관객이 함께 어우러진 축제의 장이었다. 그곳은 '낯선 것'과 '낯익은 것'이 행복하게 공존했던 장소이기도 했다. 영화는 최첨단 서구 과학의 산물이었지만, 변사의 목소리 연기는 조선인들에게는 익숙했던 '전기수'의 생생한 구연과 같았고, 극장이라는 공간은 마당놀이가 펼쳐지는 저잣거리의 여흥판과 같았다. 그랬기에 조선인들은 무성영화라는 낯선 이방인과 행복한 동거를 할 수 있었던 것이다. 아무리 3D가 나오고 4D가 나온들, 여전히 관객은 스크린 앞에서 '수동적'인 존재일 뿐이다. 최첨단 테크놀로지가 우리의 감각을 최적의 상태로 자극해주기만을 기다릴 뿐인 것이다. 변사는 사라졌지만, 변사가 있었기에 가능했던 축제의 공간으로서의 극장 문화만은 소중하게 기억되어야 하지 않을까.

3 문화계의 이슈 메이커, 기생

색色이라고 하는 것은 목숨을 해치는 함정이라. 요염하고 음란한 여자들에게 정신을 빼앗겨 밤낮 없이 교유할 제, 가정사를 불고하고 재산을 허다하게 낭비할뿐더러 기혈氣血까지 빼앗겨 명이 짧아지는 자가 허다하니, 조심할 게 이 아닌가. / 「시사평론(사계四戒)」, 『대한매일신보』, 1909년 9월 18일, 국문본·국한문본 통합.

계몽의 적, 기생

100여 년 전 조선 사회의 오피니언 리더opinion leader들의 눈에 비친 사회 발전의 가장 큰 장애물은 무엇이었을까. 그것은 바로 색욕과 조혼, 그리고 기생이었다. 그렇다면 조선의 오피니언 리더들이 조혼, 색욕, 기생을 이른바 '공공의 적'으로 삼은 이유는 무엇이었을까. 그것은 국가를 위해 헌신해야 할 '남성들'의 열정과 에너지가 사사로운 성욕에 낭비된다는 이유에서였다.

이러한 조선의 오피니언 리더들의 생각을 엿볼 수 있는 글이 바로 당대의 대표적인 계몽신문이었던 『독립신문』 1898년 2월 12일자 '논설'이다. '논설'에 따르면, 특히 구시대의 악습인 조혼은 하루빨리 척결해야 할 제도였다. 계몽 지식인들은 조혼 때문에 남성들이 기생이나 매음녀(삼패 기생)를 찾는다고 판단했다. 사랑이나 애정 없이 결혼을 했으니 가정불화가 다반사로 일어날뿐더러, 어린 나이에 결혼을 했으니 그만큼 일찍 성욕에 눈을 뜰 수밖에 없다는 게 계몽 지식인들의 생각이었다. 그러니 국가의 '대들보'인 남성들이 국가를 위해 무엇을 할 것인가 생각하지 않고 "개와 돼지같이" 게을러빠지거나 "음란한 여자들에게 정신을 빼앗기"기 일쑤이지 않겠냐는 것이다. 따라서 계몽 지식인들은 "지옥불에 타 죽을 못된 사나이 놈들"을 구원하여 화류계에 정신을 허비하지 않는 '대장부'로 갱생시켜야만 했다.

따라서 계몽 지식인들은 어리석은 사내들을 화류계로 끌어들이는

66

근대사에서 사회적 마이너리티이자 계몽의 대상으로 늘 지탄을 받았던 기생.

'소위' 기생이나 매음녀, 그리고 어린 여성들을 유인하여 밀매음을 알선하는 무뢰배들을 일소에 척결하기 위한 방법을 강구한다. 그 방법이란 풍속 개량이었다. 풍속 개량의 핵심은 건전하고 교육적인 놀이 문화의 양산이었다. 이 주장에 따라 연흥사, 단성사, 협률사, 원각사 등의 근대식 연극장이 새로 건립되었다. 그런데 오히려 역효과가 나타났다.

풍속 개량을 위해 만든 연극장이 오히려 새로운 화류계로 변질되었다. 연극장을 찾는 대다수의 남성들은 '잿밥'에 더 관심이 많았다. 특히 나이 어린 남학생들이 연극장을 출입하는 목적은 '부인석에 앉아 있는 여성들', 즉 당시의 표현을 빌리면 '갈보들'을 엿보기 위해서였다. 1909년 무렵 당시 서울에서 밀매음에 종사하는 여성들의 수는 대략 2500여 명 정도였으며, 대부분 창기인 삼패 기생들이었다. 이들의 주요 활동 장소가 연흥사를 비롯한 근대식 극장이었다.

계몽 지식인들은 언론을 통해 화류계를 없애야 된다고 목소리를 높였다. 그러나 더 이상 자신들의 '말빨'이 먹히지 않음을 간파한 계몽 지식인들은 공권력 동원을 경시청에 요청한다. 경시청에서는 사복 경찰을 연극장에 잠입시켜 밀매음녀를 검거하는 등, 바야흐로 밀매음과의 전쟁을 치른다. 밀매음과의 전쟁은 밀매음에 종사하는 여성들의 '유린된 인권'을 보호하거나 성 노동 여성들의 '재활'을 위한 것이 아니었다. 성병으로부터 남성들을 '보호'하고 동시에 남성들이 성적 욕망을 자유롭게 분출할 수 있는 대상을 '제거'하기 위한 것이었다.

1909년이면 이미 통감부 정치가 실시되고 있었다. 그러니 계몽 지식인들의 밀매음녀 척결과 경시청의 밀매음녀 단속은 동상이몽이었다. 계몽 지식인들은 국가를 위해 애국의 열정으로 똘똘 뭉친 남성들을 육성하기 위한 것이었다. 이에 비해 통감부는 밀매음이 통감부의 정책에 반하는 '위법'이었기 때문에 밀매음녀를 단속한 것이었다. 통감부는 1908년에 '기생 단속령'과 '창기 단속령'을 반포했다. 이 법은 잠시 뒤에 살펴보기로 하자.

삼패 기생의 밀매음에 대한 경시청의 공권력 행사에 계몽 지식인들이 적극적으로 동조했으니, 일종의 적대적인 공범 관계를 형성한 셈이었다.

그만큼 계몽 지식인들에게 삼패 기생을 비롯한 기생 집단은 '계몽의 적'이
자 눈엣가시였다.

기생 '롱운'이의 한판 넋두리

1908년 5월 22일자 『대한매일신보』에는 '롱운'이라는 기생의 한판 넋두리
가 펼쳐진다. 그런데 롱운이의 넋두리는 5월 22일 하루로 끝나지 않았다.
5월 23일에도, 5월 28일에도 그녀의 앙칼진 넋두리는 계속되었다. 무엇이
그토록 그녀에게 말을 하지 않으면 안 되게 만들었을까.

　기생이라는 계층은 시대적으로 보면 사회적 마이너리티였으며, 계몽
의 대상이었다. 그렇지만 계몽 지식인들로부터 온갖 비난을 받을 수밖에
없던 기생이라고 사회에 대한 관심이 없었던 것은 아니다. 오히려 변화하
는 사회적 분위기에 누구보다 예민한 촉수를 뻗고 있었던 계층이 바로 기
생이었다.

　인천에 살고 있었던 롱운은 우연한 기회에 서울 구경을 하게 된다.
문명개화와 교육의 메카인 서울을 구경한다는 사실에 그녀의 마음을 한껏
들떴다. 그런데 막상 서울에 올라와 보니 그녀의 기대와는 전혀 딴판이었
다. 학업에 열중해야 할 학생들은 삼삼오오 무리를 지어 연극장에 출입하
면서 "어여쁜 계집과 기생 삼패들"에게 "음란한 말"을 건네고 있었다. 어디
이뿐이랴. 돈푼이나 있는 자들은 하는 일 없이 놀고먹으면서 "주사청루에
아리따운 계집"을 끼고 허송세월을 보내며 "사치의 극단"을 연출하고 있었
다. 서울의 이곳저곳으로 발걸음을 옮길 때마다 나오는 건 한숨이요, 보이
는 건 가관이었다.

　거리마다 말로만 개화니 계몽이니 떠드는 사람들로 넘쳐났다. 문명
개화와 근대식 학문을 폼생폼사의 도구로 삼는 이들이 한둘이 아니었다.
특히 롱운은 그들의 패션이 여간 눈에 거슬리는 게 아니었다. 머리카락은
짧게 자르고 가르마를 타서 양쪽으로 갈라붙였다. 물론 머릿기름도 발랐
다. 여기에 '맥고모(밀짚모자)'나 '샐쭉 안경'을 쓰고, 가죽 구두를 신고, 손

에는 단장을 들고 다녔다. 문명개화했다는 사람들의 외모를 보며 롱운은 '과연 이들이 진정 문명개화한 사람들이란 말인가!'라며 의심했다. 롱운이 보기에 이들은 다만 서구의 패션만을 추종하는 '얼개화꾼'이나 '협잡꾼'에 지나지 않았다. 더군다나 롱운은 교육계에 종사하는 사람들이 입으로는 "독립을 회복한다", "교육을 확장한다"며 일장 연설을 하지만 실천은 아무것도 하지 않는 현실에 개탄한다. 롱운은 이들을 가리켜 겉으로만 근대식 학문을 숭상할 뿐이지 사실은 문명을 방해하는 "교육계의 마귀"라고 지탄한다. 결국 롱운은 조선 교육의 메카인 서울의 교육계가 이토록 한심할 수 있냐며 대성통곡하기에 이른다.

당시 문명개화, 근대식 교육의 실질적인 문제가 다름 아닌 "일개 미천한" 기생의 입에서 폭로되고 있는 셈이었다. 더 나아가 롱운이는 교육에 힘쓰기 위해서, 그리하여 진정한 문명개화한 사람이 되기 위해서 "일본으로 유학" 갈 것을 결심하며 글을 마친다. 그동안 철저하게 '계몽의 적'으로 비난받았던, 계몽의 외부로 밀려났던 기생의 목소리를 통해 당시 조선의 현실이 철저하게 비판받았고, 이는 계몽가들이 문명개화의 적들에게 날렸던 비난의 화살을 고스란히 되돌려받은 형국이었다.

그런데 롱운의 통탄으로 가득한 독자 투고를 세 번에 걸쳐 연재한 『대한매일신보』의 편집진에게는 또 다른 꿍심이 있었던 것은 아닐까. 『대한매일신보』 편집진들이 롱운의 진정성을 이용한 것은 아닐까. 그동안 국가의 수치, 민족의 부끄러운 대상으로 지목되었던 기생의 입을 빌려 최첨단 엘리트라고 자임하고 있었던 지식인들에게 수치와 부끄러움을 주려는 전략은 아니었을까. 어쩌면 당대의 오피니언 리더들이 진정으로 바랐던 것은 기생들이 근대식 학문을 연마하여 무지를 떨쳐내고 계몽된 인간으로 성장하는 것이 아니라, 오히려 롱운이와 같은 '미천한 신분'의 사례를 통해 지식인들이 '부끄러움'을 느끼고 이전보다 더 적극적으로 문명개화를 위해 몸과 마음을 바치는 것이 아니었을까.

기생의 해방, 권번의 탄생

근대 계몽과 문명개화의 '적'으로 비난을 면치 못했던 기생의 역사는 장구했다. 기녀 제도는 고려 때부터 존재했다. 고려 때부터 근대 권번에 이르기까지 그 역사만도 약 800년에 이른다. 조선 중기까지만 해도 기생은 '공공의 적'이 아니었다. 기녀 제도나 기생의 역사는 매춘의 역사와는 다르다. 매춘이야 고대 오리엔트 지역에서부터 존재해왔던 것이지만 그때부터 국가가 매춘을 하나의 '제도'로서 관리하지는 않았다. 이에 비해 기녀 제도는 국가의 기획하에 탄생한 어처구니없는 제도였다. 국가는 기녀 제도를 만들어 여성의 결혼을 금지하고 여성의 신체와 예능과 성을 착취했다. 가까운 중국의 경우에도 기녀의 인신을 국가가 소유하는 일은 없었다고 한다. 가히 '기념비적' 제도인 것이다.

조선의 기녀 제도는 고려의 기녀 제도를 그대로 계승한 것이었다. 국가는 3년에 한 번씩 선상제選上制를 실시했다. 선상제는 기생을 뽑아 올리는 제도를 말한다. 선상제를 통해 선택된 기생들은 장악원掌樂院에 소속되어 가무악歌舞樂을 배웠으며, 국가의 각종 의식과 연회에 동원되어 그들의 예능을 뽐내야만 했다. 임진왜란 이후 선조 31년인 1598년에 이르러 선상제가 혁파되어 장악원 소속의 기녀들은 사라졌다. 그래서 기녀의 임무를 수행하던 여성들은 관비의 형태로 존속하게 된다. 선조 35년인 1602년에 지방에서는 다시 기악妓樂이 부활되었고, 광해군 2년인 1610년에 이르러서는 부정기적이긴 하나 지방의 기생들이 서울에 올라와 장악원에 소속된 기녀로서 활동하기 시작한다. 그러나 예전처럼 궁중의 연회에 일상적으로 기녀가 동원된 것은 아니었다. 선상제가 폐지됨에 따라 궁중의 연회를 담당했던 일부의 기녀들은 '일자리'를 찾아 시정으로 진출하게 된다. 1738년에는 우리가 사극에서 보는 '기방'이 시정에 버젓이 등장하기에 이른다. 이제 국가의 '소유물'이었던 기생을 중인계급과 시정 자본가들도 소유할 수 있게 되었던 것이다.

이후 1894년 갑오개혁이 단행되었다. 갑오개혁의 일환으로 궁중 연회를 담당했던 장악원이 폐지되었다. 그 명칭도 이후 장례원掌隸院, 협률과

協律課, 장악과掌樂課 등의 이름으로 바뀌어갔다. 갑오개혁과 함께 신분제 폐지가 단행되었다. 그러나 신분제가 폐지되었다고 해서 곧장 관기들의 신분까지 해방되지는 않았다. 1904년 러일전쟁 이후 조선의 신분제는 완전히 철폐되었으며, 관기였던 기생들의 신분은 이때 해방된다. 모든 관기 제도가 폐지된 것은 1908년에 이르러서였다. 그러나 기생의 입장에서 관기 제도의 완전한 폐지가 마냥 반가운 일만은 아니었다. 관기 제도가 폐지되자 기생들의 일자리도 완전히 사라지게 되었다.

기생에게도 일종의 계급이 존재했다. 일명 관기官妓이자 예기藝妓라 불리는 일패 기생이 있고, 일패 기생에서 물러나 '은근히' 몸을 파는 이패 기생인 은군자隱君子가 있었으며, 창기娼妓인 삼패 기생이 있었다. 삼패 기생은 정조를 팔아서 재물을 만든다고 해서 '탑앙모리搭仰謀利'라고도 불렸으며, 혹은 '논다니'라고도 부르기도 했다. 일패, 이패, 삼패에 따라 기생의 급이 달랐다. '음탕한 요부'라는 말에 들어맞는 것은 엄밀하게는 밀매음에 종사하는 삼패 기생뿐이었다. 그러나 1900년대 일반 사람들은 일패 기생, 이패 기생, 삼패 기생을 엄밀하게 구별하지 않았고, 기생들에게는 언제나 밀매음이라는 부정적인 꼬리표가 따라다녔다.

마침 1908년 9월 경시청에서 '기생 단속령'과 '창기 단속령'을 제정하여 반포했다. '기생 단속령'의 내용은 다음과 같다.

기생 단속령
1908년 9월 25일 경시청령 5호

제1조. 기생으로 생업을 삼는 자는 부모나 혹은 이에 대신할 친족의 연서連署한 서면으로써, 소할所轄 경찰관서를 경經하고 경시청에 신고하여 인가증을 얻음이 가함. 기업을 폐지한 때는 인가증을 경시청에 환납함이 가함.
제2조. 기생은 경시청에서 지정한 시기에 조합을 설치하고 규약을 정하여 경시청에 인가를 얻음이 가함.

구한말의 일패 기생이었던 관기들의 모습.

제3조. 경시청은 풍속을 해하거나 혹 공안公安을 문란하게 하는 우虞
가 있는 줄로 인정할 때는 기생을 업으로 삼는 것을 금지하며, 혹 정
지하는 일이 있음.

제4조. 제1조의 인가증을 얻지 않고 기생을 업으로 하는 자는 10일
이하의 구류나 또는 10환 이하의 벌금에 처함.

— 부칙 —

제5조. 현재 기생으로 업을 삼은 자는 본령 시행일로부터 30일 이내
에 제1조의 규정을 준행함이 가함.

/ 『관보』, 내각 법제국 관보과, 1908년 9월 28일.

'창기 단속령'은 경시청령 6호로 같은 날 반포되었다. 내용은 동일하고 다
만 기생이란 말 대신에 창기라는 말이 사용되었을 따름이다. 기생과 창기
의 규칙을 나누기는 했지만, 그 내용이 동일하다는 것은 기생과 창기를 바
라보는 당시 사회의 시선이 어때했는가를 유추할 수 있는 대목이다. 이제
관기 제도가 폐지된 자리에 일명 '기생조합'이 들어서게 되었으며, 당국의
허가를 받아야 했다. 조선 시대에 기녀 제도가 국가의 법에 의해 공식화되
었다면, 통감부 정치 이후에는 이제 '매매춘 제도'가 국가의 법에 의해 공식
화된 것이다.

　최초의 기생조합은 한성기생조합이었다. 이 조합은 박한영 등 30여
명이 발기하여 세운 단체였다. 한성기생조합은 기생들의 기둥서방들이 남
편이 있는 유부기有夫妓들을 모아서 조직한 것이었다. 한성기생조합은 훗날
광교기생조합으로 명칭을 바꿨으며, 1914년에는 일본식 명칭인 '권번券番'
으로 이름을 바꾼 '한성권번'으로 조직을 개편했다.

　한성기생조합이 유부기 중심이었다면, 황해도와 평안도 지역에는 무
부기無夫妓들이 중심이 된 다동기생조합茶洞妓生組合이 설립되었다. 다동기생
조합은 1914년에 대정권번大正券番으로 명칭을 바꾸었다. 1920년대 식민지
조선을 대표하는 4대 권번은 대정권번, 경상도와 전라도 기생들을 중심으

로 만들어진 한남권번漢南券番, 한성권번, 평양 기생을 중심으로 구성된 조선권번이었다. 이 중에서 대정권번은 일본인이 경영하는 권번이었다.

　권번은 기생들의 일상적인 관리와 교육을 담당했으며, 기생의 수입까지도 철저하게 관리했다. 또한 권번은 명월관과 국일관 같은 유명한 요리점에 기생들을 '공급'했다. 식민지 조선의 4대 권번은 조선 시대로 말하면 일패 기생을 양성하는 곳이었다. 삼패 기생이 중심이 된 권번도 등장했다. 삼패 기생 중심의 권번이 공공연하게 등장할 수 있었던 것은 경시청의 '기생 단속령' 및 '창기 단속령'이 반포됨으로써 매매춘이 공식화되었기 때문이다. 경시청의 기생과 창기에 관한 정책으로 인해 삼패 기생들의 활동은 급격히 왕성해졌고, 그 세력도 성장하여 권번이라는 조합까지 결성한 것이다. 삼패 기생 중심의 권번으로는 경화권번京和券番, 경성권번, 종로권번 등이 존재했다.

　삼패 기생 중심의 권번이 등장하자 스스로 일류 혹은 일패 기생이라고 자부했던 기생들의 반발도 적지 않았다. 일패 기생은 언제나 삼패 기생과 '구별 짓기'를 해야만 했다. 그렇지 않으면 세간의 '기생=매음녀'라는 비난 섞인 조롱으로부터 자유롭지 못했기 때문이다.

'붉은 우산' 쟁탈전, 화초기생의 탄생

삼패 기생들은 자신들의 세력을 점점 더 확장해갔다. 이에 일패 기생들은 긴장할 수밖에 없었다. 더군다나 일패 기생은 삼패 기생과 동류로 취급하는 세간의 부정적인 시선을 견딜 수 없었다. 그것은 치욕이었다. 1900년대 초반에도 일패 기생은 삼패 기생과 자신들을 구별 짓기 위해 온갖 노력을 다했다. '나는 일패 기생이오!'라는 명찰을 붙이고 다닐 수도 없는 노릇이었다. 종전까지 일패 기생과 삼패 기생을 구별하는 방법은 오직 '붉은 우산'밖에 없었다. 붉은 우산은 일패 기생에게만 허락된 그들만의 상징이었다. 그런데 1906년 7월 일이 터졌다. 삼패 기생들이 자신들도 붉은 우산을 쓰겠다고 경무청에 탄원서를 넣은 것이다. 경무청에서는 이 요구를 받아들였다. 대신 조건이 있었다. 일패 기생들의 반발을 염두에 둔 조치였다. 신발은 구별하라는 것이었다. 일패 기생에게는 검은색 외코신을 신게 하여 삼패 기생과 구별시킨 것이다.

그렇지만 이러한 구별 방법만으로는 일패 기생의 짓밟힌 자존심이 회복되지 않았다. 더군다나 기생을 대하는 고객들의 취향도 예전만 같지 않았다. 일패 기생이 되기 위해서는 오랜 수련 과정을 거쳐야만 했다. 일패 기생들은 권번을 통해 가무 및 시조 등을 철저하게 교육받았다. 자신들이야말로 조선 시대의 예술을 계승하고 있다는 자긍심으로 고된 수련 기간을 참아냈던 일패 기생들이었다. 일패 기생들은 일류 선생들 밑에서 춤과 노래와 악기와 서화 등을 전수받았다. 또한 자신들의 롤 모델을 논개와 춘향, 황진이와 같은 의기義妓와 정절, 예인藝人의 대명사들로부터 찾았다.

> 예기란 무엇인가. 연석에 초대받아 음악과 가무를 연주하여 연석에 흥을 한층 높이게 일단의 풍류를 가미함에 종사하는 여성이다. (……) 영웅열사가 만란漫瀾과 악전고투하며 고심참담하여 성공의 월계관을 쓸 때에 우리는 가무로써 그의 영화를 더욱 빛나게 하는도다. 어찌 일개 유아탕자의 수중물이 되고 마는 것이 예기藝妓의 본이랴. (……) 가무 그것은 예술이며, 적어도 우리는 예술가로다. / 윤옥향尹玉香, 「예기의 입장과 자각」, 『장한長恨』, 1927년 2월.

윤옥향이 "우리는 적어도 예술가인 예기"라고 힘주어 말하는 이유는 무엇일까. 그것은 당연히 당시 일패 기생의 지위가 예전만 못할 뿐만 아니라 삼패 기생과 구별 없이 '동류'로 취급되는 사회적 분위기 탓이었다. 일패 기생의 입장에서 보면 정조를 헌신짝처럼 취급하고 몸을 파는 삼패 기생과 예기인 자신들은 분명히 달랐다. 아니, 달라야 했다. 기생이라는 이유로 그들과 똑같이 취급되는 것을 도저히 참을 수 없었다. 더군다나 고객들 또한 기생의 가무보다는 '교태'에 더 매력을 느끼는 시대였다. 이는 막 기생으로 입문한 이들만의 한탄은 아니었다.

1914년 7월 29일자『매일신보』에는 40년 넘게 기생 노릇을 한 어떤 여인의 한탄 섞인 고백이 실렸다. 노기老妓가 아니라 이제 퇴기退妓의 신세로 전락할 수밖에 없는 기생 사회의 현실이란 어떤 것이었을까. 노기는 힘주어 말한다. 기생의 첫 번째 기준은 가무이고, 두 번째는 사람의 품성이며, 세 번째는 얼굴이라고. 기생에게서 가무를 찾지 않고 얼굴만 취한다면 "기생이란 이름"은 필요 없다고. 정 얼굴을 취하려면 "은군자나 색주가만 데리고 놀아도 그만 족할" 것이라고. 요즘의 기생은 가무는 할 줄 모르면서 반반한 얼굴과 교태 섞인 화술로만 기생 노릇을 한다고. 비단옷과 금시계와 패물로 몸을 휘감고서 "돈 많은 사람의 간장이나 살살" 녹이면서 "없는 정도 있는 듯이 능청을" 부리면서 재물을 갈취한다고. 돈 떨어진 고객은 언제 봤냐는 식으로 "못 본 체하는 것이 제일 명기"라고.

40년 풍상을 견뎌내며 기생 노릇에 한 생애를 보냈던 어느 노기의 신세 한탄에는 다 이유가 있었다. 기생은 더 이상 관기가 아니었다. 이제 권번이라는 매니지먼트 회사에 고용된 존재가 되었다. 기생은 더 많은 수익을 창출해야 하는 일종의 상품에 불과한 시대였던 것이다. 기예가 아닌 얼굴을 무기로 손님들의 마음을 사로잡았던 기생을 '화초기생花草妓生'이라 불렀다. 나름 일패 기생으로서의 자부심이 강했던 기생들에게 화초기생은 동종 업계의 '적'이나 다름없었다. 화초기생은 창기인 삼패 기생과 거의 비슷한 부류였으며, 이들은 기생의 수준을 떨어뜨리는 존재로 비난받았다.

화초기생들이 지닌 무기는 춤이나 노래나 악기 연주가 아니었다. 그들의 무기는 어쩌면 '변신술'이었다. 화초기생들의 가무 수준은 형편없었다. 그렇기에 그들은 일패 기생과의 경쟁에서 살아남을 수 없다는 것을 잘 알고 있었다. 그렇기 때문에 화초기생은 생존을 위해 화려한 복색과 야릇한 화장으로 무장했고, 이를 통해서 자신들의 부족한 점을 감추었다. 일패 기생들은 고객들의 눈을 현혹하는 아름다운 얼굴과 화려한 패션으로 무장한 화초기생들과 끊임없이 구별 짓기를 해야 했다. 이는 여학생들도 마찬가지였다.

갑오개혁 이후로 규방에 갇혀 있던 여성들이 서서히 세상으로 나오기 시작했다. 근대 교육이라는 미명하에 '여학생'도 생겨났다. 여학생은 모던 걸이자 '신여성'이었다. 물론 신여성이나 모던 걸이라는 말이 전 사회적으로 유행한 것은 1920년대 이후다. 여학생들은 어떤 면에서는 개화·계몽 시대의 아이콘이었다. 삼패 기생들은 여학생들을 주목했다. 가진 재주라고는 남성들을 사로잡는 '미모'밖에 없었던 그들은 자신들의 단점을 감추기 위해서 여학생의 이미지를 도용했다. 삼패 기생들은 개화·계몽 시대의 아이콘이었던 여학생들의 복장을 하고 길거리에서 호객 행위를 일삼았다. 삼패 기생들은 자신들의 학문적 성취와 관계없이 여학생의 패션을 모방함으로써 신학문을 배운 신여성이라는 표지를 내세웠으며, 이를 이용하여 '영업'을 했던 것이다. 옷차림만으로는 그 사람이 여학생인지 삼패 기생인지 알 수 없었다. 이러한 일이 빈번하게 일어나자 경시청에서는 여학생 이외에는 그 누구도 여학생 복장을 착용하지 못하도록 고시했다. 흔히 삼패 기생들이 자신들의 신분을 속이는 대표적인 방법으로 여학생과 간호사를 사칭했던 것이다. 이는 물론 비난받을 만한 행동이었다. 그러나 삼패 기생들의 이러한 행태는 서구적인 개화·계몽을 무작정 추종했던 1900년대 일부 조선인들의 심리와 '유행으로서의 개화·계몽'이 무엇이었는지를 잘 보여 주는 것이라고 할 수 있지 않을까.

또한 1920년대 후반에는 '재즈 기생'이 등장하기도 했다. 고급 요릿집에 출입했던 일부의 한량들은 피를 토하며 소리를 배운 기생들보다 소위 여학교 출신의 기생을 선호했다. 재즈 기생은 '소리' 대신 최신식 '유행가'를 부르며 흥을 돋웠다. 그들은 유행의 최첨단을 달렸던 일본 도쿄에서 주문한 구두와 양장으로 한껏 멋을 부렸으며, 자신들이 마치 활동사진 여배우인 양 거들먹거렸다. 한량들은 재즈 기생들과 함께 노래 부르고 야릇한 춤을 췄다. 이러한 재즈 기생 역시 '전통적'인 기생들의 경쟁 상대일 수밖에 없었다.

춤과 노래는 물론 가사, 시조, 서예, 가야금, 검무, 승무, 조선어, 일본어 등
전문적인 기생을 양성했던 기생학교 권번.

기생들의 외침, 우리도 속을 태우는 노동자다!

> 우리도 노동자다. (……) 우리 기생도 요릿집이나 어디를 물론하고 가서 한 시간에 1원 금전을 받는 것이, 즉 노동의 삯전을 받는 것이다. 남자 노동자는 곡괭이로 땅을 팔 때 이마에서 땀을 흘리며 노동하지만 우리 기생은 속을 태우는 노동자다. 입을 열어 노래를 부르는 것과 손으로 양금이나 가야금을 뜯는 것도 기생은 남자 노동자보다 무한 고초 가운데서 노동한다. (……) 노동자라도 정정당당한 노동자다. (……) 이 세상 사회에서는 기생이라고 우리를 부르지 말고 노동자라고 불러주었으면 하는 생각이 든다. / 전난홍田蘭紅, 「기생도 노동자다-ㄹ가?」, 『장한』, 1927년 2월.

웃음을 팔고 교태를 부리면서 남성들의 등골을 빨아먹는다는 비난을 받아야만 했던 기생. 전난홍이란 기생이 "기생도 노동자다!"라고 힘주어 외쳤던 이유는 무엇일까. 예기가 되는 길은 생각하는 것만큼 쉽지 않았다. 사람들로부터 손가락질을 당하는 직업이었지만, 기생이 어엿한 직업이 되기까지는 힘겨운 수련 과정을 거쳐야만 했다.

　예기가 되려면 권번에서 약 3년 동안 수업을 받는다. 수업만 받았다고 해서 다 끝났다면 오산이다. 약 3년 동안의 수업을 마치면 시험을 보아 합격한 자만이 졸업할 수 있었다. 권번에 입학한 동기童妓(아직 머리를 얹지 않은 어린 기생)의 교육 기간이나 내용은 지역별·권번별로 조금씩 차이가 있다. 그렇지만 교과 내용은 노래(가곡, 잡가, 소리, 일본 창 등)와 가사, 시조, 서예, 가야금, 현금, 검무, 승무, 조선어, 일본어 등으로 거의 같았다. 예기들이 일본 창과 일본어를 배운 이유는 일본 고객들이 급증했기 때문이었으며, 그들의 유흥을 위해 샤미센三味線(일본어 현악기)을 배우는 경우도 있었다.

　매달 한 번씩 열리는 삭회朔會는 동기들의 실력과 교육 과정을 테스트하는 자리였다. 1년에 한두 차례씩 정기 연주회를 열기도 했는데, 이 자리는 새내기 기생들의 데뷔 무대이기도 했다. 권번에서 모든 과정을 마치고 졸업한 기생들은 드디어 '놀음'을 나간다. 권번은 예기의 요릿집 출입 및 기생들의 놀음차, 즉 화대를 대신 받아주는 매니지먼트 회사였다.

권번에 가입하지 않고서는 예기로서 활동을 할 수가 없었다. 예기를 지망하는 여성들은 권번에 가입하기 위해서 10원에서 20원의 입회금을 냈으며, 매달 50전씩 회비도 냈다. 1900년대 초반 일패 기생의 놀음차는 시간당 약 4원 정도였으나 1910년대로 접어들면 1원 20~50전, 1920년대에 들어서면 1원 30전 정도였다. 그중에서 97전 5리가 예기의 실수입이었고, 요정과 권번에서 수수료 명목으로 32전 5리를 떼어갔다. 또한 예기는 매달 5전씩 경성부에 영업세를 냈다.

예기의 놀음차는 1900년대 초반에 비해 상당히 저렴해진 편이었다. 예기의 놀음차가 저렴해진 배경에는 기생의 놀이를 대신할 수 있는 다양한 유흥 공간들이 등장했기 때문이었다. 1920년대부터 1930년대까지 경성을 비롯한 도시의 '밤 문화' 공간은 다방, 카페, 바, 영화관, 끽다점, 댄스홀 등이었다. 이러한 신생 유흥 공간의 등장과 더불어 권번들 간의 출혈 경쟁 역시 기생의 놀음차를 저렴하게 만드는 데 한몫했다.

예기들은 국가로부터 허가를 받은 권번을 통해 철저하게 관리되었다. 예기는 조세 징수의 원칙에 따라 매달 꼬박꼬박 세금을 내고 활동하는 공식적이고 정상적인 직업이었다. 1929년 총독부 문서과에서 실시한 조사에 따르면, 식민지 조선에서 영업을 하고 있는 예기와 창기의 수는 다음과 같다. 조선인 예기는 총 2263명이었고, 창기는 1789명이었으며, 작부는 1219명이었다. 일본인 기생도 조선인 기생과 경쟁하며 영업을 하고 있었는데, 일본인 예기는 2049명이었고, 창기는 1787명이었으며, 작부는 472명이었다.

식민지 시대의 기생은 이중의 관리망 속에 놓이게 된다. 첫 번째는 권번을 통한 관리였으며, 두 번째는 식민지 국가로부터의 관리였다. 총독부는 정기적으로 기생들의 위생검사를 실시했다. 혹시 모를 위험한 질병으로부터 기생들, 아니 기생들과 접촉하는 남성들, 더 나아가 '사회를 보호하기'

위해서였다.

> 충남 공주 경찰서 서장은 (……) 요리옥에는 반드시 목욕탕을 설비
> 시키고, 예·창기, 작부는 절대로 공개목욕탕에 입욕하지 못하게 하
> 였다. 숙옥宿屋, 음식점 등은 전부 가옥 내외를 대수선시켰으며 (……)
> 일반 위생을 위하여 많은 색주가 아씨들을 일소하여 302호나 되는
> 각 영업자 집의 면목이 일신되었다고 한다. /「공개 욕장에 예·창기
> 입욕 엄금」,『매일신보』, 1930년 6월 15일.

이토록 가혹하고, 이토록 처참하게 인권을 유린하는 처사는 없을 것이다.
물론 요즘도 그렇지만 식민지 조선에서 '인권'이란 개념이 모든 사람에게
동등하게 적용된 것은 아니었다. 여름철 위생에 만전을 기해야 한다는 공
주 경찰서장의 명령이야 매우 타당하다. 하지만 위생을 이유로 예기와 창
기와 작부의 대중목욕탕 출입을 금지시킨 것은 너무 가혹한 처사다. 공주
경찰서장의 입장에서 기생들은 언제든지 성병을 전염시킬 수 있는 '보균자'
나 다름없었다. 또한 그의 생각에 기생들은 '공공의 장소'에서 격리되어야
할 존재, 음지의 밀실에서 암약하는 존재들일 뿐이었던 것이다. 그러나 공
주 경찰서장의 이런 터무니없고, 어처구니도 없으며, 말도 안 되는 명령에
기생들이 반발했다는 기사는 보이지 않는다. 공권력에 맞서 싸울 만한 힘
이 없는 약자였기 때문이었을까. 아니면 자신들에게 쏟아지는 사회적 냉대
를 묵묵히 감내하는 데 이미 이골이 나 있었기 때문이었을까.
　　기생들의 가슴은 멍들어갔다. 그러나 사회적인 냉대와 공권력의 횡
포보다 더 기생들의 마음을 할퀴고 찢는 사람들이 있었다. 다름 아닌 동종
업계에 종사하던 권번의 '포주들'이었다. 물론 모든 권번이 다 그런 것은
아니었다. 소규모 권번의 포주들은 기생을 구타하거나 그들의 놀음차를
강탈했고, 기생이 늦잠을 잘 경우에는 하루 종일 굶기기도 했으며, 자신들
마음대로 기생들을 '매매'하기도 했다.
　　돈을 버는 기생은 따로 있었다. 1934년 평양의 기성권번 기생들의 수

입을 보면, 최대 수입을 올린 기생은 월 400여 원의 수입을 올렸으며, 최저 수입은 월 1원 30전이었다. 손님들에게 인기가 높은 기생의 경우는 수입이 좋았지만, 대다수의 기생들은 겨우 입에 풀칠을 할 정도였다. 더욱이 돈이 없다고 치장을 하지 않을 수도 없었다. 언제 자신을 부를지 모를 고객을 위해 기생들은 외모를 가꾸고 또 가꿔만 했다. 영업 실적이 부실한 기생들은 최소한의 생계나 치장을 위해 포주에게 빚을 냈고, 끝내는 빚더미에 앉게 되었으며, 그 빚을 갚지 못해 이리저리 팔려 다니는 신세로 전락했다. 사회적 냉대와 포주들의 횡포, 그리고 생활고를 견디지 못한 기생 중에는 자살로 생을 마감하는 이들도 종종 있었다.

약한 자여, 너의 이름은 기생일지니
──────────────────────────────
1937년 4월 19일 오전 7시 20분 신의주 초음정 12번지에서 세 발의 총성이 울렸다. 권총을 쏜 사람은 김순자였다. 그녀는 보통학교 선생으로 근무하다가 현재는 은행에서 근무하는 '신여성'이었다. 김순자가 쏜 총알에 맞아 거꾸러진 사람은 다름 아닌 남편 조홍갑이었다. 아랫배와 다리에 총상을 입은 조홍갑은 도립의원 응급실로 실려가 치료를 받았으나, 오전 8시 결국 생을 달리하고 만다.

배울 만큼 배운 김순자는 왜 조홍갑을 죽였으며, 한 발도 아닌 세 발씩이나 총을 쐈던 것일까. 조홍갑은 공공연하게 외도를 즐겼다. 남편과 정분이 난 여자는 최산월이었다. 조홍갑은 한 달 전부터 산월에게 빠져 있었고, 산월도 조홍갑이 싫지는 않았다. 산월은 기생이었다. 김순자는 기생방에서 놀고 있는 남편을 찾아가 집으로 돌아갈 것을 간곡히 부탁했다. 그런데 남편은 감히 아녀자가 기방에 왔다며 오히려 김순자를 기생이 보는 앞에서 면박을 주었다. 김순자는 분을 억누를 수 없었다. 굴욕감이 들었다. 더군다나 기생에게 자신의 남편을 빼앗겼다는 자괴감도 들었다. 이대로 자살할까 생각도 해보았다. 집으로 돌아온 김순자는 피가 거꾸로 도는 듯했다. 그녀는 다시 남편을 찾아갔다.

김순자는 산월이와 남편이 동침하고 있는 현장을 덮쳤다. 그리고 세 발의 총성이 울렸던 것이다. 경찰에 체포된 김순자는 자신의 범행을 순순히 자백했다. 김순자는 기생에게 남편을 빼앗기느니 차라리 남편을 죽이고 자신도 남편을 따라 죽을 작정이었다고 검사에게 진술했다. 그것만이 자신의 남편과 영원히 함께 지낼 수 있는 길이라고 생각했다는 것이었다. 김순자가 범행에 사용한 권총은 남편 조흥갑의 것으로, 그는 안동 경찰서 고등계 형사였다. 내연녀였던 기생 최산월은 다행히 목숨을 건졌다.

김순자의 남편은 바람을 피웠다. 그런데 최산월에게 그것은 '사랑'이었을까. 기생과 얽힌 치정 사건은 헤아릴 수 없을 만큼 많았다. 몸 팔고 웃음 팔고 예능을 파는 기생이라고 해서 아름다운 사랑을 꿈꾸지 말란 법은 없다. 하지만 기생들의 사랑은 대부분 쓰라린 '비극'으로 끝난다. 진정 그들의 사랑은 한낱 '꿈'에 불과한 것이었던가. 기생들이 마음을 준 남성들 중에는 유부남이 많았다. 유부남이 아닌 경우에도 남자 쪽 집안의 반대로 파국을 맞는 경우가 흔했다. 비록 사랑이 파국으로 끝날지언정 정인과 '사랑'이라도 나눈 기생이라면 그래도 좀 나은 편이었다.

아! 기생! 듣기에도 진저리나는 기생. 무슨 죄가 있어 사람으로 사람에게 학대와 모욕을 당하는 사람이 되었을까요. 동정이 없고, 의리가 없는 이 세상에서는 약자를 위하여 분투하는 사람은 없고 강한 자를 위하여 추세하고 복종하는 사람들뿐이라. 기생이라는 것이 듣기에도 욕지기가 나고 약한 우리를 동정하여줄 사람이 없겠지요. (……) 기생도 사람입니다. 기생의 가슴에도 뜨거운 정이 있습니다. 평생을 애인이 없이 고독한 생활을 하여야 하는 것입니까. 평생을 학대와 유린 중에 시들어버려야 하겠습니까. 아! 남성들이시여. 노래 팔고 웃음 팔고 고기 파는 기생이라고 너무 괄시를 하지 마십시오. / 이월향李月香, 「눈물겨운 나의 애화哀話」, 『장한』, 1927년 1월.

1927년 1월호 『장한』에는 기생 김난홍金蘭紅의 한탄과 절규와 설움으로 뒤

범벅된 한 편의 글이 실렸다. 김난홍의 절절한 고백처럼, 기생은 "죽일 년, 살릴 년"도 아니고, 남성이 "농락하는" "물건"도 아니고, "장난감 인형"이나 "동물원의 원숭이나 앵무새"도 아니고, 오직 "웃음과 노래와 고기를 파는" 존재는 더더욱 아니다. 그렇지만 예기든 삼패 기생이든 남성들은 기생을 자신들의 성적 욕망을 위해 존재하는 '물건'으로만 생각했다. 화류계를 만든 것도 남성들이었고, 화류계야말로 남성의 전도를 가로막는 '악마의 굴'이라고 거세게 비난한 것도 남성들이었다. 기생들은 남성들에게 최소한의, 인간으로서의 '동정'을 원했다. 기생들은 딱히 생각나는 말을 찾지 못해 '동정'이라는 말을 썼을 뿐, 말 그대로 가엾게 여겨달라는 뜻은 아니었을 것이다. 그들이 진정으로 원했던 것은 인간으로서 지녀야 할 한 줌의 도덕과 최소한의 '자존'이 아니었을까.

식민지 조선 문화·예술계의 아이콘, 모던 '기생들'

기생은 신문과 잡지에 등장하는 단골손님이었다. 당시에 만약 '연예 통신'이라는 코너가 있었다면 단연 기생들의 이야기로 넘쳐났을 것이다. 기생의 삶은 대중들에게 질리지 않는 가십거리를 충분히 제공하고도 남았다. 기생은 한마디로 식민지 조선식 엔터테인먼트 산업의 '주역'이었다.

기생 중에는 조선의 전통 예악을 전수받고 이를 후대에 전승하는 사람이 있었는가 하면, 얼굴과 몸을 팔아 생계를 유지하는 화초기생도 있었다. 어떤 기생들은 기생 생활을 접은 후에 대중가요 가수로 활동하거나 은막의 스타로 탈바꿈하여 세간의 주목을 받았다.

여배우로 이름을 떨친 기생은 이월화, 석금성, 복혜숙, 신일선 등이었다. 왕수복은 최고의 레코드 판매 기록을 세운 기생 출신 대중 가수였다. 일본인들은 기생들의 사진을 찍어 '기생 사진첩'을 만들어 팔았는데, 요즘 말로 하면 연예인 브로마이드를 제작한 셈이었다. 물론 이는 일본이 식민지 조선을 '매춘 관광'이나 '기생 관광'의 이미지로 재현하려는 의도가 깔려 있었음은 당연하다. 하지만 상업적으로 브로마이드를 만들어 팔았다는 것은 그만큼 대중들에게 기생의 인기가 높았음을 반증하는 것이었다. 인기 높은 기생들은 광고에도 출현하기에 이른다.

예나 지금이나 샴푸 광고는 아무나 하는 게 아니다. 식민지 조선에서는 기생 노홍은이 '화왕 샴푸'의 광고 모델이었다. 이 샴푸는 일본의 가오사花王社의 상품이었다. 가오사의 샴푸 광고 모델로는 우리도 잘 알고 있는 일본 피겨 스케이트 선수 아다사 마오가 있다. 기생은 식민지 조선 광고계의 '블루칩'이었을 뿐만 아니라 항일 독립운동을 펼치기도 했다. 또한 그녀들은 노동운동 투쟁을 전개하기도 했고, 물산장려운동과 자선사업에 몰두하기도 했으며, '문화 외교 사절'의 역할을 자임하기도 했다. 이런 '특별한' 기생들의 이야기 중에서도 강명화와 강향란의 이야기는 특별한 기생담의 정점에 놓여 있다.

강명화는 현대판 '춘향'과도 같았다. '천한' 기생 강명화와 거부의 '외아들' 장병천은 사랑하는 사이였다. 텔레비전 드라마에도 가끔 나오는 대기업 후계자와 화류계 여성 사이의 사랑인 셈이었다. 집안의 반대에 부딪쳐 끝내 동반 자살이라는 극단적인 방법으로 자신들의 사랑을 지킨 강명화와 장병천의 이야기는 두고두고 세간의 이목을 끌었다. 강명화는 '자유연애'와 '연애지상주의'의 상징이 되었다. 그들의 사랑과 죽음에 관한 이야기는 여러 권의 소설로 재창조되었으며, 1967년에는 윤정희와 신성일이 주연한 영화 〈강명화〉로 재탄생되기도 했다. 이 영화는 당시로서는 상상하기 힘든 10만여 관객을 모았다. 강명화와 장병천의 정사情死로 인해 여러 명의 연인들이 그들의 '본을 받아' 강명화를 따라간다며 정사하는 일이 비일비재했다. 오죽했으면 단재 신채호가 "자살귀鬼 강명화가 열녀가 되는 문예가 무슨 예술이냐!"고 비판했겠는가.

강명화도 강명화였지만, 단발 미인 혹은 단발랑이라 불렸던 강향란 또한 세간의 주목을 받은 기생이었다. 당시 신문 보도를 통해 그녀의 삶을 따라가 보자.

요새 경성 시내에는 어떤 여학생이 머리를 깎고 남자 양복에 캡 모자

식민지 조선 때 '화왕 샴푸' 광고 모델로 활동했던 조선의 기생들.

를 쓴 후 이곳저곳으로 돌아다닌다고 하여 일반 사회에서는 이야기의 꽃이 피게 되었다. (……) 조선에서는 남자와 같이 살아보겠다는 어떤 주의와 이상을 가지고 머리를 깎은 여자는 이 여자가 처음이다.
/「단발랑斷髮娘 1: 머리 깎고 남복한 여학생, 그는 한성권번의 강향란」, 『동아일보』, 1922년 6월 22일.

강향란은 한성권번의 유명한 기생이었다. 경성 화류계에 출입하는 남자치고 강향란을 모르는 사람이 없을 정도로 명성이 자자했다. 그러던 어느 날 강향란은 한 손님에게 이끌린다. 이 남자는 유명한 웅변가이자 변호사였다. 사랑은 무르익었고, 두 사람은 장래를 언약한다. 결혼을 결심한 강향란은 기생을 그만두고 배화여학교 보통과 4학년에 입학한다. 그녀는 우수한 성적으로 보통학교를 졸업하고 고등과 1학년에 진급하기에 이른다. 그때까지 모든 것이 다 잘될 것만 같았다. 그러나 그녀에게 시련이 찾아온다. 정인이 배신을 한 것이다. 죽기로 결심하고 한강에 뛰어들려다가 다행히 지나가던 지인의 도움으로 목숨을 건진 강향란은 마음속으로 이렇게 외친다. "남자야, 네 이름은 악마이리니!"
　　강향란은 남자에게 동정을 구하느니 차라리 남자와 똑같이 살겠다며 중국인이 경영하는 이발소에 찾아가 머리카락을 싹둑 자르고 양복을 입는다. 하지만 배화학교에서는 단발한 여학생을 받아들일 수 없다며 그녀를 퇴학시켰다. 강향란은 '강석자'로 이름을 바꾸고 근우회 활동을 하며 여성운동을 펼친다. 여성이 남성의 노리개로 취급받는 세상을 바꾸고 싶었던 것이다. 그러나 남성들의 비난이 쏟아졌다. 강향란을 비난하는 남성들은 "암탉이 울면 집안이 망한다"는 속담을 들먹이며 "남자로 모습을 바꾼 강향란을 조속히 매장하라!"고 떠들어댔다. 만신창이가 된 강향란은 조선을 떠나 상하이로 거처를 옮기고 만다. 하지만 희망을 품고 떠났던 상하이의 삶 또한 팍팍했다. 다시 경성으로 돌아온 강향란은 양잿물을 마시고 자살을 시도했으나 다행히 목숨을 건진다. 이후 강향란은 영화배우로 변신해 새로운 삶을 살기 시작했다. 그리고 그다음 행적은 알려지지 않았다.

강향란, 강명화, 노홍은, 왕수복, 복혜숙 등은 기생이었으며, 이들은 언론에 자주 노출되는 이슈 메이커였다. 이들은 때론 신여성의 상징으로, 때론 항일 독립운동가로, 때론 자선사업가로, 때론 광고계의 블루칩으로 세간의 이목을 사로잡았다. 그러나 이런 기생들은 극히 일부에 불과했다.

현재 우리의 머릿속에 기억되는 기생은 논개, 춘향, 황진이 정도다. 적장과 함께 투신자살한 의기 논개, 정절을 목숨보다 소중하게 여긴 춘향, 송도삼절로 알려진 황진이, 우리는 이들을 통해 기생의 삶을 상상한다. 애국, 정절, 절개. 이 얼마나 남성적 시선의 점철된 단어들인가. 기생의 삶은 우리의 기대만큼 아름답지 않았다. 전통예악의 전수자니, 독립투사니, 노동운동가니, 자선사업가니, 현대판 여배우니 등등, 어떠한 방식으로 불렸든 기생은 '신분'의 장벽을 넘지 못하고 고통스러운 삶의 주인공이 되어야 했다.

기생은 남성들이 만들어낸 성 문화의 산물이었다. 남성들은 기생을 통해 그들의 예술도, 몸도, 영혼도 버젓이 착취했다. 어쩌면 기생들의 화려한 '미담'은 왜곡된 남성들의 성 문화를 미화하면서 남성들의 이기적인 욕망을 은폐하고 위장하기 위한 장치일지도 모른다. 더욱이 항일운동, 노동운동, 국채보상운동, 자선사업 등에 힘을 쏟았던 기생들을 격려하고 칭송하는 많은 글들에는 '기생도 이렇게 한다'라는, '너희(기생)도 인간이, 국민이 될 수 있다'라는, '천한 기생보다 못한 삶을 살면 안 된다'라는 식의 폭력적인 논리가 깔려 있었음을 부정하기는 어렵다.

오리엔탈 기생

기생에 관심을 둔 것은 조선의 남성들만이 아니었다. 조선으로 여행 온 외국인들도 기생에 대해서 꼭 한마디쯤 하는 등 관심을 표했다. 실제로 외국인들은 조선의 기생에 대해 관심이 많았다. 1903년 러시아 황실 지리학회 탐사대의 일원으로 조선을 방문한 폴란드계 러시아인(당시 폴란드는 러시아의 식민지였다) 바츨라프 세로셰프스키Waclaw Sieroszewski는 조선인 통역

관에게 부탁하여 기생의 공연을 직접 관람했다. 그는 '과연 궁중 연회에 참석한 예기들도 몸을 팔았을까'에 대해서 아주 궁금해했으나 끝내 알아내지 못한 채 러시아로 귀국했다. 훗날 그는 『기생 월선이』(1906)라는 소설을 쓰기도 했다.

바츨라프 세로셰프스키만이 아니었다. 조선을 여행한 수많은 외국인들이 조선의 기생들에 관심을 보였다. 그러나 이런 관심 안에는 '조선 여자들은 극동에서 가장 아름다운 여자들'이라는 식의 오리엔탈리즘적 시선이 작동하고 있었다. 조선의 기생은 일본의 게이샤와 더불어 외국인들의 특별한 관심거리였다. 이방인들은 기생들의 가무에 찬탄하면서도 결국 그녀들을 남성 권력의 '노예'에 불과하다고 판단했다.

> 기생은 매우 어릴 때부터 다른 한국 여인들이 하지 않는 여러 가지 악기의 연주, 창畷, 무용, 독서, 낭송, 작문, 취미 활동 같은 기예를 훈련받아 그들의 매력을 성숙시켜 나간다. 그들의 운명은 상류계급 남자들이 유쾌한 시간을 보내도록 하는 데 있었기 때문에 이 정도의 교육은 필수적인 것이다. / 이사벨라 버드 비숍Isabella Bird Bishop, 『한국과 그 이웃나라들』, 이인화 옮김, 살림, 1994.

대다수의 외국인들은 기생을 돈에 팔려간 '노예'로 보았다. 또한 기생들의 기예 역시 양반으로 대표되는 남성 권력의 오락과 여흥을 위해 교육받은 것에 불과한 것으로 보았다. 우리의 상상 속에 자리 잡고 있는 기생, 드라마 속의 명기는 '예술가'지만, 외국인들은 그 예술조차 결국 남성들의 즐거움을 위해 계발된 것에 지나지 않는 것으로 여겼다. 남성 권력의 노예이자 예술가로 불렸던 기생과 기생 제도, 그리고 그와 더불어 공창 제도는 1948년 2월 4일부로 '공식적'으로는 폐지되었다.

> 향문의 물결에 이 몸을 싣고
> 사랑의 돛대를 고요히 저어

화평한 우주의 자연미에 취하랴.
멀~리 수평선을 눈에 그리며
한 곡조 두 곡조 화평을 노래하고
고요히 고요히 저으려 할 때
아~ 얼마나 저주받던 이 몸이랴.
벽장 같던 구름덩이 한 조각 두 조각
노호하는 폭풍은 사랑의 돛을 분지르며
저주하는 파도는 고요한 물결을 멀리멀리 쫓아버리고
한 걸음 두 걸음 외로운 이 몸을
불운의 함정에 넣으려 한다.
아~ 얼마나 애달픈 이 몸의 운명이랴. (……)
/ 옥향, 「저주받은 이 몸」, 『장한』, 1927년 2월.

4 이야기의 메신저, 전기수

소설이 의미를 갖는 것은, 소설이 이를테면 제3자의 운명을 우리들에게 제시해주기 때문에 그런 것이 아니라, 이러한 제3자의 운명이, 그 운명을 불태우는 불꽃을 통해서 우리들 스스로의 운명으로부터는 결코 얻을 수 없는 따뜻함을 우리들에게 안겨주기 때문이다. 독자가 소설에 흥미를 갖게 되는 것은, 한기에 떨고 있는 삶을, 그가 읽고 있는 죽음을 통해 따뜻하게 할 수 있다는 희망인 것이다. / 발터 벤야민Walter Benjamin, 「얘기꾼과 소설가」, 『발터 벤야민의 문예이론』, 반성완 편역, 민음사, 1999.

책 읽어주는 남자

십 대 소년과 삼십 대 여인의 사랑은 처음부터 비극이 예정된 소설처럼 출구가 없었다. 〈더 리더The Reader—책 읽어주는 남자〉(2008)는 어린 마이클(랄프 파인즈 분)의 첫사랑에 관한 영화이기도 하고, 전쟁을 겪은 성숙한 여인 한나(케이트 윈슬렛 분)의 치유될 수 없는 고통에 대한 영화이기도 했다. 그러나 비극적인 첫사랑보다, 홀로코스트와 나치즘 그리고 전범 재판보다 나의 관심을 끈 것은 마이클과 한나와의 사랑을 매개하는 것이 '책을 읽어주는 행위'라는 점이었다.

사랑하는 사람을 위해, 그녀와 사랑을 나누기 위해, 어린 소년은 성숙한 여인에게 책을 읽어준다. 마이클은 한나가 문맹이라는 사실을 그때는 몰랐다. 한나는 어린 소년의 책 읽는 소리를 들으며 꿈꾸는 듯한 표정을 짓곤 했다. 글을 읽을 수 없었던 그녀가 알지 못했던 모든 행복을 '책 읽어주는 소년'을 통해 뒤늦게 깨달은 한나. 그러나 한나는 자신의 행복이 언제까지나 지속될 수는 없음을 이미 알고 있었다. 어린 마이클이 『채털리 부인의 연인Lady Chatterley's Lover』과 『오디세이Odyssey』를 한나에게 읽어주며 은밀한 사랑을 키워나가던 어느 날, 한나는 아무런 예고도 없이 마이클 곁을 떠난다. 첫사랑이 떠나자 마이클의 '낭독의 밤'도 끝났다. 그녀를 너무

책을 읽어주는 남자의 이야기를 소재로 한 영화 〈더 리더 – 책 읽어주는 남자〉의 한 장면.

나 사랑했던 마이클은 다시는 누군가를 그처럼 사랑할 수 없을 것만 같다.

8년 후 법대생이 된 마이클은 우연히 한나와 마주친다. 2차 세계대전 전범 재판을 참관하기 위해서 법정에 들어선 마이클은 피고가 자신의 첫사랑이었던 한나라는 것을 발견하고 충격에 휩싸인다. 유태인 강제수용소의 감시원이었던 한나는 유태인을 학살한 죄가 인정되어 무기징역을 언도받고 수감 생활을 시작한다. 마이클은 감옥에 있는 한나를 위해 다시 책을 읽어주기 시작한다. 마이클은 10년 동안 이야기책을 읽어주는 자신의 목소리가 담긴 테이프를 한나에게 보낸다. 마이클의 목소리로 구연된 이야기를 들으며 한나는 평온을 되찾는다.

한나는 유태인 강제수용소에서도 어린 소년들에게 책을 읽었다. 글을 모르는 한나였기에 그럴 수밖에 없었던 것이다. 감옥에서 한나는 마이클의 목소리로 녹음된 이야기들을 반복해서 들으며, 그저 '하얀 것은 종이요, 검은 것은 글자'로만 보였던 글자를 그제야 깨우치기 시작한다. 마이클이 이야기책을 낭독하는 소리와 소설 원본에 적힌 글자를 비교해가며 알파벳을 익히기 시작한 것이다. '더The'라는 글자를 깨우치기까지 60여 년이 걸린 셈이다. 한나는 글을 깨우치자 마침내 마이클에게 아주 짧은 편지를 보낸다.

> Thanks for the latest, kid.
> I really liked it.
> 꼬마야.
> 지난번 책 좋았어.

아내와 이혼까지 한 중년의 남자가 된 마이클은 백발의 노파가 된 한나를 보면서도 아직까지 마음이 편치 않다. 마이클은 한나에게 이야기책을 녹음하여 보내줄 수는 있지만 한나라는 존재를 온전히 품어줄 수는 없다. 한나의 사면이 결정되자 교도관은 마이클에게 전화를 걸어 한나와의 면회를 주선한다. 20년 만에 마이클과 한나는 재회하지만 마이클은 한나의 손길을 조용히 뿌리친다. 한나가 출소하면 살 집과 직장을 마련해놓고 사회 교육 프로그램까지 등록해놓은 마이클이었지만, 그녀의 망가진 삶까지 온몸으로 보듬을 수는 없었던 것이다.

마이클: 책 많이 읽어요?
한나: 누군가 나에게 읽어주는 게 더 좋아. 이젠 그것도 끝이겠지?

마이클은 자신을 간절하게 바라보는 한나의 눈빛을 외면한다. 한나는 어느새 마이클의 '짐'이 되어버린 자신의 존재를 깨닫는다. 출소하기 전날 한나는 마이클이 구연한 책들을 책상 위에 쌓아놓고 신발을 벗고 그 위에 올라가 생을 마감한다. 출소하는 날이 다가왔지만 한나는 '바깥세상'에서 새로운 삶을 시작할 의지가 없었다. 감옥에서 유일하게 배운 게 있다면 글을 읽을 줄 알게 된 것인데, 그 능력을 한나는 사용하고 싶지 않았다. 그녀는 단지 마이클에게 '편지'를 쓸 수 있다는 것만으로 만족했다. 그러나 그 소박한 마음을 마이클은 받아주지 않았다. 한나에게 소설 혹은 이야기 책은 읽는 게 아니라 듣는 것이었다. 마이클이 녹음하여 들려주던 이야기 테이프를 더 이상 들을 수 없게 되자, 더 이상 아름다운 이야기꾼의 '목소리'를 들을 수 없게 되자, 그녀는 모든 희망의 끈을 놓고 떠나버린다.
　한나가 글을 읽을 줄 아는 것보다 더 중요하게 생각한 것은 '낭독'이라는 매개를 통한 생생한 교감이 아니었을까. 지극히 개인적인 침묵 속에서 이루어지는 '묵독'이 아니라, 누군가 나를 위해 직접 들려주는 이야기만이 지닐 수 있는 낭독의 아우라. 마이클이 낭독해주는 이야기가 끝나자 한나에게 마지막으로 남아 있던 희망 또한 사라져버린 것이 아닐까. 도대체 이야기란 무엇일까. 소설을, 이야기책을 듣는다는 것은 또한 어떤 의미일까.

'도토리 소설장이'라 불리는 꼬마 '전기수'

그녀가 네 살 때인 1909년 겨울 아버지가 세상을 떠났다. 다섯 살이 되자 어머니는 호구지책을 찾아 떠돌아다니던 끝에 황해도 장연군에 정착했다. 어머니는 환갑이 넘은 최 도감의 후처로 들어갔지만, 거의 몸종이나 다름 없었다. 최 도감에게는 전처소생의 아들과 딸이 있었다. 그녀는 전처소생의 자식들에게 온갖 구박을 받으며 어린 시절을 보냈다.

어머니가 집에 있을 때는 그나마 견딜 만했다. 하지만 가끔 어머니는 일 때문에 외출했다. 그럴 때면 집에 있기가 여간 곤혹스러운 것이 아니었다. 그때마다 뒷산에 올라 망연히 어머니가 돌아오기를 기다렸다. 서럽고 외로운 나날들이었다. 힘겹고, 외롭고, 서러울 때마다 그녀는 소설을 읽었다. 최 도감이 보던 것인지 아니면 전처소생의 아들이 보던 것인지는 모르겠으나 집에는 한글로 쓰인 『춘향전』이 있었다. 그녀는 『춘향전』을 탐독하며 한글을 겨우 깨쳤다. 이때가 여덟 살이었다. 그 뒤 옛 소설 읽기에 깊이 빠져들었다. 비록 시골이라고는 하나 여차여차한 경로를 통해 『삼국지三國志』니 『옥루몽玉樓夢』이니 하는 소설들을 접할 수 있었다.

어머니의 품처럼 옛이야기는 외로운 소녀의 마음을 따스하게 어루만져주었다. 책 읽기는 날로 풍성해져갔다. 옛 소설을 열심히 읽던 그녀는 낭독 솜씨 또한 뛰어났다. 조그만 어린 여자애의 소설 읽는 솜씨가 일품이라는 소문이 마을에 파다하게 퍼졌고, 동네의 할아버지와 할머니들이 이야기를 듣고자 어린 소녀를 찾았다. '도토리 소설장이'. 어른들이 그녀에게 붙여준 별명이었다. 그녀는 매일 밤 이 집 저 집 불려 다니며 고운 목소리로 어른들에게 소설을 읽어줬다. 이야기가 끝나면 인심 좋은 할머니와 할아버지들로부터 과자를 선물로 받기도 했다.

옛 소설을 맛깔스럽게 낭독했던 소녀는 커서 정말 소설가가 됐다. 그의 이름은 강경애, 장편 『인간문제』와 단편 「소금」을 쓴 식민지 조선의 대표적인 소설가였다. 동네 어른들에게 옛 소설을 읽어주며 외로움을 떨치고 조금이나마 삶의 기쁨을 찾던 강경애는 전문적인 이야기꾼이나 낭독자는 아니었다.

이야기꾼, 전기수, 강독사

조선 시대에는 전문적으로 소설책이나 이야기책을 읽어주며 돈을 벌었던 직업이 존재했다. 이들을 전기수傳奇叟 혹은 강독사講讀師라 불렀다. 이야기꾼과 전기수 그리고 강독사는 엄밀한 의미에서는 다른 개념이다. 이야기꾼은 일종의 구전된 이야기, 야담 따위나 스스로 창작한 이야기를 재미나게 풀어나가는 재담才談의 달인이라고 보는 것이 타당하다. 물론 이야기꾼의 이야기 레퍼토리 안에는 다양한 소설들도 포함되어 있었다. 이런 이야기꾼을 문학계에서는 강담사講談師라 부른다. 일종의 '스토리텔러'라고 말할 수 있을 것이다. '전기수'라는 한자를 풀이하면 '이야기책 읽어주는 노인'이라는 뜻인데, 전문적인 직업명은 아니다. 이야기책이나 소설책을 읽어주는 사람을 강독사라 부른다. 또한 판소리의 소리 광대는 강창사講唱師라고 부른다.

강담사, 강독사, 강창사의 구별은 이야기를 풀어나가거나 구연하는 방식의 차이에 따른 것이다. 구연 '방식'의 차이가 있지만 이들의 공통분모는 이야기를 구연, 혹은 연행演行한다는 점이다. 오늘날 많은 사람들이 이야기책을 읽어주는 사람을 '전기수'라고 부르고 있기에 여기서도 강독사라는 낯선 용어 대신에 우리에게 익숙한 전기수라는 명칭을 계속 쓰려 한다.

전기수의 등장은 소설, 혹은 이야기책의 대중화와 깊이 연결되어 있다. 뿐만 아니라 책을 읽는 당대의 문화적 풍토와도 관계가 깊다. 이제는 텔레비전의 심야 프로그램으로밖에 남지 않은 '낭독'의 문화가 조선 시대에는 일상적인 독서의 방식이었다. 또한 강독사가 펼치는 이야기판은 그야말로 여흥을 즐기는 놀이판이었으며 한 편의 재밌는 드라마를 감상하는 것과 같았다. 그렇다면 당시 사람들은 어떻게 이야기책을 소비하고 향유했으며, 이야기책은 어떻게 만들어지고 어떻게 유통되었던 것일까. 또한 조선인들에게 이야기책을 읽고 듣는다는 것은 어떤 의미였을까.

담뱃가게 살인 사건

정조 14년, 1790년 8월의 일이었다. 장흥에 거주하는 신여척申汝倜이란 사람이 이웃집 형제가 서로 싸우는 것을 보고 참다못해 그들을 발로 차서 죽였다. 어처구니없는 살인 사건이었다. 형조로부터 이 사건을 들은 정조는 느닷없이 담뱃가게 살인 사건을 이야기했다.

옛날에 한 남자가 있었다. 그 남자는 종로 거리의 담뱃가게에서 소설책 읽는 것을 듣고 있었다. 그는 소설책 낭독에 깊이 빠져들었다. 그런데 너무나 갑작스러운 일이 벌어졌다. 남자는 소설을 '듣다'가 영웅이 뜻을 이루지 못한 대목에 이르자 흥분을 감추지 못했다. 눈을 부릅뜨고 침을 퉤퉤 뱉었다. 그리고 담배 써는 칼을 잡아 소설책 읽는 사람을 쳐서 그 자리에서 죽였다. '스토리텔러'를 '스토리 메이커'라고 생각했던 것일까. 사내는 자신의 마음에 들지 않는 결말을 들려준 스토리텔러를 향해 끔찍한 분노를 표출한 것이다. 그런데 정조는 이 사건을 맹랑하고 우스운 사건일 뿐이라고 말했다.

정조가 신여척의 살인 사건을 듣고 담뱃가게 살인 사건 얘기를 꺼낸 것은 단순히 살인 사건의 '우발성'을 문제 삼고 싶어서가 아니었다. 또한 정조가 말한 사건의 핵심 역시 담뱃가게에서 소설책을 읽어주던 사람이 살해되었다는 것도 아니었다. 정조가 담뱃가게 살인 사건에서 문제 삼는 것은 바로 '소설책'이었다.

정조는 '호학好學'의 군주로 우리에게 널리 알려진 인물이다. 정조의 역사적 평가는 가끔씩 연산군과 대비된다. 연산군이 '폭군'의 대명사로 비난의 대상이라면 정조는 '성군'의 대명사로 칭송을 받는다. 또한 정조는 개혁 군주라는 호평과 함께 조선의 역대 군주 중에서 한국인들이 호의를 갖고 있는 몇 안 되는 인물이기도 하다.

정조는 규장각을 설치했다. 그가 규장각을 설치한 것은 학문을 통해 국가를 통치하려 했기 때문이었다. 더욱이 정조는 보지 않은 책이 없을 정도로 지독한 독서광이기도 했다. 그런 정조였지만, 패관잡기의 일부였던 소설에 대해서는 가혹하리만치 엄격한 통제를 가했다. 정조는 개혁 군주

였지만 어떤 면에서는 인간의 '감성'을 억압했던 군주이기도 했던 것이다. 정조는 모든 신민에게 학문을 널리 권장했지만, 이때의 학문이란 오직 '주자학'을 뜻했다.

정조는 주자학의 범주에서 빠져나가려는 학풍에 대해서 철저하고도 가혹하게 단속했다. 그가 일으킨 문체반정文體反正 역시 주자학적 문체에서 벗어난, 즉 제도적 글쓰기의 그물에서 빠져나간 '자유로운 글쓰기'에 대한 일종의 탄압이었다. 물론 정조가 문체반정을 일으킨 원인을 두고 여러 이견이 있기는 하다. 그가 문체반정을 일으킨 것은 당시 지배층인 노론 세력을 견제하고 천주교에 대한 전면적인 탄압을 피해 가기 위한 정국 전환용 작전이었다는 얘기도 있다. 그렇지만 문체반정은 결국 글쓰기에 대한, '지식인-작가'의 뇌를 검열하는 국가 장치로 작동한 것은 분명한 사실이었다.

문체반정의 그물에 걸려들었던 인물들은 대부분 경화세족京華世族 출신의 노론이었다. 남공철, 이상황, 박지원, 김조순, 심상규 등등. 이들은 '가문'과 '출신'이라는 막강한 '빽'을 지닌 사람들이었다. 물론 이덕무와 같은 '서얼' 출신도 문체반정의 폭력으로부터 자유롭지 못했다. 그러나 궁중 검서관이었던 이덕무는 정조로부터 가장 많은 선물을 하사받은, 정조가 총애하는 신하였다. 결국 문체반정으로 처벌다운 처벌을 받은 사람은 아무도 없었다. 단, 한 사람만이 희생양이 되었다. 빽도 연줄도 가문도 시원치 않았으며, 정조의 총애도 받지 못했던 이옥李鈺만이 정거停擧와 유배를 당했다.

천지만물天地萬物은 천지만물의 성性이 있고, 천지만물의 상象이 있고, 천지만물의 색色이 있고, 천지만물의 성聲이 있다. 총괄하여 살펴보면 천지만물은 하나의 천지만물이고, 나누어 말하면 천지만물은 각각의 천지만물이다. (……) 대체로 논하여 보건대 만물이란 만 가지 물건이니 진실로 하나로 할 수 없거니와, 하나의 하늘이라 해도 하루도 서로 같은 하늘이 없고, 하나의 땅이라 해도 한 곳도 서로 같은 땅이 없다. 마치 천만 사람이 각자 천만 가지의 성명을 가졌고, 삼백 일에

는 또한 스스로 삼백 가지의 하는 일[事]이 있음과 같다. 오직 그와 같
을 뿐이다. / 이옥, "일난一難", 「이언俚諺」, 『완역 이옥 전집 2』, 실시학
사 고전문학연구회 엮음, 휴머니스트, 2009.

이옥은 세상의 진리는 상대적인 것이라고 생각했다. 절대적인 것은 없으
며, 오직 '다름'만이 존재한다는 것이 이옥의 생각이었다. 주자학을 절대적
인 '진리'이자 보편적인 지배 이데올로기로 믿었던 정조에게 이옥의 상대적
이고 개별적인 사유는 곧 이단의 학풍이나 마찬가지였다. 연암 박지원도
그랬다. 그의 문체, 특히 『열하일기熱河日記』의 문체는 '소품체'라는 이유로
정조의 노여움을 샀다. 문체는 작가의 정신이자 혼이자 정체성이다. 정조
는 문체를 단속함으로써 지식인들의 뇌수까지 뜻대로 지배하고 길들이려
고 했던 것이다.
    정조는 서학, 고증학, 소품, 소설을 모두 철저히 배척했다. 신여척의
살인 사건을 판결하면서 예로 든 담뱃가게 살인 사건의 핵심은 정조가 그
토록 탐탁하지 않게 여겼던 소설이 백성들 사이에 널리 읽히고 있음을 문
제 삼은 것이다. 어이없는 살인 사건의 주범은 인간이라기보다 그 인간의
감정을 추동하는 '소설'이라고 정조는 굳게 믿었다. 따라서 인간의 감성을
자극하고 본능적인 욕망을 뛰놀도록 추동하는 소설의 내용은 주자학을
신봉했던 정조에게는 철저하게 '불경한' 것일 수밖에 없었다. 더군다나 사
도세자가 『금병매金甁梅』와 『육포단肉蒲團』 같은 애정 소설을 탐독하고 즐겼
던 전과(?)가 있어, 정조의 소설에 대한 배척이 더욱 완강했는지도 모른다.

쿠바의 담배 공장, 위험한 책 읽기

18세기 중반 정조가 소설을 탄압했을 때, 저 멀리 태평양 건너 쿠바에서도
조선과 같은 일이 벌어졌다. 최고급 시가의 대명사인 쿠바산 시가가 등장
한 것은 17세기 무렵이었다. 당시 쿠바는 스페인의 식민지였다. 17세기 이
래 지금까지 쿠바는 질 좋은 시가를 제조하는 나라로 위상을 떨치고 있다.

18세기 중반 쿠바에서는 노동자들에게 책을 읽어주는 전기수가 등장해 큰 반향을 불러일으켰다.

18세기 중반 시가 제조 노동자들이 증가하면서 자연스럽게 시가 제조 공장에는 노동자들의 권익을 보호하는 노동조합이 들어섰다.

시가 제조업자이자 시인이었던 '사투르니노 마르티네스Saturnino Martinez'는 노동자들의 계몽을 위해 신문을 창간하기로 결정한다. 그는 공장 노동자들을 위해 새롭게 창간할 신문의 구성에도 세심한 노력을 기울였다. 정치 연재물뿐만 아니라 과학과 문학에 관한 글들도 신문에 싣기로 계획했다. 그런데 어처구니없는 문제가 생겼다. 사투르니노 마르티네스는 신문을 발간하고 나서야 자신의 크나큰 실수를 깨달았다. 노동자들을 위해 신문을 발간했는데 정작 신문을 읽을 줄 아는 노동자들이 별로 없었던 것이다. 당시 쿠바 노동자들 중에서 글을 읽을 줄 아는 사람의 비율은 약 15퍼센트에 지나지 않았다.

사투르니노 마르티네스는 다른 방법을 찾을 수밖에 없었다. 하여 그가 생각해낸 방법은 전기수를 고용하는 것이었다. 그는 구아나바코아 고등학교 교장에게 공장에서 책을 읽어줄 수 있는 사람을 구해달라고 부탁했다. 또한 엘 피가로 공장의 사장에게는 공장에서 노동자들에게 책을 읽어줄 수 있도록 허가해달라고 요청했다. 1866년 드디어 엘 피가로 공장의 노동자들에게 책을 읽어줄 전기수가 고용되었다. 책을 읽어주는 대가는 노동자들이 갹출했다. 이때 공장에서 자주 읽혔던 책은 역사 개론서와 역사 소설, 그리고 정치와 경제학 입문서 등이었다고 한다.

1866년 1월에 시작됐던 이러한 책 읽기 방식은 급속도로 쿠바의 노동자들에게 퍼져나갔다. 엘 피가로를 시작으로 곧 다른 공장들도 전기수를 고용하기에 이르렀다. 공장주의 전기수 고용에 많은 노동자들이 열렬한 찬사를 보냈다. 시가 제조 노동자들은 전기수가 들려주는 이야기를 들으며 자신들의 고되고 반복적인 노동을 위무했다. 전기수의 활동이 점점 왕성해질 무렵인 1866년 5월 식민지 쿠바의 정치 담당 총독은 새로운 칙령을 선포했다.

1. 담배 공장, 작업장, 그리고 모든 형태의 일터에서 일하는 근로자들

을 책 읽기나 신문 읽기, 혹은 근로자 각자가 종사하는 일과는 거리
가 먼 토론 등을 빙자하여 이끌어내는 행위를 엄금한다.
2. 경찰은 이 칙령을 집행하기 위해 끊임없이 경계를 펼칠 것이며, 이
명령에 복종하지 않는 작업장 소유자나 대표, 관리인은 사태의 위험
성에 따라 법으로 엄하게 다스릴 것이다.
/ 알베르토 망구엘Alberto Manguel,『독서의 역사』, 정명진 옮김, 세종서
적, 2000.

노동자들에게 전기수가 읽어주는 책은 노동의 활력소이자 또 다른 세계에
접속할 수 있는 네트워크이자 실재 세계를 재인식할 수 있는 유용한 지침
서였다. 식민지 쿠바의 총독은 전기수를 고용한 노동자들의 책 읽기 방식
을 '체제 전복 행위'로 파악했으며, 이로 인해 '독서 금지령'이 내려진다. 그
렇다면 노동자들은 이제 책 읽기를 그만두어야 하는 것일까. 공권력의 엄
포 앞에 힘없는 식민지 쿠바의 노동자들이 선택할 수 있는 길은 과연 무엇
일까.

노동자와 전기수는 '지하'로 숨어들었다. 공권력의 삼엄한 감시와 통
제 때문에 공공연한 장소에서 책 읽는 행위는 사라졌지만 오히려 은밀한
독서가 진행되었다. 권력의 안테나가 닿지 않는 곳에서 노동자들은 전기
수를 고용하여 계속해서 책을 읽어나가기 시작한 것이다. 노동자들이 전
기수에게 읽어주기를 부탁했던 책 중에서 가장 인기 있는 책은 변사 서상
호가 목소리 연기를 했던 바로 그 작품인 알렉상드르 뒤마Alexandre Dumas의
『몬테크리스토 백작』이었다고 한다.

쿠바의 담배 제조공장 노동자들에게 전기수가 읽어주는 책은 세상
을 바라보는 통로였다. 노동자들은 전기수의 목소리를 통해 소설을 읽으
면서 세상의 부조리함과 자신들이 처한 현실을 깨달아갔다. 바로 이런 이
유에서 책 읽기는 위험했다. 식민지 쿠바의 총독은 노동자들의 책 읽기가
언젠가는 자신들이 유지하고 있는 체제를 전복시킬 거대한 부메랑이 되어
돌아올 수 있음을 간파했던 것이다.

정조나 식민지 쿠바의 총독 모두 '책' 그 자체를 문제 삼았던 것은 아니었을 것이다. 문제는 전기수가 읽어주는 그러한 책들이 체제와 제도를 옹호하는 책이 아니라 체제를 비판하고 경계하고 조롱하는 책이었다는 점이다. 민중들은 지배 이데올로기를 찬양하는 책이 아니라 지배 이데올로기의 문제점을 비판하고 조롱하고 경계하는 책, 자신의 억압된 삶을 이야기 속에서나마 탈주할 수 있었던 책을 원했고, 민중들의 이 같은 소망은 언제나 지배자들의 세계관과는 불화할 수밖에 없는 운명이었던 것이다.

전기수와 세책방 그리고 책쾌

이야기책을 읽어주는 직업이 언제부터 존재했는지 정확하게 알 수는 없다. 다만 문자가 탄생하고 책이 탄생하면서부터 이야기책을 읽어주는 사람은 분명 존재했을 것이다. 즉, 구술 문화에서 문자 문화로의 문화적 변동이 일어나면시 이야기책을 읽어주는 사람이 등장했을 가능성이 있다. 한국 역사에서 이야기책 읽어주는 사람인 전기수의 실체가 문헌상에 알려진 것은 18세기 중반이었다.

이야기책을 읽어주는 노인은 동대문 밖에 살았다. 그는 언문諺文으로 쓴 이야기책을 입으로 줄줄 외웠는데,『숙향전淑香傳』,『소대성전蘇大成傳』,『심청전沈淸傳』,『설인귀전薛仁貴傳』따위의 전기 소설들이었다. 매달 초하루에는 청계천 제일교第一橋 아래 앉아서 읽고, 초이틀에는 제이교第二橋 아래 앉아서 읽으며, 초사흘에는 이현梨峴에 앉아서 읽고, 초나흘에는 교동校洞 입구, 초닷새에는 대사동大寺洞 입구, 초엿새에는 종루鐘樓 앞에 앉아서 읽었다. 그렇게 거슬러 올라가기를 마치면 초이레부터는 거꾸로 내려온다. 아래로 내려갔다가 올라가고, 올라갔다가 또 내려오면 한 달을 마친다. 달이 바뀌면 또 전과 같이 한다. 노인이 전기 소설을 잘 읽었기 때문에 몰려들어 구경하는 사람들이 노인 주변을 빙 둘러 에워쌌다. 노인은 소설을 읽어가다 가장 재미나고 긴장되고 중요한 대목에 이르면 갑자기 입을 다물고 아무 말도 하지 않는다. 그러면 사람들이 그다음 대목을 듣고 싶어서 앞다투어 돈을 던진다. 이를 '요전법邀錢法'이라 한다.
/ 조수삼, 「전기수」, 『추재기이秋齋紀異』, 허경진 옮김, 서해문집, 2010; 안대회, 『조선을 사로잡은 꾼들』, 한겨레출판사, 2010.

전기수는 한양뿐만 아니라 전국 각지를 활동 무대로 삼았다. '낭독의 달인들'이었던 전기수는 조선에만 있었던 것은 아니었다. 스페인 점령하의 쿠바에도 있었고, 중세 유럽에도 있었으며, 미국에도 있었고, 중국과 일본에도 존재하는 직업이었다. 그들은 자신들의 입담과 재치와 연기를 십분 활용하여 청자聽者들의 애간장을 녹였다. 전기수가 책을 낭독하는 장소는 사람들이 많이 모이는 곳이었다. 담뱃가게, 약국, 활터, 주막 등이 전기수의 주 공연 무대였다고 말할 수 있다. 무대가 펼쳐지면 전기수는 부채를 쳐서 분위기를 맞추며 구연을 시작했다. 전기수는 '요전법'을 통해 돈을 벌어들이기도 했고, 부잣집에 불려가 책을 읽어주고 얼마간의 돈을 받기도 했다.

전기수가 이야기책을 읽어주는 역할만 한 것은 아니었다. 변사의 목소리 연기에 따라 영화의 흥행이 좌지우지되었던 무성영화 시대의 변사들처럼, 전기수 역시 자신이 낭독할 책의 내용을 줄줄이 외운 다음 낭독 연기를 펼쳤다. 부모가 어린 자식에게 동화책을 흥미진진하게 읽어주듯, 전기수도 이야기를 듣는 청자들을 위해 자신의 모든 구연 역량을 총동원해야만 했다. 그래야만 청자들로부터 단돈 몇 푼이라도 더 받아낼 수 있기 때문이었다.

이야기책을 읽고 싶은 욕구는 강했지만 글을 읽지는 못했던 사람들이 많았던 시대에 등장한 것이 전기수라는 직업이었다. 민중들은 전기수가 낭독하는 이야기를 통해 자신들의 지친 일상에서 잠시나마 벗어나 다른 세상 속으로 빠져들 수 있었다. 글을 쓰고 읽을 줄 몰랐던 민중들이 많았고, 책값이 워낙 비싸서 개인적으로 책을 소유하기 어려웠던 시대에 이야기와 민중 사이를 매개했던 직업이 바로 전기수였다.

조선 시대의 유명한 전기수로는 이자상李子常과 이업복李業福 등이 있었다. 이자상의 본명은 알 수 없으나 이자상은 매우 총명했고 기억력이 남달리 뛰어났으며, 읽지 않은 책이 없을 정도로 책 읽기를 즐겼던 인물이었다. 또한 그는 재상가에 출입하면서 소설을 잘 읽는 사람으로 이름을 알렸다. 이업복은 청지기였다.

> 이업복은 겸인傔人(청지기)의 부류다. 아이 적부터 언문 소설책들을 맵시 있게 읽어서 그 소리가 노래하듯이 원망하듯이 웃는 듯이 슬픈 듯이 가다가는 웅장하여 영걸의 형상을 나타내기도 하고, 가다가는 곱고 살살 녹아서 예쁜 계집의 자태를 짓기도 하는데, 대개 그 소설 내용에 따라 백태를 연출하는 것이었다. 그래서 부자로 잘사는 사람들이 그를 서로 불러다 소설을 읽히곤 했다. / 이우성·임형택 역편, 「동원삽화」, 『이조한문단편집 상』, 일조각, 1990.

능력이 뛰어난 전기수는 부잣집의 초청을 받아 이야기를 구연했다. 중인 계층의 부잣집에서 전기수를 초청하는 경우가 많았는데, 초청한 사람들은 대부분 여성들이었다. 이 때문에 전기수는 가끔씩 가벼운 변장술을 부렸다. 여자처럼 화장을 하고 쓰개치마를 쓰는 경우도 있었으며, 의원이나 방물장수 행세를 하며 규방을 들락거리기도 했다.

전기수들은 『심청전』, 『춘향전』, 『서유기』, 『조웅전』, 『장화홍련전』 등을 낭독했는데, 한 권을 낭독하는 데 보통 네 시간 정도 소요되었다. 이들은 낭독의 달인일 뿐만 아니라 암기의 달인들이었다. 전기수들은 이야기를 읊을 때 이야기책을 보면서 읽는 것이 아니라 이야기책을 통째로 외우고 나서 자신이 해석한 방식에 따라 이야기를 구연했다. 돈 많은 사람들이야 책을 구입하는 것이 그리 어려운 일이 아니었지만, 가난한 민중들에게 책을 산다는 것은 일종의 사치였다. 제아무리 뛰어난 전기수라 해도 그들은 이야기를 풀어내고 푼돈을 벌던 가난한 민중이어서 책을 사기란 어려운 일이었다.

18세기에는 세책방貰冊房이 등장했다. 세책방은 책 대여점을 말한다. 세책방에서 책을 빌리는 사람들은 고가의 책을 개인적으로 소유할 수 없는 서민들이 대다수를 차지했다. 책을 '소유'하지는 못하지만 자신이 빌린 기간 동안 책을 '점유'할 수 있다는 점에서 세책방은 매력적인 곳이었다. 경제의 발달로 세책 사업이 활기를 띠면서 세책방에 책을 공급해주는 서적 중개상의 활동도 탄력을 받았다. 서적 중개상을 '책쾌冊僧'라고 부르는데, 18세기에 활약했던 최고의 책쾌는 조신선曺神仙이었다고 한다. 책을 빌려주는 일종의 도서 대여점이 등장하고 책쾌가 전국을 누비며 책을 공급할 수 있었던 것은 이야기책에 매료되어 이를 읽고자 하는 독자들이 증가했음을 단적으로 보여주는 현상이다. 세책방과 책쾌의 상업 활동은 이야기가 상업적으로 소비될 수 있는 상품이 되었음을 의미하는 것이기도 하다.

'소리'로 청중을 유혹하는, 낭독의 공동체

근대 이전만 해도 이야기책을 조용히 혼자 읽는 것은 흔한 일이 아니었다. 더욱이 책을 소리 내지 않고 눈으로만 읽는 '묵독默讀'의 관행은 좀처럼 찾아보기 힘든 일이었다. 책 읽기는 대부분 소리 내어 읽는 '낭독'의 방식을 취했다. 전기수는 직업적인 낭독자였고 이들의 활동은 근대사회에 접어들어서도 계속되었다. 그러나 이제 글을 읽고 쓸 줄 아는 사람들이 이전 시대보다 증가했다. 신문과 잡지의 등장으로 읽을거리 또한 많아졌다. 이런 사정으로 전기수는 점점 사라져갔다. 그러나 전기수가 하던 일, 즉 이야기 혹은 책을 낭독하고 구연하는 전통은 지속되었다.

18세기 중반에 세책방이 있었다면 20세기 초에는 읽을거리 대여점에 해당하는 신문종람소新聞縱覽所나 서적종람소가 등장했다. 민중들은 이곳에서 책이나 신문이나 잡지를 대여했다. 글을 읽을 줄 아는 사람들은 누구나 앞선 시대의 전기수처럼 여러 사람들 앞에서 글을 낭독했다. 그렇지만 이들의 낭독은 전기수와 같은 직업적 활동이 아니었고, 돈을 받는 것도 아니었다. 오래 지속된 글 읽기의 관행이었다. 근대 초기 신문 한 장은 약 60여

명의 공동 독자를 갖고 있었다고 추정된다. 이러한 신문과 잡지 읽기 방식의 일상화로 사람들은 세상 돌아가는 사정을 함께 공유하고 이해할 수 있었다.

> 각 동마다 넓은 집으로 신문종람소를 정하고 저녁을 먹은 후에 동네의 남녀노소가 신문종람소에 모여 각각 한 자리씩 차지하고 쭉 둘러앉아 혹 담배를 피우고 혹 아이를 안고 혹 짚신을 삼고 자리를 짜기도 하며 혹 옷을 짓고 물레질을 하기도 하는데, 유식한 사람이 높은 의자에 앉아 신문을 낭독한 후에 의미를 설명하면 내외국 사정과 고금의 형편을 모를 것 없이 다 알게 되었다. / 김유탁, 「신문 광포廣布 의견서」, 『서우』, 1907년 8월.

낭독의 특징은 파편화되어 있는 개인들을 하나의 공동체로 묶어주는 역할을 한다는 점이다. 묵독이 고립된 개인을 양산한다면 낭독은 공동체적 개인을 길러낸다. 근대에 들어서 전기수와 같은 낭독의 문화가 사라지고 묵독이라는 독서 방식이 등장한 이유는 근대적인 '공적 영역'이 생겨났기 때문이다. 학교, 도서관, 기차, 버스 등과 같은 공적 장소에서 책을 읽을 경우 묵독을 해야만 했다. 그것이 근대적인 '매너'라고 생각했기 때문이었다. 근대적인 공적 영역의 탄생과 함께 낭독의 문화가 점점 사라지기는 했지만 완전히 낭독의 문화가 자취를 감춘 것은 아니었다.

> 서울 아씨는 『추월색』 한 권을 무려 천독千讀은 했습니다. 그러고서도 아직도 놓지를 않는 터이니까 앞으로 만독을 할 작정인지 십만독 백만독을 할 작정인지 아마도 무작정이기 쉽습니다.
> 그뿐만 아니라 서울 아씨는 책 없이, 눈 따악 감고 누워서도 『추월색』 한 권을 처음부터 끝까지 따르르 내리 외울 수가 있습니다.
> (……)
> 서울 아씨는 『추월색』이라는 이야기책 그것 한 권을 죄다 외우는 만

1910년대에 대중들에게 낭독되며 최고의 베스트셀러로 꼽혔던 최찬식의 신소설 『추월색』.

큼, 술술 읽기가 수나롭다는 것 이외에는 달리 취하는 점이 없습니다. 그는 무시로 마음이 싱숭생숭할치라면 얼른『추월색』을 들고 눕습니다. (……) 서울 아씨의『추월색』도 휑하니 외우게시리 눈과 입에 익어, 서슴지 않고 내려 읽을 수가 있으니까, 그래 좋다는 것입니다. 결단코 『추월색』이라는 이야기책의 이야기 내용에 탐탁하는 게 아닙니다.
/ 채만식, 「태평천하」,『채만식전집 3』, 창작과비평사, 1987.

서울 아씨가 '천독'을 했던 최찬식의『추월색秋月色』(1912)은 1910년대 최고의 베스트셀러 중 하나였다. 특히 이 작품에는 조선 최초로 근대식 '신혼여행'이 등장한다. 게다가『추월색』은 남녀 주인공인 김영창과 이정임이 온갖 고난과 시련에도 불구하고 서로의 애틋한 사랑을 지켜나간다는 이야기다. 그러니 아버지 윤직원의 강압에 가까운 권유로 서울의 가난한 양반과 결혼한 지 1년 만에 과부가 된 서울 아씨에게『추월색』은 자신이 해보지 못한 사랑, 아니 꿈꿔보지도 못한 사랑을 상상해볼 수 있게 해준 소설이었을 것이다. 그럼에도 불구하고 서울 아씨가『추월색』을 탐탁하지 않게 여기는 것은『추월색』의 '사랑'이 자신의 삶과는 너무나 이질적이었기 때문이었을 터다. 물론 여기서 얘기하고 싶은 것은『추월색』이나 사랑이 아니다. 중요한 것은 서울 아씨가 자신의 방에서『추월색』을 '혼자' 읽었음에도 불구하고 그 책을 '눈'으로만 읽은 게 아니라 '입'으로 읽었다는 점이다. 즉 서울 아씨는『추월색』을 혼자 낭독한 것이다. 이처럼 낭독의 관행은 여전히 독자와 책이 관계 맺는 중요한 방식이었던 것이다.

　서울 아씨의 예에서 보듯이 낭독은 여전히 중요한 독서 관행으로 잔존하고 있었다. 또한 식민지 조선의 소설가였던 한설야의 회고에 의하면 식민지 조선에서도 옛날의 전기수와 같은 역할을 했던 이야기꾼들이 여전히 존재했다. 이들은 '신소설' 혹은 옛날 소설을 파는 장사치들이었다. 저 잣거리를 돌아다니며 책을 팔았던 책장사들은 책만 파는 것이 아니라 자신들이 팔 책을 여러 사람들 앞에서 구연하기도 했는데, 일종의 호객행위였다. 비록 호객행위였지만, 소설을 낭독하는 자의 모습은 아름다운 풍경이었다. 소설가 한설야의 이야기를 들어보자.

거기에는 허줄한 사나이가 가스등을 앞에 놓고 앉아 있으며, 그 사나이는 무슨 책을 펴 들고 고래고래 소리 높여 읽고 있었다. 울긋불긋 악물스러운 빛깔로 그려진 서툰 그림을 그린 표지 위에 '신소설'이라 박혀 있고 그 아래에 소설 제명이 보다 큰 글자로 박혀 있었다. 그 사나이는 이 소설을 팔러 나온 것이며 그리하여 밤마다 목청을 뽑아가며 신소설을 낭송하고 있는 것이었다. 그리고 그 사나이의 주위에는 허줄하게 차린 사람들이 언제나 삥 둘러서 있었다.
얼른 보아 내 눈으로 판단할 수 있는 사람은 인력거꾼, 행랑어멈 같은 뒷골목 사람들이었다. 거기에는 젊은 여인의 얼굴도 띄엄띄엄 섞여 있었다. 가운데 앉은 사나이가 신이 나서 점점 목청을 뽑을수록 사람들은 귀담아듣느라고 숨소리를 죽였다.
하긴 그도 그럴 것이 가만히 들으려니까 그 사나이가 읽는 신소설에는 지금 그것을 듣고 있는 사람의 설움과 비슷한 것들이 적지 않게 적혀 있는 것이다. (……) 그들은 소설에 그려져 있는 것보다 더한 비극이 앞날에 자기들에게로 달려들 것을 방불히 내다보는 듯이 마침내 어떤 아낙네는 흑흑 느껴 울기 시작했다. (……) 나는 그 뒤부터 매일같이 이 다리 밑 풍경을 찾아다녔다. 신소설 장사치들은 동대문께 다리 밑에서 시작하여 종로 쪽 다리 밑으로 이동하면서 밤마다 소설 낭송을 했다.
구차한 사람들이 주머니를 탈탈 털어서 그 소설들을 샀다. 그 소설 내용은 거지반 다 가정 비극이지만 이 비극은 이미 가정 범위를 벗어나서 커다란 사회 문제로 되고 있었다.
/ 한설야, 「나의 인간수업, 작가수업」, 『우리 시대의 작가수업』, 역락, 2001.

책장사들의 구성진 낭독 솜씨 여하에 따라 책의 판매가 결정되었으니 어

떤 면에서 식민지 시대의 책장사들은 전기수의 후예였다. 전기수가 전문적
으로 책을 읽어주고 대가를 받았다면, 신소설이나 옛날 소설을 판매했던
책장사들은 자신들이 보유한 책을 판매하기 위하여 책을 읽어주었던 것이
다. 식민지 시기까지 이야기책에 매료되었던 독자들은 '보는 책'보다 '듣는
책'에 더 예민하고 풍부한 감각의 촉수를 뻗었다.

    이러한 이야기책 읽기 문화는 1960년대까지 그 생명력을 이어갔다.
한국의 상황과는 달리 쿠바에는 아직도 직업적 전기수가 존재한다. '렉토
lector'라 불리는 이들은 시가 제조 공장 노동자들에게 소설을 읽어준다. 노
동자들은 연애 소설이나 범죄 스릴러물을 좋아한다고 한다. 1960년대 '글
패'라고 불리며 활동했던 이들은 식민지 시대 책장사가 그랬던 것처럼 책
을 팔기 위해 장터를 돌아다니며 민중들에게 책을 읽어주었다. 전기수가
혼자 활동을 했다면, 글패는 말 그대로 여럿이 함께 돌아다니며 책을 팔기
위해 이야기책을 구연하던 무리들이었다. 즉 '기업형' 전기수 집단이었던
셈이다. 이후 책을 팔기 위한 영업형 전기수도 사라졌다. 이제 전기수도,
글패도 사라졌으며, 낭독은 텔레비전 프로그램에서나 볼 수 있는 향수 어
린 풍경이 되고 말았다.

호모 나렌스Narrens, 이야기를 소비하는 인간

정조 때에 김중진金仲眞이란 사람이 나이 늙기도 전에 이가 모두 빠졌
기 때문에 사람들이 조롱하여 '과농瓜濃(오이무름)'이라 불렀다. 그는
익살스런 농담과 상말을 잘하였는데, 세태와 인정을 곡진하고 섬세
하게 담아내어 종종 들을 만하였다. / 유재건 지음, 「김중진」, 『이향
견문록里鄕見聞錄』, 실시학사 고전문학연구회 옮김, 글항아리, 2008.

이야기 주머니 김 옹金翁은 야담이나 패설을 잘하여 듣는 사람들은
누구 할 것 없이 배꼽을 잡는다. 그는 한 대목 한 대목 이야기를 풀

어나갈 때면 핵심을 꼭꼭 찌르며, 이야기에 살을 붙이면서 이러쿵저러쿵 잘도 말한다. 말하는 재간이 뛰어나 귀신이 도와주듯 민첩하다. 그래서 우스개 이야기[滑稽]하는 사람들 가운데 우두머리라 할 만하다. 더구나 그 내용을 따져보면 모두가 세상을 풍자하고 풍속을 경계하는 말들이었다. / 조수삼 지음, 「말 주머니說囊」, 『이야기책 읽어주는 노인』, 박윤원·박세영 옮김, 보리, 2005; 안대회, 『조선을 사로잡은 꾼들』, 한겨레출판사, 2010.

재담에 능했던 김 옹, 즉 김중진은 직업적인 전기수는 아니었지만 옛이야기의 달인이었다. 소설도 일종의 이야기이고, 역사도 크게는 이야기이다. 아직도 사람들은 이야기에 몰입한다. 김중진의 구성진 재담과 전기수의 낭랑한 낭독은 이미 세월 속으로 사라졌지만 이야기는 사라지지 않았다. 이야기란 곧 인간의 삶이기 때문이다. 『아라비안나이트千一夜話』의 세헤라자데를 보라.

『아라비안나이트』는 세헤라자데가 죽음을 담보로 왕과 펼치는 일종의 이야기 게임이다. 1001일 동안 펼쳐지는 세헤라자데의 요설 앞에 결국 왕도 무릎을 꿇고야 만다. 세헤라자데는 1001일 동안 재미있는 이야기를 풀어나감으로써 하루하루 목숨을 연명해갔다. 세헤라자데에게 이야기는 자신의 목숨을 지키는, 다르게 말하면 죽음을 지속적으로 유예시키는 무기였다. 이야기는 인간의 가장 두려운 공포인 죽음을 망각하게 하고, 죽음을 유예시키고, 죽음과 대항하기 위해서 인간이 만들어낸 발명품일지도 모른다. 인간이 죽지 않는 한 이야기는 계속될 것이고, 그 이야기를 통해 인간은 죽음에 대한 두려움을 떨쳐낼 것이다. 뿐만 아니라 이야기를 통해 인간은 자신이 살아보지 못했던 삶을 살아보고, 상상조차 못해본 꿈을 꿀 수도 있을 터다.

자신의 몸을 태워 마지막 불씨가 사그라질 때까지 형형하게 빛나는 촛불처럼, 전기수는 이야기라는 마음의 횃불로 다른 이들의 어둡고 외로운 삶을 밝혀주었던 사람들이 아니었을까.

5   트랜스 마더, 유모

사람의 젖으로 양육하는 법을 말하건대 어린아이에게 제일 적당한 음식[食物]은
그 아이 어머니의 젖이다. 이것은 하늘이 주신 식물이다. 어린아이가 일찍 죽는
이유는 제 어머니의 젖으로 양육되지 못하는 데 큰 관계가 있다. / 변옥, 「어린아
이 기르는 법」, 『자선부인회잡지』, 1908년 8월.

베이비 가가Baby Gaga?

2011년 3월 미국의 팝스타 '레이디 가가Lady GaGa'가 영국의 '베이비 가가
Baby Gaga'를 소송할 것이라는 기사가 인터넷에 올라왔다. 지적재산권 침
해라는 게 레이디 가가 측의 설명이다. 레이디든 베이비든 '정신 못 차리기
[gaga]'는 마찬가지다. 베이비 가가는 레이디 가가의 '짝퉁 가수'가 아니라
영국 런던에서 판매된 '모유 아이스크림'의 상표다. 베이비 가가를 개발한
사람은 아이스크림 가게를 운영하고 있는 매트 오코널Matt O'Connor이었다.
레이디 가가는 모유 아이스크림 베이비 가가의 상품명이 자신의 유명세를
이용한 상술에 지나지 않는다며 식당 주인에게 법적으로 대응할 것이라고
경고의 메시지를 보냈다. 하지만 매트 오코널은 눈 하나 깜짝하지 않았다
고 한다. 레이디 가가가 베이비 가가를 법적으로 소송을 건다면 오히려 베
이비 가가가 유명세를 탈 수 있다는 판단에서였다. 일종의 '노이즈 마케팅'
을 노린 셈이다. 추후에 레이디 가가가 베이비 가가를 정말 소송했는지는
알려지지 않았다.

레이디 가가에게 베이비 가가는 자신의 지적재산권을 침해한 '짝퉁
상품'에 불과한 것이었겠지만, 영국 런던의 시의회에게 베이비 가가는 국
민의 건강을 위협할 수 있는 '식품'이었다. 영국 런던 시의회는 베이비 가가
를 위험 식품으로 규정했다. 매트 오코널은 모유 아이스크림인 베이비 가
가를 만들기 위해 인터넷을 통해 '모유 모집 광고'를 냈고, 15명의 여성들
이 자신들의 모유를 제공했다. 매트 오코널은 베이비 가가가 '무공해 자연

모유를 이용해 만든 아이스크림으로 전 세계 이목을 집중시켰던 베이비 가가 광고.

식품'이며 '건강'에도 좋은 식품이라고 선전을 했으나, 토리당의 브라이언 코넬Brian Connell 웨스트민스터 시의원은 '사람의 체액'으로 제조한 식품은 '바이러스'를 전파할 수 있다며 감염의 위험성을 경고했다. 결국 베이비 가가는 판매된 지 5일 만에 안정성을 이유로 판매가 금지되었다.

어찌 보면 지적재산권을 침해당했다는 쪽이나 국민의 건강을 위한다는 쪽이나 똑같은 입장이다. '모유' 아이스크림을 일종의 '상품(식품)'으로 본 점이다. 그런 점에서 베이비 가가에 사용된 '모유'는 가공식품의 '재료'일 뿐인 것이다. 그렇다면 언제부터 '모유'가 경제적인 '상품' 혹은 교환가치의 대상이 되었던 것일까. 또한 모유를 통해 바이러스가 전염된다는 믿음은 언제부터 있어왔던 것일까. 더욱이 영국에서는 왜 베이비 가가의 문제를 '건강(안정성)'의 문제로만 국한했으며, 윤리의 문제, 즉 '모성'의 상품화에 대한 비판의 목소리는 내지 않았던 것일까. 이런 문제의 실마리를 찾을 수 있는 것이 바로 '유모'라는 직업이다.

요적妖賊 유모를 처단하시옵소서

정조가 상소에 대한 비답을 내린 것은 1787년 2월 21일이었다. 상소를 올린 사람은 유생 황득중黃得中이었다. 그러나 황득중 혼자만의 상소는 아니었다. 황득중은 소두疏頭(연명하여 올린 상소문에서 맨 먼저 이름을 적은 사람)였으며, 연명한 선비만 921명에 이르렀다. 그러니 이 상소는 922명의 한결같은 의견인 셈이었다. 이 922명이 힘을 모아 정조에게 상소를 올린 이유는 과연 무엇이었을까. 상소를 한번 재구성해보자.

지난 1782년 가을 문효세자文孝世子가 탄생하였습니다. 이에 만백성이 기쁨에 젖었습니다. 그런데 홍역으로 갑자기 홍서薨逝했다는 소식을 들으매 온 나라의 백성들이 모두 발을 동동 구르며 슬피 울었습니다. 9월에 의빈宜嬪이 졸한 상변喪變은 또 어찌 그리 가혹하단 말입니까. 이에 모두가 약을 잘못 쓴 역적과 의관과 젖을 끊은 요적妖賊 유모의 죄가 크다고 말하였습니다. 그런데 어찌하여 의관과 유모를 조사하지 않으십니까. 어찌 극악한 역적들의 목숨을 지금까지 보존하게 하시옵니까. 삼가 바라건대, 속히 삼사三司의 청을 윤허하시어 귀신과 사람의 울분을 풀어주소서.

문효세자는 1782년 9월 7일에 태어나 1786년 5월 11일에 세상을 떠났다. 너무나 짧은 생애였다. 정치권력을 좇는 사람들에게 왕세자의 죽음은 예삿일이 아니었다. 왕세자의 죽음이 요절일 경우에는 언제나 '음모론'이 횡행한다. 문효세자의 공식 사인은 홍역이었다. 하지만 많은 사람들이 왕세자의 사인을 홍역이라 받아들이지 않았다. 무언가 음모가 있다고 생각하는 사람들이 늘어났다. 함부로 발설하지는 못하지만 왕세자의 죽음 뒤에는 정순왕후가 있다고 믿는 이들도 있었다. 그러나 진실은 알 수가 없었다. 진실을 알 수 없기에 언관들과 유생들은 의관과 유모를 심문해야 한다고 줄기차게 상소를 올렸다. 유생들의 상소는 왕세자가 죽은 이후부터 1790년까지 끊임없이 지속되었다. 언관들과 유생들의 들끓는 상소에도 불구하고 정조의 대답은 매번 단호했다. "번거롭게 하지 말고 그대들은 물러가 학업을 닦으라."

왕세자가 죽었으니 누군가는 책임을 져야만 했다. 그런데 유생들은 어째서 의관과 유모를 지목했던 것일까. 유생들이 의관을 왕세자의 죽음과 연루시킨 것은 이해할 만하다. 의관이 누군가의 사주를 받고 왕세자의 몸에 치명타를 줄 수 있는 약을 처방했을 수 있기 때문이다. 혹은 누군가의 사주가 아니라 단순한 '의료 사고'였을 수도 있다. 의관이 왕세자의 주치의였으니, 왕세자의 죽음과 의관의 치료 행위가 의심을 받을 수도 있었던 것이다. 그렇지만 유모는 무슨 죄인가.

유모의 죄는 왕세자에게 '충분히' 젖을 먹이지 않았다는 것이었다. 젖을 먹이긴 먹였는데, 너무 일찍 수유를 그만둔 것이 화근이었다. 보통 궁중의 법도나 일반 사대부가에서 어린아이는 무려 일곱 살까지 유모의 젖을 먹고 자란다. 문효세자의 경우 다섯 살에 요절했으니 그 기간이 짧기도 했지만, 죽기 직전에도 유모의 젖을 먹지 못했다. 물론 이는 의관들의 판단에 따른 것이었다. 유생들은 이를 문제 삼았다. 왜 유모는 왕세자에게 젖을 주지 않았던 것이며, 의관은 유모가 왕세자에게 젖을 물리는 것을 금지했을까. 왜 유생들은 '젖어멈' 유모가 왕세자의 죽음과 밀접한 관계가 있다고 생각했을까. 왜 정조는 유생들의 빗발치는 상소에도 불구하고 '하찮은' 유모를 감쌌던 것일까.

어린 왕세자가 술에 취하다

세손의 몸에서 술 냄새가 진동했다. 영조는 어찌할 바를 몰랐다. 갓난아기인 세손이 벌써 술을 마시는 것일까. 억울하게 죽은 사도세자에 대한 그리움이 사무쳐 술을 배우기라도 한 것일까. 그럴 리는 없었다. 아직 돌도 지나지 않은 세손이 설마 술을 마실 수 있겠는가. 문제는 유모였다. 세손의 유모는 술을 즐겼다. 요새 말로 하면 세손의 유모는 '알코올 중독'이었던 것으로 보인다. 그러니 매일 시도 때도 없이 유모의 젖을 먹은 세손의 옷에서 술 냄새가 진동했던 것이다.

조선 시대 왕가와 사대부가에서는 유모를 고를 때 신중을 기했다. 유모를 들이는 것은 친어머니의 건강이 좋지 않거나 젖이 부족해서가 아니다. 유모에 의한 아이의 양육은 상류 계급의 풍습이자 문화였다. 유모의 건강 상태를 고려하는 것은 물론이거니와 그 인품 또한 후덕해야만 했다. 아이는 젖을 물리는 '젖어멈'을 친어머니처럼 여기며, 젖어멈의 품성을 그대로 닮는다는 게 그때 사람들의 지배적인 생각이었다. 때문에 유모를 선발하는 것은 가문의 영광을 길이 보전하기 위해서도 매우 중요한 문제였다.

유모는 아이의 젖어멈이자 최초의 스승이었다. 그래서 왕가의 유모 선발 기준은 더욱 엄격하고 까다로웠다. 그런데 하필이면 정조의 유모는 술을 너무 즐겼다. 건강 상태가 좋고 인품이 후덕함을 인정받아 뽑힌 유모가 알고 보니 시도 때도 없이 술을 즐긴다는 것이 영조로서는 여간 골치 아픈 일이 아니었다. 유모가 술을 즐긴다면 유모를 바꾸면 그만인데 영조는 차마 그렇게 하지 못했다. 한번 선택된 유모를 바꾸는 것이 아이의 건강과 인성 발달에 좋지 않다는 믿음이 강했던 시대였기 때문이다. 더욱이 유모는 결코 하찮은 '직업'이 아니었다. 유모를 바꾸는 것은 곧 아이의 운명을 인위적으로 바꾸는 일처럼 느껴졌던 것이다.

조선 시대 왕의 유모는 '봉보부인奉保夫人'이라는 종1품 벼슬을 받았다. 왕비가 왕자를 낳기는 했지만, 왕자를 기르는 것은 유모의 책임이었다. 즉 훗날 '왕'이 될 사람을 가장 가까이서 보필하는 것이 유모였다. 왕자가 건강하게 자라서 왕이 된다면 유모의 공은 이루 말할 수 없이 큰 것이었다. 그만큼 유모의 지위는 높았다. 왕자의 보양과 장래를 위해 유모를 함부로 대할 수 없는 노릇이었다. 영조 역시 유모가 술을 즐기는 것을 언짢아하면서도 차마 유모를 내치지 못했다. 오히려 영조는 유모가 술을 마신다는 사실을 참조하여 왕자의 건강을 면밀히 진단하라고 의관들에게 명을 내렸다. 이를 보면 유모의 지위와 유모가 누린 권위를 짐작할 만하다. 유모는 왕조차 마음대로 할 수 없는 존재였던 것이다.

유모가 아이의 건강과 보양에 직결될 수밖에 없었던 것은 물론 그들의 일이 아이에게 젖을 먹이는 것이기 때문이었다. 그렇지만 유모가 아이에게 '젖'을 먹이는 것만으로 유모의 역할을 다하는 것은 아니었다. 앞서 얘기했지만 유모의 품성을 통한 아이의 교육 또한 중요한 임무였다. 아이의 보양과 함께 아이의 교육도 중요했지만, 유모의 역할은 여기에 그치는 것이 아니었다. 유모의 중요한 역할 중 하나는 병에 걸린 아이를 '치료'하는 임무였다. 그렇다고 유모가 '의사' 노릇을 했다는 것은 아니다. 1875년 10월 10일 고종과 신하들의 대화 내용을 잠시 보자.

고종은 수정전修政殿에 나갔다. 이때 약방의 관리들이 입진했다. 도제조 홍순목이 고종에게 아뢰었다. "중궁전의 기후는 어떠합니까?" 고종이 대답했다. "안순하다." 재차 홍순목이 아뢰기를, "신이 의관의 말을 들으니, 세자께서 요즈음 설사 증세가 있다고 하는데 지금은 태평하십니까?" 고종이 "아직은 쾌차하지 않았다"고 말하니, 이에 홍순목이 다시 아뢰었다. "기름기가 있는 음식을 먹으면 체하게 되고, 유도乳度가 혹 조화되지 못하면 이런 증세가 쉽게 생기게 됩니다. 증세에 따른 투약投藥을 그만두어서는 안 됩니다. 대개 이런 병은 설사가 그치면 낫게 마련이니 약을 많이 써서는 안 되며, 아무리 좋은 보제補劑라도 갑자기 써서는 안 됩니다." 고종은 홍순목의 말을 듣고 "이미 약 두 첩을 썼다"고 답했다. 이미 왕세자에게 약을 썼다는 고종의 말을 들은 홍순목은, "가장 좋은 것은 유도를 잘 조화시키는 것입니다. 유모에게 만약 습냉濕冷 등의 잡병雜病이 있으면 약을 먹여 치료하는 것이 좋을 듯합니다"라고 아뢰었다. 고종은 "그래서 근래에 유모에게 약을 먹게 하고 있다"고 말했다.

이처럼 유모의 잔병이 아이에게 전염되지 않게 하기 위해서 유모의 건강을 체크하는 것은 당연한 일이었다. 아이가 병에 걸리면 유모의 역할은 더욱 막중했는데, 왜냐하면 당시만 해도 아이에게 약을 직접 투약하지 않았기 때문이다. 아이가 병에 걸리면 그 치료약을 유모에게 먹인다. 그러면 아이는 유모의 젖을 통해 치료약을 간접적으로 복용하게 되는 것이다. 유모의 유두와 젖은 일종의 의료 기구이자 의약품인 셈이었다. 문효세자의 병치레 때문에 정조가 근심했던 것은 자신의 귀한 아들의 병만이 아니었다. 정조는 '유모'를 걱정하지 않을 수 없었다. 왕세자의 병을 치료하기 위해서는 유모가 건강해야만 했는데, 유모의 몸 상태가 좋지 않아 왕세자의 치료에까지 영향을 미쳤기 때문이었다. 문효세자의 유모가 의관들의 명에 따라 세자에게 젖을 먹이지 않은 이유는 유모의 몸 상태가 좋지 않았기 때문이었다. 정조는 이를 알고 있었고, 이 때문에 무수한 상소에도 불구하고 유모를 심문하지 않았던 것이다.

왕가나 사대부가나 유모는 왕실과 가문을 지탱해가는 데 매우 중요한 역할을 했다. 이에 왕가의 유모일 경우에는 유모의 자식이나 남편을 면천免賤해주는 경우도 많았으며, 많은 재물을 하사하기도 했다. 또한 사대부가에서는 신부의 예단 품목에 유모의 예단도 당연히 포함되어 있었다.

조선 중기 인조 때의 문신이자 당대의 이름난 학자였던 택당 이식李植은 유훈을 남겼다. 그중 하나가 유모의 묘에 1년에 두 번 제사를 지내도록 하라는 것이었다. 그만큼 유모는 왕가나 사대부가에서는 꼭 필요한 존재

120

전문적인 유모의 등장은 오래 전부터 동서양을 막론한 전 세계에 보편적 현상 중 하나였다.

이자 특별대우를 받았던 직업이었다. 전문적인 유모는 조선 시대에만 있었던 현상도, 한국만의 풍습도 아니었다. 유럽에서도 유모를 통한 아이 양육은 보편적인 현상이었다.

사악한 유방 vs 선한 유방?

1700년대 영국에서 모유 수유는 흔한 일이 아니었다. 모유를 먹고 자란 아이는 전체 인구의 절반도 되지 않았다. 아이들은 대부분 유모의 젖을 먹고 자랐다. 혹은 보모가 주는 유동식을 먹으며 성장해갔다. 프랑스의 상황은 더 심각했다. 16세기만 해도 유모를 두는 것은 귀족 계층만의 특권이자 관행이었다. 이는 조선 시대와도 비슷한 현상이었다. 하지만 시간이 흘러 17세기에 이르면 신흥 계급인 부르주아들도 유모를 고용하여 자신들의 자녀를 양육케 했으며, 18세기에 이르러서는 그 풍습이 서민 계층까지 퍼져나갔다.

영국이나 프랑스의 여성들이 유모를 고용하는 이유는 조선의 풍습과는 조금 달랐다. 조선 시대에 유모를 둔 것은 철저하게 아이를 위한 것이었다. 유럽의 여성들 역시 아이를 사랑했지만, 그들이 유모를 둔 이유는 아이의 건강보다는 자신의 '성취욕'에 방점이 찍혀 있었다. 특히 일하는 여성들은 자신들이 선택한 직업에 전념하기 위해 유모를 두었다. 상류층 여성들은 사회적 활동을 좀 더 자유롭게 하기 위해, 즉 '바쁜 사교 활동'을 위해 유모를 고용하는 경우가 흔했다. 프랑스의 경우 18세기 중반에 이르면 신생아의 90퍼센트가 유모나 보모의 손에 자랐고, 친모의 손에 양육되는 아이들은 10퍼센트에 지나지 않았다. 이런 이유로 유모라는 직업은 때 아닌 특수를 누렸다. 1769년 파리에서는 '유모국'이 신설되었다. 유모국에서는 유모들이 자신들의 노동의 대가를 '선불'로 받을 수 있도록 보장하는 방안을 강구했다.

영국과 프랑스가 유모의 '천국'이었다면, 네덜란드의 상황은 그렇지 않았다. 17세기 이후 네덜란드는 경제적으로 눈부신 발전을 이룩하며 주체할 수 없을 정도로 엄청난 부를 획득한다. 가히 네덜란드의 황금기였다. 그럼에도 불구하고 네덜란드는 자녀를 양육하는 데 있어서 유모를 배척했다. 네덜란드의 의학계와 종교적 권위자들이 모유를 적극 권장했고, '젖'은 '피'와 같다는 생각이 널리 유포되어 있었기 때문이었다. '유모의 젖'은 '이질적인 피'이기에 잘못하면 자녀에게 나쁜 영향을 줄 수 있다는 것이었다. 하지만 이런 이유만으로 네덜란드의 유모 수유 배척 현상을 설명할 수는 없다. 네덜란드에서 유모를 배척한 보다 근본적인 이유는 네덜란드 사람들의 '기질'에서 찾을 수 있다. 네덜란드 사람들은 청결하고 검소하기로 유명했다. 검약한 생활을 중시했던 네덜란드 가정에서 어머니의 '남아도는 젖'을 아이에게 먹이지 않고 굳이 돈을 들여 유모의 젖을 먹이는 것은 일종의 '낭비'였다.

　18세기의 끝 무렵에 들어서면 유럽 전역에서 모유 수유를 강조했으며 유모의 양육을 반대하는 목소리가 들끓는다. 영국의 엄격한 프로테스탄트들은 젖을 먹이려 하지 않는 어머니는 신의 눈에 가증스러운 존재로 비춰질 것이라고 여겼다. 또한 유아 사망률의 증가도 유모를 반대하는 주된 원인의 하나였다. 나아가 어머니의 유방에서 정치적인 의미를 찾으려는 노력도 나타났다. 어머니의 유방, 그 유방에서 나오는 '건강한 젖'을 통해서 '건강한 국민'을 양성할 수 있다는 의견이 등장했던 것이다. 따라서 유방도 두 종류로 분류되었다. 유모의 유방은 '부패하고 타락한 유방'으로, 건강한 국가를 구성하는 최소 단위인 가족에 존재하는 어머니의 유방은 '신성한 유방'으로.

　어머니의 모유 수유와 유모의 수유는 아이에게 젖을 먹인다는 자연스러운 생물학적인 행위를 뛰어넘어 사회적이고 정치적인 의미로까지 확산되었다. 이제 여성의 '유방'과 '젖'은 양육의 차원이 아니라 국가적이고 정치적인 의미를 부여받게 된다. 이러한 현상은 비단 유럽에만 국한된 것은 아니었다. 다시 근대 조선의 육아 문제로 넘어가 보자.

아이들에게 함부로 뽀뽀하지 마라!

늙은 시어머니가 있다 치자. 근력도 쇠하고 치아가 하나도 없다고 치자. 그래서 음식을 먹지 못한다고 치자. 죽도 잘 넘기지 못한다고 치자. 그렇다면 어떻게 할 것인가. 요즘이라면 당연히 병원에서 치료를 받아야 할 터. 하지만 병원에 갈 능력도 없다고 치자. 그러면 어떻게 할 것인가. 삼남 지방에 사는 한 여인은 늙고 병든 시어머니를 위해 매일매일 자신의 '젖'을 먹였다. 그러자 시어머니의 기력이 회복되었다. 거짓말일까. 〈세상에 이런 일이〉 같은 프로그램에 나올 법한 이야기다. 하지만 실제 있었던 이야기다. 시어머니에게 젖을 먹여 봉양한 한 여인의 이 '미담'은 1906년 8월호 『가정잡지』에 실린 이야기다. 제목도 「시어머니 젖 먹여 봉양한 일」이었다.

며느리가 시어머니에게 젖을 먹여 봉양한다는 것! 이런 상황은 요즘 같아서는 상상하기조차 힘든 일이다. 자신의 머리카락을 잘라 식구를 먹여 살리고, 자신의 허벅지를 베어 남편을 살렸다는 옛이야기들은 아름다운 이야기라기보다, 또 여성을 삶의 주체로 파악하기보다는 가정이나 남편을 위해 헌신하고 봉사하는 존재로 국한시키는 가부장적 폭력을 정당화하는 '미담'일 뿐이다. 시어머니에 대한 '효'와 '봉양'이 결혼한 여성들의 절대적이고 숭고한 임무라니.

근대 초기 남성들이 바랐던 여성의 역할이란 '가정'을 화목하고 건강하게 지켜내는 일이었다. 지아비를 잘 받들고 자녀를 건강하게 양육하는 것이 여성의 몫이었는데, 이는 조선 시대와 그리 다르지 않았다. 다른 점이 있다면 가정을 관리하기 위해서라도 여성이 근대적인 교육을 받아야 한다는 것, 즉 서구로부터 유입된 새로운 지식을 습득해야만 한다는 것이었다. 그래야 국가의 최소 단위인 가정부터 문명화를 이루어갈 수 있기 때문이었다.

그래서 『가정잡지』(1906)나 『자선부인회잡지』(1908) 등의 잡지가 창간되어 여성의 '국민 되기 프로젝트'를 추진했다. 이 잡지들에 실린 주요 기사의 내용은 여성교육, 남녀평등, 가정관리, 출산과 육아, 가정 미담 등이었다. 근대를 맞이하여 여성도 이제는 국가와 사회의 주체로서 활동해야

한다는 논조의 내용들이 대거 포진해 있었음에도 불구하고 '가정 미담'에
실린 내용을 보면 당시 여성의 교육이나 활동이 매우 제한적이라는 것을
알 수 있다.

효도와 봉양 이외에도 결혼한 여성에게는 더 많은 의무들이 요구되
었다. 남편에게는 온순한 아내이면서, 자식에게는 자혜로운 어머니가 되어
야 했으며, 더 나아가 자식이 '충군애국'의 정신을 갖출 수 있도록 양육해
야만 했다. 그러나 이것만으로 끝이 아니었다. 조선이 근대적인 문명국가
로 발돋움하기 위해서는 여성도 근대식 교육을 받아야 했으며, 문명국가
의 지식을 습득해야만 했다. 그들이 받은 교육과 습득한 지식이 사용될 곳
은 뻔한 곳, 즉 '자녀교육'이었지만 말이다.

우리나라 사람들은 어린아이들이 귀하다고 흔히 입 맞추는 풍속이
있는데, 이것은 대단히 위생에 해로운 일이로다. 대저 가래침이란 것
은 정결치 못한 것이라. 미균黴菌이라 하는 벌레 있기가 쉽고, 해소하
는 노인은 더욱 이 미균이 많아 어린아이에게 미균이 전하여 병의 뿌
리가 되기 쉬우니 집안의 노인들은 자손이 귀하다고 입을 맞추지 마
시오. /「아이들을 입 맞추지 말 일」,『가정잡지』, 1906년 10월.

어린아이들에게 충치가 생기는 이유 중 하나가 부모의 충치균이 뽀뽀를
통해 전염된다는 얘기는 오늘날 충분히 입증된 사실이다. 그런데 뽀뽀를
통해 전염되는 것은 충치균만이 아니었다. '미균'은 '세균'을 말한다. 뽀뽀
를 통해 어른들의 침에 포함된 각종 세균이 아이들에게로 전염될 수 있다
는 계몽 지식인들의 위생에 대한 강박은 어느 날 갑자기 등장한 감정은 아
니었다. 그들의 입장에서는 사랑한다고 해서, 귀엽다고 해서 어린아이들에
게 함부로 뽀뽀를 하는 것은 사랑도 애정도 그 무엇도 아닌, '위생관념에
반하는 행위'였다. 그것은 무지하고 무식하고 야만적인 행동에 불과한 것
이었다. 서구를 통해 들어온 '과학'의 '객관성' 앞에 사랑과 애정이 들어설
자리는 턱없이 부족했다.

1896년 12월 12일자『독립신문』에는 너무 쫀쫀하고 기막힐 정도의 '행동 강령'이 제시되어 있다. 걸어갈 때는 "입을 벌리고 다니지" 말아야 한다. 입으로 각종 "독한 물건"이나 "독한 생물"이 들어가기 때문에 몸에 좋지 않을뿐더러 "매우 어리석고" "병신처럼" 보이기 때문이다. 길에서 "손으로 코를 푸는 것은" 아주 "천해" 보이는 행동이니 "손수건을 가지고" 다니는 것이 마땅하며, 더욱이 "손가락이나 소매나 옷에다가 코를 닦"지 말아야 한다. "갈지자걸음을 걷지 말고", "고개를 똑바로 들고 어깨를 꼿꼿이" 펴고 걸어야 "병신같이 보이지" 않는다. 소리 내지 말고 "침을 뱉"어야 한다. "이를 깨끗이 닦아"야 하며, 하루에 적어도 "두 시간 동안은 사지를 움직이는 운동"을 해야 하며, "목욕을 자주" 하고, "머리를 자주" 감아야만 한다. 이렇게 해야만 조선이 "진보"할 수 있으며, "야만인들"처럼 보이지 않으며, "문명개화한 사람들"처럼 보일 것이다.

　문명인이 되는 길은 참으로 멀고도 험했다. 현대인은 태어날 때부터 '문명인-교양인 되기'의 교육을 자연스럽게 받으며 자란다. 그러나 근대 초기 조선 사람들에게『독립신문』의 편집진들이 제시한 문명인 되기 '행동 강령'은 너무나 낯설고 이해하기 어려운 방식임에 분명했다. 수십 년, 아니 수백 년 동안 아무렇지도 않았던 삶의 습속이었다. 그런데 어느 날 갑자기 '문명개화'의 슬로건 아래 모두 뜯어고치라는 계몽 지식인들의 주장을 조선 사람들이 어떻게 받아들였겠는가. 물론 수긍을 한 사람도 있었을 것이고, 비아냥대는 사람들도 있었을 것이다. 수긍한 사람들이야 자신들이 '야만인'으로 불리지 않기 위해서였을 터이고, 비아냥대는 사람들은 계몽 지식인들은 그저 서구의 풍속이 좋은 것으로 선전하는 사대주의자라고 생각했을 터이다.

　이유야 어찌 되었든 '문명개화'의 당위적 목표하에 조선인들의 생활 습관은 개혁되고 개량되어야만 하는 대상이 되었다. 일종의 '문명화 과정' 속에서 여성들, 특히 어머니들은 더 큰 부담을 떠안아야만 했다. 어린아이는 조선의 미래를 이끌어갈 동량이자 주체였다. 때문에 어린아이의 교육은 그 무엇보다 중요한 사안이었다. 이제 새로운 시대를 이끌어갈 미래의 일꾼인 어린아이들의 생활 태도나 건강 상태를 관리하고 감독하는 역할이 어머니들에게 전적으로 부과된 것이다. 물론 학교 교육을 통해서도 어린이들의 '문명화 과정'은 진행되었지만, 학교 교육의 전 단계인 가정적 차원에서의 교육은 당연히 어머니들의 몫이 될 수밖에 없었다. 어머니는 자식을 기르는 게 아니라 미래의 '국민'을 길러내는 것이었다. 따라서 근대 초기 국가로부터 호명된 '어머니'라는 이름이 지니는 무게는 결코 만만한 것이 아니었다.

> 어찌 홀로 사나이만 학문을 배우며, (……) 어찌 사나이만 사람의 권權을 가지고 여편네는 사람의 권을 가지지 못하리오. (……) 여편네의 직무는 세상에 나서 사나이를 가르치는 것이라. / 「논설」, 『독립신문』, 1898년 1월 4일.

> 가정교육 하는 걸로 국가정치 개명된다.
> 전일습관 다 버리고 자녀일반 배양하면
> 개개영웅 이 아닌가.
> 어화한국 부녀들아, 만만세나 누려보게.
> / 「시사평론」, 『대한매일신보』, 1908년 8월 27일.

인간도, 여성도 아닌 '어머니의 이름'으로 살아가기 위해, '어머니의 이름'이 부끄럽지 않기 위해서 가장 중요한 것은 자식들, 특히 '사나이'의 '양육'이었다. 그중에서도 '모유'의 '수유'는 더할 나위 없이 중요한 과제로 부각되었다.

젖은 하늘이 주신 음식이요, 젖 먹이는 것은 어머니의 천직이다?

사람의 젖으로 양육하는 법을 말하건대 어린아이에게 제일 적당한 음식[食物]은 그 아이 어머니의 젖이다. 이것은 하늘이 주신 식물이다. 어린아이가 일찍 죽는 이유는 제 어머니의 젖으로 양육되지 못하는 데 큰 관계가 있다. 그 증거는 서양과 우리나라의 어린아이 죽는 수효를 비교하면 서양이 더욱 많다. 서양 사람은 젖을 오래 먹이지 못하므로 우유로 기르는 까닭이다. 서양에도 유모를 대서 기르는 나라는 어린아이 사망률이 적으나 유모로 기르는 것이 제 어머니 젖으로 기르는 것만 같지 못하다. 우리나라 상등사회의 소아 사망이 하등사회보다 많으니 상등 사람은 아이 어머니가 편안한 것을 취하여 유모를 대서 기르는 까닭이다. 제 어머니 젖을 먹이면 어린아이만 유익할 뿐 아니라 아이 어머니도 유익하니 음식을 잘 먹으며, 자궁을 오므라지게 하며, 이슬을 속히 거두어 산후에 몸이 속히 회복된다. 산모가 대단한 병이 없으면 친히 젖 먹일 것이다. / 변옥, 「어린아이 기르는 법」, 『자선부인회잡지』, 1908년 8월.

모유 수유가 아이와 산모 모두에게 좋다는 것은 이제는 누구나 다 안다. 아이들에게 어머니의 젖이야말로 하늘이 주신 최고의 음식이라는 말도 의심할 필요가 없다. 상류층에서 유모를 고용하는 이유가 단지 어머니의 심신을 편하게 해주기 위한 것만은 아니었다. 유모를 두는 것은 아이들에게 더 좋은 환경을 마련해주기 위한 일종의 풍속이었다. 하지만 근대 초기에 이르면 유모를 두는 것이 오히려 육아 환경을 해칠 수 있는 병폐로 지적된다. 산모가 건강하지 못해서 아이에게 젖을 물릴 수 없을 때만 어쩔 수 없이 유모를 두는 것이지, 산모의 건강 상태가 좋은데도 불구하고 유모를 두는 행위는 진정 아이를 위한 길이 아니라는 게 당시의 지배적인 생각이었다. 아이에게 어머니의 젖이 최고의 음식이라는 데는 동의할 수 있다. 그런데 모유 수유를 하지 않아서 '유아 사망률'이 높다는 말의 근거는 무엇이었을까. 서구에서 유아 사망률이 높았던 것은 '젖'의 문제가 아니라 아이를 기르는 '사람'의 문제였다.

　여하튼 계몽 지식인들이 '유아 사망률'에 집착했던 데는 그만한 이유

근대로 들어와 아이를 어떻게 양육하는가에 있어서 부모, 즉 어머니의 역할이
중요하다는 의식이 커지면서 유모의 역할은 축소되었다.

가 있었다. 근대국가가 출산율과 사망률 등을 따지는 이유는 경제적인 문제, 더 나아가서는 국가의 효율적인 '관리' 때문이었다. 한 개인의 탄생이나 죽음보다 전체 인구의 출산율과 사망률의 관리야말로 근대 자본주의 시스템을 유지하는 기본적인 요소였기 때문이었다. '유아 사망률'이 높다는 것은 사회 전체가 고령화 사회로 접어들 수 있다는 것을 의미했고, 그것은 다름 아닌 집단적 노동력의 손실이었으며, 또한 미래의 파국을 의미하는 것이었다. 즉 아이는 부모의 '소유물'일 뿐만 아니라 국가의 '공물公物'이었던 것이다.

> 자식의 효도를 받는 것이 어찌 내 몸만 잘 봉양하면 효도라 하리오?
> (……) 자식이라는 것이 내 몸만 위하여 난 것이 아니요, 실로 나라를
> 위하여 생긴 것이니 자식을 공물이라 하여도 합당하오. (……) 우마牛
> 馬가 있어야 농업과 상업에 낭패가 없은즉, 자식은 공물이라고 있는
> 것을 귀히 여기지 아니하리오. / 이해조, 『자유종』, 광학서포, 1910.

국가의 '공공 소유물'인 아이를 어떻게 양육하는가에 따라 국가의 흥망이 좌지우지된다는 이 어처구니없는 논리. 조선 시대 아이의 양육, 특히 아들을 '잘' 길러내는 것은 가문의 '영광'과 '존속'의 문제로 귀결된다. 왕세자의 보육은 당연히 왕조 권력의 존속의 문제다. 그러나 근대적 국민국가에서 아이는 '국가'의 '국민'을 육성하는 문제였다. 어찌 보면 '어린이'는 그 어느 시기에도 주체적이고 개별적인 존재로 인정받지 못한 셈이었다.

> 어머니가 아이에게 젖을 먹이는 것은 실로 천부天賦의 직분이라. 이
> 직분을 다하는 사람은 그 신체가 반드시 강건하고 이 직분을 행하
> 지 못하는 사람은 그 신체가 반드시 허약할지라. (……) 어린아이에
> 게 자신의 젖을 먹이지 않으면 애정이 반드시 부족하여 덕육德育 상
> 에 결점이 많을지라. (……) 천명天命의 직책이자 의무로서 이를 방기
> 하지 말지어다. / 김명준, 「가정학역술家政學譯述」, 『서우』, 1907년 3월.

어머니의 '천직'이란 자신이 낳은 아이에게 젖을 물리는 일이었다. 만약 자신의 아이에게 젖을 물리지 않는 어머니가 있다면 그녀는 천직을 내팽개친 '나쁜 어머니'였다. 특히 아이가 친모의 젖을 먹지 못하면 성장 발달이나 덕성에 문제가 생기고, 더 크게는 애정 결핍에 빠질 것이라는 논리는 그전 시대에서는 찾아보기 쉽지 않은 것이다. 조선 시대만 해도 아이의 성장 발달을 위해, 더불어 아이의 최초 '스승'의 역할을 위해 유모를 들였다. 근대 초기에 들어서면 유모의 역할은 축소되어 단순히 '젖어멈'에 불과하게 됐으며, 아이의 양육에서 중요한 것은 '모성'이었다. 한때 유모가 아이의 인성 발달에 중요한 매개체가 된다고 생각했던 적이 있었다. 그러나 근대에 들어서면 아이의 인성 발달의 책임은 전적으로 어머니의 몫이었으며 그렇기 때문에 '모성'이라는 새로운 담론이 등장하기에 이른다.

사농공상이란 계급이 타파되고 과부의 개가가 허용되었다고 해서 근대사회가 전 시대보다 더 좋은 사회라고는 말할 수 없다. 근대사회가 됨으로써 규방으로부터 여성이 해방될 수 있었고 사회적으로 진출할 수 있는 기회 또한 더 활짝 열렸다고는 하지만, 결혼한 여성의 입장에서 본다면 근대사회는 좀 더 세련된 방식으로 여성을 억압하는 사회일 뿐이었다. 근대사회는 여성에게 '모성'이라는 '천부'의 '책임'을 전가함으로써 여성을 더욱더 가정의 울타리 안으로 가두었다. 결국 '모성'은 미래의 '국민'인 자식을 건강하고 훌륭하게 양육하는 것이었으며, 그것은 곧 '국가'를 양육하는 일과 같았다. '모성'이 강화될수록 '여성' 자신은 소외되었던 것이다.

비타민 A, 양질의 모유를 생산하기 위한 영양소

국가가 바라는 완벽한 '슈퍼맘'이 될 수 없었던 어머니들은 어쩔 수 없이 유모를 구했다. 유모를 구했던 어머니들이라고 해서 당시 사회에서 말하는 '모성'이 부족한 것은 결코 아니었다. 이 어머니들은 건강상의 이유로 어쩔 수 없이 자신의 부족한 '모성'을 보충해줄 유모를 찾아야 했다. 신문에 구인광고를 냈을 뿐 아니라 직업소개소를 통하기도 했다. '적절한' 유모를 선택하는 기준은 매우 까다롭고 엄격했다.

> 어떤 유모를 구하는 게 좋은지, 그 필요한 조건은,
> 첫째로 유모의 건강입니다. 화류병, 결핵, 문둥병이 있는 사람은 절대로 안 됩니다. 또는 각기, 신장병, 당뇨병, 전염성 피부병 같은 것이 있는 사람은 부적당합니다.
> 유모를 구하여 들일 때는 반드시 의사의 진찰을 받지 않으면 안 됩니다. 이와 동시에 유모 자신의 아이도 건강한가를 살펴보아야 합니다. 그리고 음주는 물론이요 담배도 피지 않는 사람이 좋습니다.
> 둘째는 유모의 성질입니다. 무엇보다도 선량하고 정직하고 그리고 신경질이거나 보통의 이해력을 가지지 못한 사람은 안 됩니다.
> 셋째는 젖의 분량이 충분한가 어떤가를 확실히 보아야 합니다.
> /「유모를 선택할 때 세 조건을 잊지 마라」, 『동아일보』, 1932년 3월 9일.

젖이 나온다고 해서 누구나 유모가 될 수는 없었다. 유모를 들일 때에는 유모의 나이, 건강, 덕성, 젖의 상태 등을 확인했다. 뿐만 아니라 유모의 '혈통'도 따지는 경우도 있었다. 그런데 여기서 혈통이란 유모의 출신 성분이 무엇이냐가 아니라 그 집안의 '가족력'을 문제 삼은 듯하다. 만약 산모와 나이가 같고 같은 날에 출산을 했으며, 건강 상태가 양호할뿐더러 여기에 성격까지 좋다면 그야말로 금상첨화였다. 물론 유모 선발에 있어서 가장 중요한 조건은 유모의 건강이었다. 이는 젖을 통해 다양한 질병이 아이에게 감염될 수 있기 때문이었다.

> 평양부 김성녀金姓女(35세) 씨는 (……) 기생 한×성(20세)을 상대로 평양 경찰서에 고소를 제기하였는데, 그 내용은, 원고는 작년 말 피고의 어린 딸을 1개월에 7원의 보수로 젖을 먹여왔는데, 자기 어머니의 매독을 유전받은 그 아이 때문에 젖을 통하여 결국 원고도 악성

매독이 전염되었다는 것이다. / 「신체엔 손을 안 대도 상해죄가 성립
될까」, 『조선중앙일보』, 1935년 8월 4일.

기생의 딸로 태어난 아기는 어머니로부터 매독이 전염되었다. 매독균이 전
염된 아이는 다시 유모에게 매독을 옮겼다. 산모나 유모의 젖을 통해 아이
에게로 질병이 전염되는 경우는 있지만, 그 반대로 아이가 유모에게 질병
을 옮기는 경우는 흔치 않은 일이었다. 이 사건을 보도한 기자에게는 '상해
죄'의 성립 여부가 중요했겠지만, 그보다는 '어머니 – 아이 – 유모'가 '젖'을
통해 다양한 방식으로 서로의 건강에 간섭하고 있는 사실이 더 중요한 문
제일 것이다. 그렇기 때문에 어머니의 젖이 아이에게 가장 좋다는 의견이
팽배해져만 갔다. 아이에게 혹시 모를 질병의 위험을 예방하기 위한 가장
최선의 방책은 우선 모유를 수유하는 것이었다. 이게 불가능할 경우 건강
한 유모의 젖을 수유해야만 했다. 이에 따라 앞서 살펴보았던 유럽의 경우
처럼 식민지 조선에도 '사악한 유방'의 논리가 등장하기에 이른다.

> 프랑스나 미국 같은 곳에서는 그 어머니들이 자기의 미美를 보존하
> 려고 인공영양人工營養으로 키우는 일이 많으나 그 영양은 여간 나쁜
> 것이 아닙니다. (……) 조선에도 돈 있는 집안에서는 그 어머니의 몸
> 을 위한다고 해서 의례히 유모를 대는 집들이 있는데 이것은 여간 나
> 쁜 것이 아닙니다. 인공모유로 기른 아이와 모유로 기른 아이의 발육
> 의 결과를 비교해본 결과 모유로 자라지 못한 아이는 십 센티나 신
> 장이 작을 뿐 아니라 특히 우유로 키우는 데는 여러 가지로 위험성이
> 따릅니다. 또 영양상에서 오는 해뿐 아니라 어머니와 자식의 그 끊을
> 수 없는 아름다운 정情이란 젖을 먹이는 데서 우러나는 것이니 이것
> 을 생각할 때 이는 일층 중대한 일인 줄 압니다. / 「애기에게는 어머
> 니 젖이 제일」, 『조선중앙일보』, 1936년 2월 24일.

어머니의 일차적인 '의무'는 '자식'의 양육이지, 자신의 '몸'을 관리하는 것

이 아니었다. 아무리 자신의 몸이 망가질지라도 아이를 건강하게 키우는 것이야말로 진정한 '모성'이라는 식으로 선전되었다. 내가 자식을 얼마나 사랑하느냐를 판가름하는 척도가 모유 수유였다. 만약 산모가 모유를 수유하지 못할 경우 유모를 구했는데, 건강한 유모를 구한다고 해도 그 '젖의 품질'이 좋지 않다면 허사였다. 그렇기 때문에 '젖의 품질'을 유지하는 것이 중요했다. 어머니이건 유모이건 간에 아이를 위해서는 양질의 젖을 '생산'해야 됐다. 이를 위해서는 어머니나 유모나 양질의 영양분을 섭취해야만 했고, 그 과정에서 비타민 A가 중요한 영양소로 등장한다.

> 우리 인류는 비타민 A가 없이는 도저히 성장할 수도 없고 생존을 계속할 수도 없는 것입니다. (……) 비타민의 결핍은 생식력에도 많은 관계가 있을 뿐 아니라 젖 먹이는 어머니의 유즙乳汁 부족에도 한 원인이 됩니다. 그럼으로 부인의 임신 시기와 젖 먹이는 시기에 있어서는 비타민이 많이 함유된 음식을 먹는 것이 필요합니다. / D.T.K., 「상식 강좌」, 『별건곤』, 1928년 2월.

비타민 섭취가 여러 질병을 예방하는 일종의 '만병통치약'의 대명사로 군림한 지는 오래된 일이다. 산모나 유모에게 중요한 영양소, 즉 좋은 젖을 생산하기 위해서 비타민 A가 풍부한 음식을 섭취해야 한다는 이야기는 문제될 것이 없다. 그러나 어머니이건 유모이건 아이이건 똑같은 '생명'임에도 불구하고 산모나 유모는 아이를 위해 자신을 희생하는 존재로 전락하게 된다. 물론 어린아이는 스스로 자신의 생명을 보존하고 지켜내기엔 아직 능력이 부족한 생명체임은 분명하다. 그래서 어느 정도까지는 부모를 비롯한 성인들의 도움이 절실하다. 그렇다고 해서 아이를 중심으로 어머니의 모든 삶이 재편되어야만 하는 것은 과연 온당한 일일까.

젖의 경제학, 유모의 세상살이

두 살 된 여자아이가 살해되었다. 이름은 김증숙金曾淑. 시신은 공동묘지에서 암매장된 채 발견되었다. 1927년 7월 1일 평안남도 대동군에서 일어난 살인 사건이었다. 불행인지 다행인지 범인은 곧 체포되었다. 뜻밖에도 범인은 여자아이의 할머니였다. 예나 지금이나 손녀와 손자에 대한 할머니의 정은 남다른 편이다. 할머니에게 손녀와 손자는 그저 '아이고, 내 강아지!'다. 그런데 어째서 할머니는 어린 손녀에게 양잿물을 먹여 살해한 것일까. 인륜을 저버릴 수밖에 없었던 저간의 사정은 무엇이었을까. 1927년 7월 10일자 『동아일보』에서 '손녀 독살 사건'을 다뤘는데, 기사 제목은 「생활난으로 손녀를 독살」이었다. 결국 생활고 때문에 자신의 손녀를 죽였다는 것이다. 그렇다면 할머니가 겪은 '생활난'이란 무엇일까.

며느리가 갑자기 세상을 떠났다. 손녀는 이제 두 살. 한참 젖을 먹을 시기였다. 할머니에게서 젖이 나올 리 만무했다. 할머니는 유모를 구했다. 자신의 손녀에게 젖을 먹이는 대가로 유모에게 매달 4원씩 지급했다. 몇 달은 괜찮았다. 하지만 하루 벌어 하루 먹는 할머니에게 매달 4원은 적은 액수가 아니었다. 유모를 댄 지 벌써 열 달이나 지났다. 할머니는 더 이상 유모를 댈 능력이 없었다. 더 이상 손녀에게 젖을 먹일 수 없게 되자, 할머니는 신변을 비관해 그만 손녀를 죽이고 말았던 것이다. 그런데 사극이나 시대극에 등장하는 그 좋은 미풍양속, 즉 '젖동냥'은 불가능했던 것일까. 아니면 우리가 익히 들어왔던 후한 '젖동냥' 인심이 실제로는 후하지 않았던 것일까.

집안의 형편에 따라 유모의 활동 방식도 조금씩 차이가 있었다. 부잣집의 경우에는 유모가 상주했다. 경제적 형편이 어려운 집안에서는 어머니가 직접 젖먹이 아이를 데리고 유모의 집을 찾았다. 대부분의 경우에는 유모가 젖 물릴 아이의 집으로 출근하는 식이었다. 과거에 존재했던 '젖동냥'은 일종의 '젖 기부 문화'다. 그러나 어떤 사람들에게는 '젖'이야말로 자신이 가진 유일한 사업 밑천이었다. 그러니 '젖동냥'에 응하기 위해서도 자신의 사업 밑천을 흔쾌히 나눠줄 수 있는 결단이 필요했다. 유모의 젖이 친모의 젖보다 좋지 않다는 말이 많았지만, 그래도 유모를 구하는 집이 줄지는 않았다. 유모를 구하는 광고를 내고, 직업소개소를 통해 유모를 구했지만 유모들은 공급보다 수요가 훨씬 더 많았다.

> 경성부립 인사상담소京城府立人事相談所에는 최근 유모를 구해달라고 의뢰하는 사람이 많아서 현재 의뢰받은 것만 하여도 사십여 명이 부족하다는데 유모가 되고자 희망하는 사람은 인사상담소에 신청함이 좋겠다더라. / 「유모가 부족」, 『동아일보』, 1929년 9월 28일.

경제적 관점에서 보자면 유모를 하는 데는 특별한 '자본'이 필요하지 않았다. 살림살이가 넉넉하지 못한 집에서 '부업'으로 유모를 하는 경우가 많았다. 유럽의 노동자 가정에서도 남아도는 자신의 '젖'을 밑천 삼아 유모 일을 하는 경우가 흔했다. 유모의 남편들도 자신의 부족한 수입을 보충해주는 아내의 '부업'을 싫어하지 않았다. 그렇지만 부업이 아닌 '전업'으로 유모를 하는 사람들의 경우도 있었는데 이들은 정말 삶의 밑천이 오직 '젖'밖에 없는 사람들이었다.

1928년 3월 6일자 『동아일보』에는 '유모살이'를 했던 한 여인의 회한에 찬 고백이 실렸다. 이 여인이 유모 일을 시작한 것은 1925년이었다. 가난이 원수였다. 남편의 경제적 능력도 형편없었다. 그녀는 "살려고 발버둥치는" 심정으로 "젖어머니살이"를 시작했다. 마침 아들을 낳은 지 석 달이 되던 때였다. 젖먹이 아들은 남편에게 맡겨놓고 "돈을 벌어 남편을 살리기" 위해서 그녀는 남의 집 유모가 되었다. 남의 집 아이에게 젖을 물릴 때마다 자기 자식이 생각난 그녀는 가끔씩 집에 가서 "뼈만 남은 어린 것을 품고" "눈물 섞인 젖"을 "마음 졸여가며" 먹였다. 그런데 주인집에서 그 일을 알아차렸다. 주인은 그녀에게 "우리 집 아기 젖을 유모 마음대로 하려거든 일없으니 가라"고 했다. 만약 유모살이를 할 수 없다면 모든 식구가 굶어 죽는다는 것을 깨달은 그녀는 어쩔 수 없이 주인에게 "다시는 그러지 않기를 맹세"했다. 그러나 "젖을 빼앗긴" 자신의 아이는 다섯 달 만에 "참혹한 형상으로" 죽어버리고 말았다. 그녀에게 '젖'은 자신이 유일하게 가진 '생계 수단'이었다. 그녀는 '유모'가 되기 위해 '친모'가 되는 길을 포기했던 것이다. 더 이상 '봉보부인'이라든지, 유모가 아이의 첫 스승이라든지 하는 사고방식은 통하지 않았다. 유모의 제사를 챙기고, 유모 또한 어머니라는 식의 사고방식도 사라진 지 오래였다. 근대 초기 유모의 위상은 조선 시대와는 판이하게 달랐다. 유모는 더 이상 아이의 첫 스승도 아니었고, 또 한 명의 어머니도 아니었다. 한 아이에게 중요한 것은 '유전적 어머니'였다. 유모는 '젖어멈'으로서 기능적인 존재에 불과했으며, '젖'은 일종의 상품이자 '교환 가치'를 지닌 물건에 지나지 않았다. 그렇기에 유모를 고용한 집에서는 유모의 '젖'에 대한 '소유권'을 주장할 수 있었던 것이다.

근대사회는 유모의 젖을 단순히 '돈으로 교환 가능한 상품'으로 만들었고, 일부 여성들 또한 유모의 젖을 하나의 상품으로 취급했다. 그럼으로써 자신들의 위치, 즉 '어머니'라는 위치를 더욱 강고하게 만들려고 했다. 그렇지만 여성들 스스로가 유모의 젖을 하나의 상품으로 취급할수록, '모성'을 극단적으로 강조할수록, '가정'이라는 울타리 안에 인간이 아닌 '어머니'의 이름으로 자신을 가둘 수밖에 없었다.

6 바닥 민심의 바로미터, 인력거꾼

비록 인력거를 끌어도 배워야 하고 알아야겠다. 하물며 우리들의 자손에랴!
(……) 직업에 귀천이 있으랴마는 남달리 사람이 사람을 끄는 차부車夫. 그들의
땀방울에는 자제를 가르쳐야겠다는 굳은 결심의 눈물이 섞인 것이다. / 「직업에
귀천이 있으랴!」, 『동아일보』, 1932년 3월 31일.

당신에게 '100만 원'이 생긴다면?

만약 당신에게 100만 원이 생긴다면 어떻게 쓸 것인가? 누구에게는 한 달
월급이며, 누구에게는 가까운 외국을 여행할 수 있는 여행 자금이자, 누구
에게는 하룻밤에 탕진할 만한 유흥비이고, 누구에게는 한 번도 가져보지
못한 금액일 수 있는 '100만 원'. 아무리 '100만 원'의 가치가 떨어진 오늘날
이라 해도 100만 원이 생긴다면 어떻게 써야 할지 머뭇거리게 된다. 최신
식 노트북? 아니면 동남아 여행? 우리는 어떻게 돈을 쓸 것인가보다는 어
떻게 돈을 벌고, 절약하고, 모을까에 집착하기 일쑤다.

1933년 6월 『별건곤』에서 설문 조사를 실시했다. 제목은 「100만 원
이 생긴다면 우리는 어떻게 쓸까?―100만 원 모르는 그들」이었다. 그때 사
람들은 과연 어떤 대답을 내놓았을까. 나처럼 쉽게 답을 하지 못했을까.
그들도 100만 원을 어떻게 써야 할지 몰랐다. 그런데 식민지 조선인들이
쉽게 대답을 하지 못한 것은 100만 원이란 돈이 어정쩡한 액수여서가 아니
었다. 1930년대 100만 원은 지금 우리가 아는 100만 원이 아니었기 때문이
다. 지금 돈으로 환산하기는 불가능하지만 1930년대 100만 원은 지금으로
치면 약 '100억'을 훌쩍 넘기는 액수였다. 요즘이야 하도 '억, 억' 하니 그래
도 들어는 보았을 돈이지만 식민지 조선인들에게 '100만 원'이란 돈은 상
상하기조차 힘든 액수였다. 그러니 기사 제목도 "100만 원 모르는 그들"이
라고 했지 않았겠는가.

기자의 '장난기'가 발동한 것이었을까. 한 번도 가져본 적이 없는 돈,

상상만이라도 해보라는 뜻에서였을까. 하필이면 당시 최하층민이었던 인력거꾼 '이 서방'에게도 같은 질문이 던져진다. 기자의 질문에 이 서방은 어이가 없었다. 이 서방은 기자가 분명 미친놈이거나 정신병자일 것이라고 생각했다. 기자가, 진짜 돈이 있다는 이야기가 아니라 만약 있다면 어디에 쓸 거냐고 자꾸 채근하자 그때서야 이 서방은 우물쭈물 대답했다. 과연 인력거꾼 이 서방은 100만 원을 어디에 쓸 것인가.

기상천외한 대답이 돌아왔다. 이 서방은 100만 원이 생기면 경성에 있는 자동차를 모두 사들인 다음 그 자동차를 모조리 부숴버리겠다고 말했다. 자동차를 죄다 사겠다는 것이야 이해를 할 만하지만, 그것을 산 뒤 모두 부숴버리겠다는 인력거꾼 이 서방의 대답에 기자는 당혹스러웠다. 인력거꾼 이 서방은 왜 그런 대답을 했을까? 당시 100만 원이면 팔자를 수십 번 고치고도 남을 만한 돈인데, 하필이면 이 서방은 왜 그렇게 대답을 해야만 했을까?

'우리'에겐 인력거가 있다!

교통기관의 발달은 곧 그 나라의 경제 수준을 알 수 있는 지표다. 고속도로가 깔리고 KTX, 신칸센, 테제베 같은 고속철도가 놓인 나라치고 경제적으로 '발전'하지 않은 나라는 드물다. 철도와 자동차와 같은 교통기관의 발달은 시간과 공간을 압축하는 근대의 발명품이자 근대 자본주의 발전의 원동력이었다.

일본은 조선보다 몇십 년 앞서 서구식 근대화를 받아들였다. 일본은 서구의 선진 기술을 도입하는 것이야말로 근대화의 핵심이라고 여겼다. 일본은 서구에서 발명한 철도와 군함, 전등과 같은 신문물을 들여와 이를 바탕으로 기술력을 키워나갔다. 또한 일본은 벽돌 거리를 조성하는 등 도시의 도로망을 정비해가면서 서구 따라잡기에 여념이 없었다. 그러나 그럴수록 서구 문명에 대한 일본의 콤플렉스는 깊어만 갔다.

일본은 자국을 서구와 같은 문명개화한 나라로 변화시키기 위해 부단한 노력을 기울였지만, 그 변화의 원동력은 모두 서구에서 수입한 선진 기술이었다. 그런데 유일하게 서구의 선진 기술을 받아들이지 않고 일본 스스로 개발한 '근대 최대의 발명품'이 생겨났다. 바로 인력거였다. 인력거는 일본 메이지 시대(1868~1912)에 등장한 교통수단으로 일본 사람들에게 엄청난 인기를 누렸던 일본의 자랑거리였다.

메이지 초기만 해도 일본은 아직까지 교통망과 통신망이 제대로 갖춰지지 않았다. 일본은 도로를 정비하고 주택을 개량하는 등 사람들이 생활하기에 '편리한' 도시 정비 사업에 박차를 가했다. 프랑스의 파리나 영국의 런던과 같은 도시를 그들도 건설하고 싶었던 것이다. 도시 정비 사업을 시행했지만 그 속도가 아주 빠르지는 않아 여전히 좁은 골목들이 많았다. 일본 사람들은 이 좁은 길을 자유자재로 이동할 수 있으며, '누구나' 손쉽게 이용할 수 있는 인력거를 개발한 것에 엄청난 자긍심을 갖고 있었다.

1870년부터 상용화하기 시작한 인력거의 종류는 다양했다. 1인승과 2인승이 있었으며, 바퀴에 따라 두 바퀴 인력거, 세 바퀴 인력거, 네 바퀴 인력거가 있었다. 개인이 인력거를 소유하는 것은 크나큰 부의 상징이었다. 부자들은 금가루와 은가루 및 칠기로 화려하게 장식한 인력거를 주문 제작했다. 이는 인력거의 '위용'을 통해 자신의 신분을 과시하려는 욕망에서 비롯된 일이었다.

인력거는 일본 내에서만 사용된 교통수단은 아니었다. 1885년 일본 최고의 발명품인 인력거는 외국으로 수출되었다. 영국과 프랑스 등의 유럽 지역에 근대의 후발 주자이자 한때 '야만인'으로 불렸던 일본인이 만든 교통수단이 수출된 것이다. 이후 인력거는 아시아 및 아프리카 등지에도 수출되었다. 일본인이 개발한 이 발명품은 전 세계로 퍼져나갔다.

인력거가 등장하자 '차부車夫', 즉 인력거꾼이 생겼다. 대한제국 정부의 고위 관료나 부자들이 일본에서 수입한 인력거를 이용했다. 1890년대 조선 사람들은 인력거를 개화된 세상을 상징하는 '모던'한 교통수단으로 받아들였다. 인력거가 조선에 처음 유입되었을 때, 조선인들은 이를 사람의 힘으로 끈다고 해서 완차腕車 또는 만차挽車라고 불렀다. 1894년 일본인

하나야마花山가 영락정永樂町에 인력거 회사를 차리고 영업을 시작했다. 운행된 인력거는 10대였으며 인력거꾼은 일본인이었다.

조선의 고관대작들은 일본의 새로운 발명품에 환호했다. 그들은 '구시대'의 유물인 가마를 버리고 인력거를 선택했다. 조선에 거주하는 외국인들도 인력거를 애용했다. '개화풍'을 맞은 사람들이라면 으레 인력거를 새로운 교통수단으로 선택했다. 인력거의 수요가 증가하자 조선에서도 마침내 인력거를 제작하려는 움직임이 일어났다. 『대한매일신보』1907년 10월 23일과 26일자 기사에 따르면, 김태진과 한성규가 농상공부의 인허를 받아 '동창사'라는 회사를 설립했다. 이 회사는 마차와 구루마(수레)와 인력거와 자전거를 만들어 각 항구의 노동자들에게 염가로 보급하겠다고 했는데, 그 결과는 잘 알려져 있지 않다.

자가용을 타고 '고고싱'

인력거는 1900년대를 대표하는 '최신' 교통수단이었다. 물론 기차나 전차와 같은 대중교통수단이 없지는 않았다. 하지만 '혼자' 뽐내며 탈 수 있는 최신 교통수단은 인력거밖에 없었다. 인력거가 들어온 지 15년이 지난 1911년 조선에서 운행된 인력거는 1217대였으며, 자동차는 딱 2대가 있었다.

당시만 해도 귀한 손님을 초대할 때면 으레 인력거를 보내는 게 예의였다. 초대받은 손님 역시 이를 반겼다. 인력거는 지금으로 말하면 콜택시에 가까웠는데, '개인 택시'가 아닌 '회사 영업 택시'였다. 그렇지만 이 택시를 사적으로 소유한 사람들도 있었으니 예나 지금이나 돈과 힘으로 무장한 계층이었다. 이들은 인력거 조합의 인력거를 이용하는 게 아니라 거금을 주고 인력거를 구매했고, 출퇴근용이나 자녀의 통학용으로 이용하는 일종의 '자가용'이었다. 자신의 집에 '인력거'가 있고, 그 인력거를 끄는 운전기사인 인력거꾼이 있다는 것이야말로 부와 권력의 상징이었다.

관립한성고등여학교에서는 귀중한 여자라도 인력거를 타고 학교에 가는 것을 금하는 규칙이 있는데, 그 학교 문 앞에 흑의黑衣 입은 구종이 끄는 인력거 두 채씩 날마다 대령하였다. 그 인력거는 하나는 모 대신의 딸이 타고, 하나는 모 대신의 며느리로 정한 여자가 타고 다닌다더라. /「기술한 여학교」,『대한매일신보』, 1908년 9월 25일.

고종이 선포한 일명 '교육입국조서'에도 나오지만 근대 교육의 핵심 중 하나는 상하귀천을 막론하고 누구나 학교에서 교육을 받을 수 있다는 점이었다. 그러나 학교에 다니는 '학생들'의 신분에 상하귀천이 없을 수는 없었다. 시대가 시대였던 만큼 자가용 통학을 하는 고관대작의 자녀들에게 학교의 규칙은 그리 중요하지 않았다. 자가용 통학을 했던 이들에게는 '합비'라는 검은 옷을 입고 자신을 기다리는 운전기사가 있다는 것이야말로 부와 권력의 상징이었다. 겉으로는 상하귀천이 존재하지 않았던 근대식 학교라는 공간 속에서 '너희들은 절대로 내가 속한 사회로 들어올 수 없다'는 '구별 짓기'를 가시적으로 보여주는 것이었다. 이뿐만이 아니었다. 민씨 척족이자 1908년 동양척식주식회사 부총재와 이왕직장관李王職長官을 지냈던 민영기는 자신의 권세를 과시하기 위해 일본에서 직접 수입한 고급 인력거를 타고 다녔다.

　인력거를 사용하는 계층은 분명 한정되어 있었다. 고관대작들이나 일부 부유층, 일본인들이나 기생 등이었다. 지금의 택시처럼 대중적인 교통수단은 아니었던 것이다. 그럼에도 불구하고 인력거는 전차나 버스, 택시가 대중교통수단으로 자리 잡기 전 서울의 골목골목을 활보하던 '새로운' 교통수단이었다. 대한제국 시기 조선인들은 일본의 박래품인 인력거를 최신의 교통수단으로 반겼지만, 한편에서는 '양복 입고, 구두 신고, 지팡이 짚고, 인력거나 타고 다니면 개화한 사람이냐'며 비아냥거렸고, 그렇게 패션으로서의 문명개화를 추종하는 사람들을 '얼개화꾼' 혹은 '겉개화꾼'이라고 비난하기도 했다.

　인력거가 교통수단으로 등장하자 인력거에 대한 법적 제도도 확립되었다. 인력거는 기계가 아닌 인간의 두 다리에 의지해 동력을 얻었지만 엄

1900년대를 대표하는 최신 교통수단으로서 인력거는 당시 부와 권력의 상징이었다.

연한 교통수단이었고, 가끔씩 '교통사고'도 일으켰다. 인력거 삯 때문에 인력거꾼과 승객 사이에 시비가 붙는 일도 끊이지 않았다. 참고로 1908년도 인력거 삯은 4킬로미터에 40전이었다. 1908년 8월 총 28조로 규정된 '인력거 영업 단속 규칙'이 제정되었는데, 여기에는 인력거 회사 영업 규칙 및 인력거 운행 규칙 등이 자세하게 설명되어 있다. 조선 최초의 근대적 교통 법규인 셈이다. 이제 몇 가지 규정을 보기로 하자.

제3조. 18세 이상과 60세 이하 신체 건강한 남자로 한함.

제10조 1항. 인력거꾼은 정결치 못하거나 아름답지 못한 의복은 입지 못함.

제10조 4항. 탈 사람이 청구할 때에 정당한 까닭 없이 거절함이 불가함.

제10조 12항. 한 사람 타는 인력거에 두 사람을 태우든지 두 사람 타는 인력거에 세 사람을 태움이 불가함. 다만 열두 살 못 된 아이는 불관함.

제12조. 거리 모퉁이에서 오른편으로 꺾어 돌아가고자 하는 때는 길게 돌아감이 가함.

제15조. 경찰관서는 매년에 두 번씩(4월과 10월) 거체(인력거)와 부속품과 복장을 검사함. 그 검사를 받지 아니한 자는 영업에 사용치 못함.

제17조. 회사는 인력거 타는 삭전 정한 표를 지어서 철도 정거장과 인력거 주거장과 그 외에 필요한 처소에 개방하여 광고함이 가함.

/「인력거 영업 단속 규칙」, 『대한매일신보』, 1908년 8월 20~26일.

인력거라는 말 대신에 '택시'를 넣는다면 요즘의 규칙과 그리 다르지 않다. 제17조는 마치 국제공항에 붙은 대강의 택시 요금표를 상기하는 것이다. 특히 제10조 4항, 즉 승차 거부는 오늘날에도 잘 지켜지지 않는 고질병이 아닐 수 없다.

사건·사고로 보는 인력거꾼의 일상

인력거는 최신 교통수단이면서 문명개화의 상징이자 부와 권력의 척도였지만, 인력거를 끄는 인력거꾼의 삶은 팍팍하기 그지없었다. 특히 인력거꾼의 일상은 유난히 시대의 부침浮沈에 영향을 많이 받았다. 비록 인력거가 새로운 교통수단으로 각광을 받기는 했으나 대중적인 교통수단은 아니었다. 더욱이 대다수의 인력거꾼은 회사에 고용된 직원이어서 회사와 수입을 나눠 가져야만 했다. 인력거 삯이 투명하지 않다는 이유로 '인력거 규칙'까지 제정했지만, 투명하지 않은 것은 인력거를 타는 손님들도 마찬가지였다.

인력거꾼은 손님들의 횡포에 무방비로 노출되었다. 1907년 11월에는 어떤 일본인이 삯을 달라고 청하는 인력거꾼을 칼로 찌르고 도망친 일이 있었고, 1910년 6월에는 기생을 데리고 청량사로 놀러간 경시청의 간부들이 인력거꾼에게 차비를 주지 않아 인력거꾼이 경시청에 하소연하는 일도 있었다. 어디 이뿐인가. 1910년 3월에는 일진회의 '한일합방청원운동'을 지원한 '국민동지찬성회 회장' 이범찬도 인력거를 타고 삯을 주지 않았다. 이에 화가 난 인력거꾼이 이범찬의 신발을 인력거 삯으로 가지고 가버렸는데, 이 일로 이범찬은 세간의 웃음거리가 됐다.

또한 1907년 통감부에서는 단발령을 선포했다. 가장 먼저 타격을 받은 부류가 인력거꾼이었다. 통감부는 인력거꾼들에게도 단발할 것을 명령했다. 인력거 조합도 통문을 돌려 정책에 따라 단발할 것을 권고했다. 그러나 대다수의 인력거꾼들이 단발을 거부하는 사태가 벌어졌다. 그러자 통감부에서는 단발하지 않은 인력거꾼들의 영업을 정지시켰다. 게다가 저잣거리에서는 조선인 대신 일본인들로 인력거를 대체 운영한다는 말까지 나돌았다. 이에 인력거꾼들은 생계를 위해 어쩔 수 없이 단발을 하고 말았다.

1909년 5월, 당시 경시청 부감副監이었던 구연수가 저녁 무렵에 인력거를 타고 집으로 가고 있었다. 인력거를 몰고 가던 인력거꾼은 옛날 대감 행차 때와 비슷하게 길을 트는 소리를 외쳤는데, 그게 하필이면 일본말이었다. 인력거꾼은 "오이~, 오이~(물럿거라~, 물럿거라~)" 하며 인력거를 힘차게 끌었다. 이때 만취한 김 씨가 갈지자를 그리며 걸어가다가 인력거를 붙들고 인력거꾼에게 호통을 쳤다. 네놈은 도대체 어떤 '인종'인데 일본말을 지껄이느냐는 것이었다. 실랑이가 붙었고, 끝내 경찰이 출동하는 상황에 이르게 됐다. 김 씨는 '교통 방해자'로 처리되어 경찰서로 끌려갔다.

김 씨의 돌발 행동이 경시청 부감이자 훗날 조선인으로서는 최초이자 최후로 조선총독부 경무감을 지내게 되는 구연수를 향했던 것인지, 아니면 시대가 시대이니 만큼 인력거꾼의 '일본말'이 정말로 듣기 싫어서 술김에 나온 행동인지는 알 수 없는 노릇이지만, 인력거꾼을 하대하는 김 씨의 태도는 꼴불견이 아닐 수 없다.

주인을 잘 만나면 주인의 권세에 빌붙어서 자신이 마치 권력의 핵심인 양 행동하는 사람들이 있듯, 인력거꾼 중에도 그런 자가 있었다. 회사 소속이 아닌 고관대작의 '기사'는 쥐꼬리만도 못한 힘을 내세워 행패를 부리기 일쑤였다. 고관대작의 '기사'는 자기 주인의 권세를 믿고 '호가호위'하다가 다음과 같은 대형 사고를 치기도 했다.

> 일전 밤에 궁내부대신 민병석 씨가 자기 별실을 인력거에 태우고 수표교 등지로 가는데 인력거에 불을 켜지 않았다. 그 장내 순사가 인력거꾼에게 불을 켜라고 권고한즉 그 인력거꾼이 제 상전의 세를 믿고 듣지 않았다. 순사가 길을 막으며 책망을 하자 민궁대(민 궁내부대신)가 인력거에서 내려 불문곡직하고 자기 단장短杖으로 순사를 때리는 고로 두어 시간을 서로 힐난하였다. / 「야만의 행위」, 『대한매일신보』, 1908년 10월 25일.

1908년 8월에 제정된 '인력거 영업 단속 규칙' 제10조 9항에 따르면, 야간에는 인력거에 부착된 제등提燈에 불을 켜고 다녀야 한다. 하지만 민병석의 인력거꾼은 이 법규를 위반했고, 이에 경찰이 인력거를 세우고 불을 켜라고 권고한 것이다. 그런데도 한 나라의 장관인 민병석은 법을 어긴 자신의 인력거꾼을 나무라기는커녕 오히려 경찰에게 폭력을 가하고 만다. 기사를 보면 법을 어긴 인력거꾼보다 자신의 권력을 믿고 경찰에게 폭력을 가한

'무법자' 민병석의 행동이 더 사회적으로 문제시되고 있음을 알 수 있다.

재작일 밤에 청년회관 회원 임웅재, 장한준 두 사람이 청년회관에서 사무를 보고 작일 상오 한 시에 집으로 가는데 시장하여 승동 어떤 술집에 들어가서 술을 사먹을 즈음에 어떠한 패류 두 명이 민궁대의 청직이라 자칭하며 무고히 집탈하여 장 씨를 무수히 난타하고 의관을 찢어버렸다. 순사가 경찰서로 그 사람을 잡아다가 사실을 확인한즉 민궁대의 인력거꾼 박봉헌, 기성원이라더라. / 「인력거꾼 행패」, 『대한매일신보』, 1908년 10월 25일.

두 기사를 종합해보면, 민병석의 인력거꾼은 주인의 권세를 이용해 '공권력'은 물론이거니와 평범한 사람들의 일상을 짓밟고 다녔던 '무법자의 망나니들'이었다. 박봉헌, 기성원 중 한 사람이 바로 순사의 명령을 깔아뭉갰던, 그리하여 순사를 민병석의 지팡이에 무수히 얻어터지게 만들었던 그 인력거꾼이었던 것이다.

최신 교통수단을 운전하는 최하층 빈민들

인력거 조합에 소속된 평범한 인력거꾼들의 삶은 고관대작의 인력거를 끄는 인력거꾼의 삶과는 달랐다. 인력거 조합에 소속된 보통 인력거꾼들의 일상은 척박했다. 더욱이 인력거는 매우 비싼 물건이어서 눈독을 들이는 도둑들이 있었고 이따금 인력거를 도둑맞는 일이 생기면 회사의 '재산'을 잃어버린 인력거꾼의 가정은 풍비박산이 났다. 그렇지만 인력거꾼들의 가없고 비참한 삶을 제대로 알아주는 사람은 많지 않았다.

교동 병문 좌편 쪽에 인력거꾼 삼삼오오 대오를 지어 지껄이는 수작 가관일세. 한 작자 하는 말이, 오늘 아침에는 먹을 것이 없어서 여편네 속곳 전당 잡히고 팥죽 두 그릇 사다가 조반으로 에워 먹고 나왔다네. 돈도 요사이에는 어찌도 바싹 말랐는지. (……) 인력거야 하는 소리 전혀 없네. 저녁은 무엇을 먹고 살란 말인가. 우선 여편네 보기 부끄러워 들어갈 수도 없고 들어간들 무엇이라고 말하나. / 「인력거 꾼 수작」, 『서북학회월보』, 1909년 12월.

인력거를 이용하는 고객들은 한정되어 있었다. 지금의 대중교통수단이 아니었기 때문이었다. 1900년대 인력거꾼들의 삶에는 힘들다고 해서, 또 '최저 생계비'에 못 미치는 벌이를 하고 있다고 해서 정부가 지원해주는 보조금도 없었고, 그렇다고 회사가 자신들의 '이윤'을 줄여가며 고용된 인력거꾼들의 생계에 보탬을 주지도 않았다. 회사는 자신들의 이익을 불리느라 바빴고, 노사 간 '상생'이란 말은 그 어떤 사전에도 없었다. 그렇다고 해서 세상의 인심이 그들의 처지를 이해해주는 것도 아니었다. 인력거꾼과 막벌이꾼은 언론의 뭇매를 맞기도 했는데, 그건 그들의 '게으름'(?) 때문이었다.

근일에 가로 상에서 인력거꾼과 막벌이꾼들이 여름의 곤뇌困惱(가난 따위에 시달려 고달픔)를 이기지 못하여 낮잠을 자다가 순사에게 발로 차이고 뺨도 맞으며 군도 등으로 얻어맞았다. 이에 놀라서 병이 됐다고 칭원稱冤(원통함을 이야기 함)한 자가 있다. 이것은 맞아서 병든 것이 아니라 잠병이 든 것이니 때려서 깨워주는 것은 도리어 고마운 일이라. 독한 약이 입에는 써도 병에는 이로우니 남을 칭원 말고 내 몸을 칭원하시라. / 행로인行路人, 「투서」, 『대한매일신보』, 1909년 7월 7일.

인력거꾼도 노동자고, 막벌이꾼도 노동자다. 이들이 과연 한여름의 무더위 때문에 낮잠을 자고 있었던 것일까. 1900년대는 '개화·계몽'의 시대였다. 인민들의 몸과 마음을 모두 서구식이자 근대적인 표준에 맞춰 '개조'하려는 움직임이 대세인 시대였다. 계몽 지식인들은 조선인들의 가장 큰 '병폐' 중에 하나가 '게으름'이라고 생각했다. 게으름의 척결이야말로 쓰러져가

1920년대에는 가히 인력거의 전성시대라고 할 만큼 그 수가 늘어났지만 인력거꾼의 삶은 여전히 척박했다.

는 조선을 '문명부강文明富强'한 나라로 탈바꿈할 수 있는 지름길이라고 계몽 지식인들은 믿었다. 그런 시대였으니 대낮에 한가롭게 낮잠을 자는 최하층 인민들의 모습이 좋게 보였을 리 있었겠는가. 그러나 그들이 잠을 잘 수밖에 없었던 이유는 '게으름'도 '무지'도 아닌 다른 데 있었다. 힘겨운 일상, 열심히 일해도 겨우 입에 풀칠이나 할 정도의 '일급', 그나마도 일거리가 없으면 하는 수 없이 주린 배를 끌어안고 지친 삶의 피난처인 잠 속으로나 빠져들 수밖에.

이는 1900년대의 상황만은 아니었다. 인력거의 전성기였던 1920년대에도 마찬가지였다. 1923년 인력거는 총 4600여 대였다. 자가용 인력거도 증가했다. 1924년 자가용 인력거는 1500여 대였다. 경성 시내에서 운행된 영업용 인력거와 자가용 인력거 수는 총 1997대였다. 가히 인력거의 전성 시대라고 말할 수 있었지만, 인력거꾼의 삶은 1900년대 초반이나 별반 달라진 것이 없었다.

중학교 '국어' 교과서에 실려 있는 현진건의 「운수 좋은 날」(『개벽』, 1924년 6월)의 인력거꾼 '김 첨지'를 기억하는가. 한 집안의 가장인 김 첨지의 삶은 너무나 비참했다. 열흘 동안 한 푼도 벌지 못한 김 첨지와 그의 아내는 겨우 조밥으로 하루하루를 연명해간다. 세 살배기 개똥이는 어미의 젖을 힘껏 빨아보지만 젖이 잘 나올 리 만무하고, 달포가 넘게 콜록거리는 아내에게는 약 한 첩 써보지 못했다.

그러던 어느 날이었다. 비가 추적추적 내리고 있었다. 인력거를 끌고 나간 김 첨지는 아침 댓바람부터 저녁까지 30원이라는 거금을 번다. 설렁탕 국물이 먹고 싶다는 아내에게 '오라질 년'이라 욕하며 뺨을 갈기고 나오고서도, 막상 돈이 생기니 병석에 누워 있는 아내의 모습과 아내가 그렇게 먹고 싶다던 설렁탕 생각이 났다. 김 첨지는 횡재한 김에 술도 한잔 걸친다. 얼큰하게 취한 김 첨지는 아내를 위해 설렁탕을 사서 잰걸음으로 집으로 돌아간다. 그러나 김 첨지를 기다리고 있는 건 죽은 아내와 죽은 어미의 빈 젖을 빨고 또 빠는 개똥이뿐이었다. 김 첨지에겐 억세게 '운수 좋은 날'이 또한 억세게 '운수 옴 붙은 날'이었던 것이다.

현진건은 김 첨지를 통해 1920년대 인력거꾼, 더 넓게는 최하층 빈민의 전형적인 삶을 그려냈던 셈이다. 그런데 김 첨지가 척박하고 비참한 삶을 살 수밖에 없었던 이유는 단지 조선이 일본의 식민지였기 때문만은 아니었다. 그것은 인력거꾼을 고용하는 자본가, 경성의 대중교통 정책, 기술의 진보에 따른 교통기관의 발달 등의 문제가 복합적으로 작용한 결과였다.

1922년 11월, 단결하라! 인력거꾼이여!

열흘 만에 기똥차게 운이 좋았다가 만 인력거꾼 김 첨지와 그의 동료들의 삶은 가난과의 처절한 싸움이었다. 1920년대 식민지 조선의 경제는 어려웠다. 인력거꾼 김 첨지뿐만이 아니라 식민지 조선에 살고 있는 '서민'들의 삶은 대개 궁핍한 것이었다. 이때 마침 식민지 당국은 '어려운 서민들을 위한' 물가 안정책을 내놓았다. 2008년이었던가. 기획재정부가 '가격 집중 관리 대상 52개 생필품 리스트'를 작성해서 물가를 잡고, 서민들의 생활을 안정시키겠다고 공언했던 기억이 난다. 식민지 당국의 정책도 바로 그런 취지에서 나온 것이었다.

> 경기도 경찰부에서 시내 각 경찰서장을 모아서 의논하였다 함은 이미 보도한 바이다. 의논한 결과 각 경찰서장은 각 영업자 조합의 조합장과 교섭하여 여러 가지 물가를 내릴 터이라고 한다. 제일 먼저 시작할 것은 목욕비와 이발료와 인력거 삯이라는데 (……) 인력거 삯은 이전 삯전보다 대략 십분의 이 가량 내리게 할 계획인데, 이것은 경찰 당국의 의견이라. /「경찰이 조합 측에 교섭」, 『동아일보』, 1922년 11월 5일.

물가를 잡겠다고 나선 식민지 당국이 한 일은 최하층민의 경제적 터전을 단속하는 일이었다. 물론 인력거 삯에 대한 시시비비가 많았던 것도 사실이다. 일부 인력거꾼들은 손님들에게 바가지요금을 청구해 승객들의 원성이 자자했다. 식민지 당국의 입장에서는 '교통비'를 내려 물가를 잡겠다는 것이었지만, 가뜩이나 생계가 어려웠던 인력거꾼들의 원망은 하늘을 찌를 듯했다.

1920년대가 인력거의 전성시대였으니 만큼, 인력거를 이용하는 사람들이 늘었던 것은 사실이다. 그러나 인력거 운영을 통해 막대한 이익을 취한 이들은 영업주들이었지 인력거꾼들이 아니었다. 인력거 삯을 인하한다는 당국의 결정을 알게 된 인력거꾼들은 동요하기 시작했다. 1922년 11월 19일 오전 11시, 수백 명의 인력거꾼들이 집합했다. 당국의 정책에 대응하기 위해서였다.

11월 21일 오후 1시 조선인 측 인력거꾼 대표 두 명과 일본인 측 인력거꾼 대표 두 명이 충무로 경찰서에 출두하여 자신들의 의견을 제출했다. 첫 번째 의견은 당국에서 정한 인력거 삯 인하율이 너무 가혹하니 조금만 인하하자는 것이었다. 두 번째는 영업주와 인력거꾼의 배분율을 조정해달라는 것이었다. 그동안 영업주와 인력거꾼의 이익 배분율은 일본인 영업주 밑에서 일할 경우 일본인 영업주 대 일본인 인력거꾼은 10대 7, 일본인 영업주 대 조선인 인력거꾼은 10대 6이었다. 조선인 영업주와 조선인 인력거꾼의 이익 배분율은 5대 5였다. 특히 조선인 인력거꾼에 대한 일본인 영업주의 차별은 심각한 문제로 대두됐다. 조선과 일본의 인력거꾼 대표들은 이 의견을 경찰서에 제출했다. 그러나 이들의 의견은 철저히 묵살되었다.

1922년 11월 22일 동이 텄다. 오전 7시 무렵 충무로 낭화좌浪花座에 300여 명의 인력거꾼이 모여들었다. 이들은 인력거 삯 인하 반대와 영업주와의 이익 분배 개선을 위한 모임을 가졌다. 21일 경찰서에 제시한 자신들의 의견이 묵살되자 '동맹 파업'을 단행하기 위해서였다. 오전 9시부터 인력거꾼들은 동맹 파업에 돌입했다. 경성의 모든 인력거를 멈춰 교통의 '패닉 상태'를 만드는 것이 이들의 목적이었다.

오전 9시면 경성 시민들이 출근할 시간이었다. 인력거꾼들이 동맹 파업에 돌입하자 경성의 남부 지역 교통은 거의 공황 상태에 빠졌다. 인력거

대신 전차를 타고 출근하기도 했지만, 전차의 운행만으로는 경성 사람들의 교통량을 감당하기에 역부족이었다.

인력거꾼들은 자신들과 영업주의 이익 분배를 8대 2로 하자고 강력하게 주장했다. 또한 일본인 인력거꾼과 조선인 인력거꾼의 차별 철폐도 주장했다. 동맹 파업이 진행되는 과정에서 인력거꾼들은 자신들의 주장을 관철하기 위해서는 조직이 필요하다는 사실을 절실히 느꼈다. 그래서 '인력거꾼 조합'을 결성하고 조합장과 부조합장을 선출했다.

경찰서에서는 정복 경찰과 사복 경찰을 파견하여 이들의 행동을 예의 주시했다. 만에 하나 벌어질 수 있는 폭력 사태를 예방하기 위해서였다. 당국의 입장에서는 근래 들어 처음 일어난 일인 인력거꾼들의 동맹 파업에 긴장의 고삐를 늦출 수 없었다. 오전 11시 인력거꾼들은 인력거 영업주와 인력거꾼 모두와 아무런 관계가 없는 인물을 선택하여 조합장과 부조합장을 선출하고 40여 명의 평의원도 뽑았다. 오후 1시부터 현안에 대한 심도 깊은 논의가 진행되었다. 식민지 조선의 인력거 영업 제도와 이익 분배 문제를 해결하기 위해서였다. 이를 위한 논의 과정에서 일본의 인력거 영업 제도를 구체적으로 조사해야 한다는 의견도 나왔다.

사태가 커지자 당국은 인력거꾼의 이익을 위해 적극 협조하겠다고 발표했다. 내지, 즉 일본의 인력거 영업 제도를 조사해서 식민지 조선에도 반영하겠다는 것이었다. 그렇지만 당국이 인력거꾼의 이익 분배 문제에 개입할 수 있는 법적인 근거는 없었다. 영업주들은 인력거꾼들에게 인력거를 끌고 싶으면 끌고, 그렇지 않을 경우 그만두라는 식으로 강경하게 대처했다. 이런 상황에서 불상사도 일어났다. 동맹 파업에 참가하지 않고 운행을 강행했던 인력거를 부수는 일이 벌어졌던 것이다. 인력거에 타고 있던 손님도 부상을 입었다.

그러나 경성을 단숨에 전복할 것 같았던 인력거꾼들의 동맹 파업은 싱겁게 끝나고 말았다. 하루 벌어 하루 사는 인력거꾼들은 당국의 '호의적'인 태도와 '인력거꾼 조합'이 앞으로 벌여나갈 협의를 믿고 자진 해산했다. 인력거꾼들은 23일 오후, 다시 영업을 시작한다. 하루라도 영업을 하지 못할 경우 자신들에게 닥칠 경제적 곤궁함 때문이었다. 그렇다고 동맹 파업이 아무런 성과가 없이 끝난 것은 아니었다. 1922년의 경험은 훗날 1924년에 이르러 미약하지만 꽃을 피운다. 1924년, 경성 시내 인력거꾼 600여 명이 모여 자신들의 친선과 이익과 권리를 위해 '조선노동친목회'를 조직하기에 이른 것이다.

인력거를 위협하는 삼각 편대

1925년 새해가 밝았다. 새해에는 누구나 모든 일이 좀 더 잘 되기를 기원한다. 신문은 '유명한' 사람들의 새해 '덕담'이나 소망을 기사화한다. '유명한' 사람들의 이야기만이 아니라 각계각층의 '보통 사람들'의 이야기도 싣는데, 유명인들의 이야기로만 기사를 채우는 것은 '친親 서민' 정책에 어긋나는 일이기 때문이다. 나름의 '구색 맞추기'인 셈이다. 1920년대 사회도 지금과 별반 다르지 않았다. 새해가 밝아오자 기자들은 거리로 나가 '서민들'의 이야기를 취재했다. 남대문 밖에서 인력거를 끄는 김만복도 그중 한 명이었다.

잡지 『개벽』의 기자는 빈 인력거를 끌고 가는 젊은이를 만났다. 이름은 김만복이었다. 이런저런 얘기 끝에 기자는 만복 씨에게 몇 가지 질문을 했다. "하루 얼마나 수입이 되오?", "불만은 없느냐?", "괴롭지 않으냐?", "아니꼬운 꼴이 많겠지." 기자의 속사포 같은 질문에 만복 씨는 태연하게 "그저 참지요"라고 말한다. 그러자 기자는 좀 더 친근한 말로 만복 씨를 위하는 척하며 좀 더 구체적으로 세상에 대한 불만과 새해 희망을 얘기해보라고 한다. 만복 씨는 좀 더 '길게' 얘기를 늘어놓는다. "세상에 참 별 양반 많습지요. 실컷 부려먹고도 욕하고 눈 흘기고 그러지요." "그러나저러나 타기만 하면 그만이에요."

얄미운 기자의 말에 순진하게 대답을 한 인력거꾼 김만복의 새해 소망은 과연 이루어질 수 있을까? 손님이 많았으면 좋겠다는 것은 장사나 영업을 하는 '보통 사람들'의 아주 작지만 절실한 소망이었고, 김만복의 새해 소망도 그랬다. 그러나 시대의 분위기는 그의 새해 소망을 '배신'하는 쪽으로 기울어가고 있었다. 자동차의 물결이 인력거꾼의 생존을 위협했던 것이다.

전 세계는 자동차 황금시대를 맞이했다. 이 덕인지 몰라도 조선에도 웬만한 시골만 가보면 대개 비루먹은 당나귀 같은 낡은 포드차가 몇 대씩은 털털거리며 다니고, 서울만 해도 총 수효가 700~800대 되는 모양이다. (……) 1원 택시, 80전 택시가 그야말로 가두로 진출하자 지금의 자동차 타기는 옛날에 인력거 타기보다 (……) 그만큼 민중화한 셈이다. 요즘 자동차의 삼촌쯤 되는 버스라는 큼직한 친구가 나타나서 경성전기회사의 수입을 나누어 먹고 있다. (……) 그뿐 아니라도 도라꾸(트럭)라는 큼직한 친구가 있어 경성 시내에 있는 200여 대의 달구지의 밥그릇을 위협하고 있다. /「자동차 홍수 시대」, 『중앙일보』, 1931년 12월 18일.

오비이락烏飛梨落이라고 해야 할까. 동맹 파업이 끝나고 곧 해가 바뀌어 1923년이 됐다. 평양에도 드디어 전차가 개통됐다. 평양의 인력거꾼들은 울상을 지었다. 대도시를 중심으로 전국적으로 전차가 보급되었다. 그럴수록 인력거꾼들의 삶의 터전은 점점 더 사라져갔다. 또한 경성에서는 일본인들이 중국인 마부를 고용하고 마차 30대를 들여와 영업 허가를 받았다. 인력거보다 저렴한 요금을 무기로 '쌍두마차'가 손님들을 모으기 시작했다. 인력거꾼들은 중국 마차의 영업 허가를 취소시키기 위해 노력했으나 뜻대로 되지 않았다. 설상가상으로 경성을 기준으로 1920년에 91대였던 전차는 1925년에 이르자 123대로 32대나 증가했다. 전차만 증가한 것이 아니라 도심의 주요한 상권마다 전차의 신설 노선이 생겨났다. 5전만 내면 탈 수 있는 전차는 이제 경성 사람들의 발이 되었다. 1920년 6만 1405명, 1925년 9만 1636명, 1935년 15만여 명이 하루 동안 전차를 이용했다.

1928년에는 7전짜리 버스가 운행되었다. 시내 균일 1원짜리 택시도 등장하여 인력거꾼들의 생계를 위협했다. 경성 시내 평균 요금이 50전 정도였던 인력거에 비해 택시가 비싸긴 했지만, 택시를 타는 특별한 매력을 인력거는 따라갈 수 없었다. 한때 인력거를 이용했던 '모던 보이'와 '모던 걸'들도 등을 돌려 자동차를 애용하기 시작했다. 특히 1931년 택시 요금이 시내 균일 80전이 되자 인력거는 점점 구시대의 퇴물로 전락하고 말았다. 1929년 경성의 인구는 39만여 명이었다. 이 중에서 11만 명이 전차를, 1만 명이 버스를 이용했다. 이러한 상황을 인력거꾼은 그저 바라볼 수밖에 없었다. 여전히 인력거를 자주 이용하는 단골 고객이 있기는 했지만, 기생이나 왕진 가는 의사 정도였다. 택시에 밀린 인력거는 이제 구시대의 유물로 전락한 것이다.

"자동차 바람에 골탕 먹은 것은 저희들뿐이죠!"

낮잠을 자다 일어난 ××조組 인력 거부가 긴 한숨을 쉬며 말머리를 내민다.

"그래도 지금 수입이 상당히 있습니까?"

"그놈의 자동차가 우리를 죽인 셈이죠."

"손님이 아주 없습니까?"

"그야 아주 없으면 살겠어요! 그저 한탄만 납니다. 자동차! 그놈의 자동차! 흥, 그것두 자동차를 한 번 타려면 '5원 입쇼, 6원 입쇼' 하던 철만 해도 우리들이 괜찮았지만 서울에 택시가 생겨서 80전을 내붙이고 난 뒤에는 아주 우리가 망해버렸어요."

"그럼 요즘은 어떤 사람이 많이 타요?"

"기생이죠! 그렇지만 기생은 요리점 전속 인력거가 있으니까 두루 우리는 술 취한 손님이나 혹시 병자나 태우게 되니까 어디 그리 수입이 많습니까?"

"……."

/「자동차는 우리의 적—패배자의 석일몽昔日夢」, 『조광』, 1935년 10월.

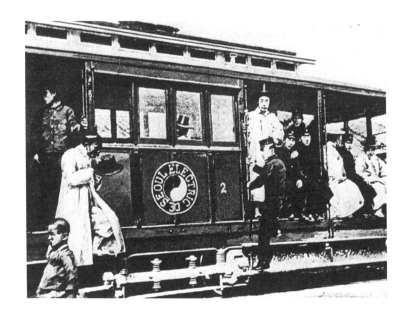

1920년대 중반 전차가 보급되면서 인력거꾼은 구시대의 유물로 전락되고 만다.

자동차가 생기고, 버스가 생기고, 전차가 늘어나고, 거기에다 경성의 도로
도 새로 정비되었다. 1930년대 식민지 조선에서 살았던 모던 보이와 모던
걸들은 '스피드'에 열광했다. 바야흐로 스피드의 시대가 도래한 것이다. 인
력거를 타고 스피드를 즐긴다는 것은 어불성설이었다. 인간의 다리가 가
솔린 엔진을 따라갈 수는 없었다. 한때 최신 교통수단이었던 인력거는 택
시, 버스, 전차와 같은 더 진보한 교통수단에 밀렸다. 거기에다 길까지 좋
아졌다. 좁은 골목들이 조금씩 사라져 자동차가 다닐 수 있는 길이 됐다.
길이 좋아지자 자동차나 버스, 전차의 승차감이 덩달아 좋아졌다. 인력거
는 자동차, 버스, 전차의 승차감을 도저히 따라갈 수가 없게 됐다. 이제 앞
에서 이 서방이 100만 원이 생기면 경성 시내의 모든 자동차를 사서 다 부
숴버리겠다고 한 말을 이해할 수 있을 것이다. 산업혁명 이후 기계 파괴 운
동(러다이트 운동)을 벌인 영국 노동자들의 심정이 이들과 비슷하지 않았
을까.

　1928년 버스와 택시가 경성의 거리를 지배해갔다. 인력거는 자동차
와 버스와 택시의 파상 공세에 맥없이 무너지고 말았다. 1928년부터 약
5년간 1000여 명의 인력거꾼들이 자의 반 타의 반 직장을 떠나야만 했다.
인력거꾼을 그만두고 다시 시작할 수 있는 일은 그리 많지 않았다. 1933년
2월 17일자 『동아일보』의 기사 「자동차 등쌀에 인력거 수난, 세상은 속력
을 요구한다」를 보면, 1928년 인력거 수는 총 1281대였다. 1932년에 이르
면 222대로 약 1000대가 줄어든 것을 알 수 있다. 인력거 끄는 일을 그만
두고 이들이 선택한 직업은 대부분 남의 집 행랑살이나 날품팔이였으며,
착실하게 돈을 좀 모은 인력거꾼들은 군고구마 장사로 생계를 꾸려갔다.

　인력거와 인력거꾼의 전성시대는 자동차의 전성시대에 밀려 시대의
낙오자로 시대 뒤편으로 점점 사라져갔다. 인력거꾼의 힘찬 두 다리에 의
지해서 도시화된 경성을 돌아다니던 사람들에게 더 이상 인력거꾼의 힘찬
두 다리는 필요하지 않았다. 가솔린 엔진을 장착한 네 바퀴 탈것이 경성을
지배해갔다. '네 바퀴'가 '두 바퀴'를 몰아낸 것이다.

고급 차가 줄을 지어 흘러다니는 서울 거리 한복판에 '세기의 유물'인 인력거가 건재. (……) 타는 손님은 예전 같으면 으레 '기생' 아가씨들이건만 요즘 등장한 밤거리의 '인력거' 기다리는 손님은 오직 '놈팡이'들. 그리고 가는 곳은 '인육시장'. 이래서 이 '세기의 유물'은 밤거리 '홍등가'의 총아인 양 재롱을 부리고 그대로 '윤락'과 '사회악'의 상징. 혼탁한 이 사회의 갖은 추악과 더불어 세기의 유물 인력거여! 한시바삐 우리들 눈앞에서 사라지사이다! / 「'전前세기의 유물' 건재—사회악으로 타락한 인력거」, 『동아일보』, 1955년 5월 22일.

1928년부터 인력거와 인력거꾼은 점점 감소하기 시작했다. 그러나 인력거꾼들의 생존 본능은 질기고 질겨 1960년대 후반까지 그 명맥을 이어갔다. 그저 명맥만 이어갔을 뿐이었다. 70여 년의 역사를 지닌 인력거와 인력거꾼에 대한 평판은 돌이킬 수 없을 정도로 나빠져 있었다. 인력거꾼은 마치 홍등가의 '삐끼'처럼 취급받았고, 이 땅에서 영원히 추방당해야 할 존재로 비춰졌다. 인력거와 인력거꾼이 사라진다고 홍등가가 문을 닫을 리 없었다. 홍등가를 만들어내고 지속시키는 '보이지 않는 손'은 따로 있지 않겠는가. 그런데 애꿎은 인력거꾼, 힘없는 인력거꾼만 지탄을 받았다. 마침내 1969년 인력거는 택시에 밀려 더 이상 영업을 하지 못하게 되었으며 진정 '세기의 유물'로 사라지게 된다.

가난을 대물림할 수는 없다, 그래서 배워야 한다!

직업에 귀천이 없다지만 엄연히 사회적으로 귀천은 존재했고, 가난에 죄가 없다지만 곤궁함은 '죄'가 되기 일쑤였다. 인력거꾼은 사회적으로 천대받는 직업이었고, 가난한 부류였다. 하지만 모든 부모가 그렇듯이 인력거꾼들도 자신의 천한 직업과 가난을 자식들에게까지 대물림하지 않기 위해서 온갖 노력을 다했다. 그 첫째가 바로 '공부'다. 세계 최고의 교육열은 바로 이때 빛을 발하기 시작했다.

1924년 인력거꾼 3000여 명이 뜻을 같이했다. 김만수를 중심으로 '경성차부협회'를 조직한 것이다. 회원으로 가입한 인력거꾼들은 매달 20전씩 돈을 모았다. 그들에게는 꼭 하고 싶은 일이 있었다. 희망찬 미래를 설계하고 싶었다. 인력거꾼들은 매달 20전씩 모은 돈으로 학교를 설립했다. '대동학원大東學院'이었다. 드디어 인력거꾼 자제들의 배움터가 생겼다. 인력거꾼들은 자신들은 비록 천대받는 직업에 종사하지만, 자신의 자식들만큼은 열심히 공부해서 훗날 '훌륭한' 사람이 될 것이라는 희망으로 인력거를 끌고 또 끌었다.

모든 것이 잘 돼가는 것 같았다. 학교는 점점 번창해갔다. 그런데 불상사가 생기고 만다. '경성차부협회'가 사분오열되었다. 그리하여 매달 45원씩 내는 교사校舍 임대료를 지불하지 못하게 되었고, 집주인은 학교의 문을 봉쇄하고 학교의 물건을 전부 차압했다. 학생도 선생도 학부모도 울었다. 아무도 도와주는 이 없었다.

이때 기생들이 움직였다. 인력거를 가장 많이 애용했던 기생들이 인력거꾼들의 사정을 듣고 도움을 준 것이었다. 한성권번, 조선권번, 대정권번, 한남권번, 대동권번에 속해 있는 700여 명의 기생들이 합심하여 다섯 차례의 후원 연주회를 열었다. 대성황이었다. 기생들은 연주회 수익과 자신들이 힘겹게 번 돈을 십시일반 모았다. 그 총액이 3300여 원이나 되었다. 기생들은 이 돈으로 인력거꾼들이 세운 대동학원을 후원했다. 기생들이 모아 건넨 돈으로 대성학원은 다시 일어설 수 있었고, 꺾일 뻔한 인력거꾼들의 희망도 다시 날개를 펼 수 있게 됐다.

힘들고 고된 삶을 살아가는 사람들의 처지는 힘들고 고된 삶을 살아본 사람들만이 아는 것일까. 사회적으로 '천대'를 받았던 인력거꾼의 어려움을 알아차리고 따뜻한 손길을 내민 것은 또 다른 '천대'와 '멸시'를 받으며 웃음을 팔아야 했던 기생들이었던 것이다.

7 러시아워의 스피드 메이커, 여차장

나의 '아이보리' ×××차고車庫 구루마 No. 3! 구루마는 멈추지 않고 페이브먼트 pavement 위를 달리고 있다. 서대문에서 광화문! 그리고 종로! 스톱! 오라이! 구루마가 정거장에 머물 때마다 나는 앵무새와 같이 꼭 같은 말 구절을 몇천 번이고 반복한다. (……) 밀려 내리는 사람들! 그리고 밀려 욱 하고 떠밀고 오르는 군중! 만원이 된 구루마 안은 잔뜩 달은 한증막과 같이 확확 증기가 가슴에 안겨온다! / ×××차고車庫 박순자朴順子, 「뻐스 껄의 생활기」, 『제1선』, 1932년 8월.

신경쇠약에 걸린 경성

식민지 경성을 점령한 것은 '소리'였다. 여차장의 '고, 스톱, 오라이!', 전화 교환수의 '하이, 하이, 난방!', 자동차의 '빵빵, 뿡뿡!' 등. 소리와 소음의 아수라장으로 변한 '대경성'의 모습을 '쌍에스생', 요즘말로 풀이하면 '더블에스 생'은 이렇게 그려내고 있다.

뿌~웅 뿌~웅 까르르르~ 뿌~웅
먼지를 연기같이 일으키면서 진흙 묻은 자동차와 기생 태운 서울 자동차가 엇바뀌어 지나가는가 하면 탁 탁 탁 탁 탁. 큰일이나 난 것처럼 자동자전거가 눈이 뒤집혀 닿는다.
와지직 와지직 낄 낄 와~ 와~ '집마차'
덜거덕 덜거덕 어라 이놈의 소야 '소구루마'
뿡~ 뿡~ 기생 탄 인력거 텁석부리 '인력거'
따르릉 따르릉 아차차 자전거가 어린애를 치고 쓰러졌다.
땡 땡 웅~ '아이고 나 좀 내려주셔요'
쩔~렁 쩔~렁 어서 가~ 이놈의 소야 '나뭇바리'
저벅 저벅 저벅 '중학생'
짜박 짜박 짜박 '송곳 굽 구두'

깨육 깨육 깨육 딱~ 딱 '모던 보이 지팡이 소리'
날마다 아침부터 밤중까지 이 요란한 속에서 눈을 핑핑 돌리면서도
그래도 신경쇠약을 부르지 못하는 교통 순사야말로 건강하다면 굉
장히 건강한 몸이요, 불쌍하다면 굉장히 불쌍한 신세지.
/ 쌍에스생双S生,「대경성 광무곡大京城 狂舞曲」,『별건곤』, 1929년 1월.

식민지 경성은 이미 대도시였다. 1920년대 '경성'은 1900년대 '한성'과는 여러 면에서 달랐다. '한성'을 기억하는 사람들에게 '경성'은 별천지였다. 식민지 근대화의 깃발이 펄럭거리며 휘날릴수록 한성의 옛 자취는 점점 사라져 갔다. 경성의 도시 계획은 조선총독부라는 '절대 권력'의 독단에 의해 일방적으로 결정되고 추진되었다. 이 과정에서 조선의 역사적 유산은 무시되거나, 방치되거나, 말살되었다. 그것은 식민지 정책의 당연한 귀결이었는지도 모른다. 한성의 모습을 지우고 '식민 수도' 경성으로 탈바꿈시키려는 조선총독부의 야망. 서구 제국의 대도시와 같은 휘황찬란한 제국의 도시를 만들고 싶은 '절대권력'의 야망은 경성을 기형적인 공간으로 탈바꿈시켰다.

조선총독부가 디자인한 경성의 공간 구조는 식민지 통치의 효율성을 극대화하는 데 초점이 맞춰져 있었다. 더불어 경성의 도시 계획은 식민지 조선의 권력들, 즉 일본인들의 상업 활동과 생활의 편의성을 도모하는 방향으로 전개되었다. 간선 도로망을 중심으로 한 도시 경관 정비사업 역시 마찬가지였다. 조선총독부가 추구하는 '디자인 경성'에는 시민들의 자율성을 담보해줄 만한 공공 공간이 들어설 자리는 존재하지 않았다.

조선총독부는 도로를 갈아엎고, 가로수를 심고, 랜드마크로 삼을 만한 건물을 지었다. 자동차, 전차, 버스가 정신없이 오갔다. 백화점이 생기고, 극장이 문을 열고, 카페의 화려한 네온이 번쩍거리고, 놀이공원이 들어섰다. 시내의 상가에는 사람들로 붐볐다. 일부 사람들은 대도시로 탈바꿈해가는 경성의 모습을 보며 이것이야말로 근대의 '진보'이자 '발전'이라고 믿었다.

약 1년 반 만에 세계 도시행진 행렬의 맨 꽁무니를 비청거리면서 쫓
아가는 가련한 경성의 한복판. / 김기림, 「에트란제의 제일과第一課
(1)」, 『중앙일보』, 1933년 1월 1일.

조선의 서울도 요즘 와서 어지간히 모던 외입쟁이가 되어간다. 다른
것도 그렇지만 교통기관이 날로 발달되어가는 것만 보아도 물론 누
구들 손으로 누구들의 편의를 위하여 그러하다는 것은 여기서는 문
제 외로 할 수밖에 없다. / 「대경성의 숫자 행진數字行進 (1)—교통기관
편」, 『중앙일보』, 1931년 12월 15일.

근대주의자들에게 식민지 경성의 대도시화는 진보이자 발전의 상징이었
다. 그렇지만 김기림은 대도시로 탈바꿈하는 경성의 변화를 세계 도시 행
렬의 맨 꽁무니를 쫓아가는 '가련한' 일이라고 말했다. 또한 『중앙일보』의
기자는 식민지 경성의 변화를 '모던 외입쟁이'라는 조롱 섞인 말로 표현했
다. 이는 식민지 경성의 대도시화가 내적인 성장을 무시한 채 가시적인 성
과만을 추종하는 세태에 대한 비판이었다. 서국 제국의 대도시를 '모방'하
려는 뒤틀린 욕망이 경성을 기형적인 도시로 탈바꿈시키고 있었던 것이다.
　　호불호를 떠나 경성의 변화는 현기증을 일으킬 정도로 빠르게 진행
되고 있었다. 그렇다면 1900년대 경성, 아니 '한성'의 모습은 과연 어땠을
까. 당시의 유명한 언론인이었던 유광렬柳光烈은 1900년대 한성의 모습을
이렇게 회상한다.

낮에 길거리에 나가면 좁은 골목 음식집에서 국 끓이는 냄새, 안주
굽는 냄새가 코를 찌르고 (……) 약방에서는 갓을 쓴 양반들이 한가
로이 장기를 둔다. (……) 낮이면 길거리에는 지금 많이 다니는 자동
차는 한 대도 더 볼 수가 없고 간간이 자전거가 다니어도 그리 흔하
지 못하였다. (……) 밤이 되면 한없이 길게 뚫린 좁은 골목은 캄캄
해진다. 가끔 한데로 뚫린 아궁이에 장작 집어넣고 불 때는 것이 장

1920년대에 버스가 거리를 지배하면서 새로운 직업이 떠오르는데 일명 '뻐스 걸'로
불리는 여차장이었다.

인의 눈동자같이 뚜렷뚜렷하게 보였다. 남폿불을 켜고 방에 앉으면 어디서 불어오는지 멀리서 부는 호적 소리가 장안만호천문長安萬戶千門 근심 있는 사람들의 가슴을 두드린다. / 유광렬, 「대경성 회상곡」, 『별건곤』, 1929년 1월.

유광렬이 회상하는 한성은 느리지만 여유롭고 인간의 온기가 아궁이의 연기처럼 온 동네를 휘감고 있는 한 폭의 수묵화와 같은 정적인 풍경이다. 물론 유광렬이 묘사한 한성의 풍경은 1920년대 대도시 경성의 풍경을 거울로 삼았을 때 도드라진 풍경이다. 어쩌면 유광렬이 회상하는 한성의 모습은 이제는 사라지고 잊혀져가는 것들에 대한 향수가 동원되어 재구성된 '풍경'이며, 이는 그만의 내면의 이미지일지도 모른다. 좁고 캄캄한 골목, 아궁이불, 남폿불, 한가롭게 장기 두는 일 등등. 사실 유광렬이 열거한 '사라져간' 한성의 풍경들은 1900년대 조선의 지식인들에게는 '사라져야만 할' 풍경들이었다. 1900년대 조선의 지식인들은 유광렬이 그리워하는 한성의 모습이야말로 서구의 근대적 문명에 뒤처진 '미개한 풍경'으로 판단했기 때문이었다.

　1900년대 조선의 지식인들이 비판했던, 개화의 '은택'을 받지 못했던 풍경들이 1920년대 식민지 조선의 지식인 유광렬에게는 한없이 정감 있고 향수 어린 풍경으로 재구성되었다. 그만큼 1920년대 식민지 조선의 경성은 초스피드로 '개발'되고 있었고, 그 개발의 흐름에 동참하지 않고서는 생계를 유지하기도 어려웠으며, 대도시에서 한가로운 삶의 여유로움을 찾는다는 것은 곧 경쟁에서 도태되었음을 뜻하는 것이기도 했다.

　앞의 '쌍에스생'이 쓴 「대경성 광무곡」은 유광렬의 「대경성 회상곡」과 같은 잡지의 목차에 나란히 표기된 글이다. 유광렬이 20여 년 전 한성의 풍경을 묘사했다면, 쌍에스생은 당대의 경성 풍경을 스케치했다. 1920년대 경성의 도시 풍경은 동적이다 못해 정신을 차릴 수 없을 정도로 혼잡하고 어수선하며 자극적이다. 이처럼 요란한 대도시 경성에서 교통 순사만 신경쇠약을 걱정할 처지는 아니었다. 하루하루가 바삐 돌아가는 세상, 정적이고 느린 것은 퇴보로 비난받았던 시대인 1920년대. 식민지 조선의 경성에서 산다는 것은 식민지 근대화의 산물인 속도와의 전쟁을 치러야만된다는 것을 뜻했다. 속도와의 전쟁 속에서 몸부림쳐야만 했던 경성 사람들의 러시아워를 책임졌던 버스 여차장 역시 신경쇠약으로부터 자유롭지못했던 근대의 직업이었다. 버스 여차장들은 하루 종일 자동차 소음과 매연과 성마른 승객들에 둘러싸여 생존 그 자체와 투쟁했다. 사람들은 그들을 '뻐스 걸'이라 불렀다.

7전짜리 부영버스와 5전짜리 전차의 경쟁

1928년 4월 22일, 30년 동안 대중교통의 왕자로 군림했던 '전차'에게 강력한 적수가 생겼다. 버스가 등장한 것이었다. 경성부는 일본 이시가와지마石川島 조선소에서 만든 '우즈레ウーズレー'라 불리는 12인승 상자형 버스를 도입했다. 정원은 22명이었으며, 차비는 구역별 7전으로 책정했다. 경성부에서 버스를 운영했기 때문에 '부영버스'라 이름 지었다. 경성 사람들은 난생처음 보는 이 거대한 '구루마'를 타보기 위해 구름같이 몰려들었다. 4월22일부터 5월 20일까지 약 한 달간 부영버스는 순이익만 1662원을 남겼다. 사업은 대성공이었다. 경성 사람들의 열화와 같은 호응에 경성부의 버스 사업은 탄력을 받았다. 부영버스가 운행한 지 4개월 만인 1928년 8월, 경성부는 부영버스를 20대로 증차했다. 1929년 8월 말, 경성 시내에서 운행되던 전차는 120대였고, 버스는 40대 정도였다. 전차를 이용하는 승객은11만여 명이었고, 버스는 1만여 명이 이용했다. 당시 경성 인구가 39만 명정도였음을 감안해본다면 1만여 명이라는 수치는 결코 적은 것이 아니었다.
　부영버스는 날로 번창해갔다. 버스도 더 늘리고 노선도 신설했다. 그러나 사업을 너무 무리하게 확장한 것이 문제였다. 결국 부영버스는 영업부진을 면치 못하는 상황에 처한다. 전차 운행 사업을 담당했던 경성전기주식회사는 이 틈을 노렸다. 1933년 3월 부영버스의 운영권은 '경전京電'으로 넘어가고 만다. 같은 해 4월부터는 버스의 색도 은색으로 바뀌었다. 이제 부영버스는 사라지고 '경전버스'가 운행되기 시작했다.

　부영버스의 영업 부진에는 여러 가지 이유가 있었으나 버스 운행 노선이 큰 문제 중의 하나였다. 당시 부영버스의 운행 노선은 전차의 노선과 많은 부분 겹쳤다. 비록 전차의 요금과 동일한 5전으로 버스 요금을 인하하기는 했지만, 전차가 주는 편리함과 안락함을 버스가 따라잡기에는 역부족이었다. 경전버스는 부영버스를 인수하고 난 뒤 가장 먼저 버스 노선을 개편했다. 전차의 노선과 겹치지 않게 버스 노선을 바꾼 것이었다. 초기 부영버스의 운행 노선은 다음과 같다.

　'러시아워' 선
　제1구: 경성역 - 남대문통 5정목 - 태평통 2정목 - 경성부청 앞 - 광화문통 - 체신국 앞 - 총독부 앞
　제2구: 총독부 앞 - 안국동 - 견지동(종로소학교 앞) - 종로 1정목 - 종로 2정목 - 파고다 공원 앞 - 종로 3정목 - 관수교觀水橋 - 황금정 3정목 - 본정 4정목 - 대화정 1정목(헌병대 사령부 앞)
　/「7전짜리 자동차 20일부터 운전」,『동아일보』, 1928년 4월 19일.

경성 사람들이 부영버스를 애용했던 것은 7전이라는 저렴한 가격과 새로운 '탈것'에 대한 호기심이 반영된 결과였다. 하지만 이보다 더 경성 사람들의 시선을 사로잡은 흥미로운 '구경거리'가 부영버스에는 존재했다. 1928년 4월 25일자『동아일보』의「조선 여성의 새 직업—가두에서 분투하게 된 뻐스 걸의 설움」이란 기사에 따르면, 흥미로운 구경거리는 바로 "소위 새로 나온 뻐스 걸"이었다. "젊은이 늙은이 할 것 없이" "꽃같이 젊은 여성"의 "괴상한 복색"을 구경하기 위해 버스로 밀려들었다. 그런데 버스가 개통한 지 3일도 지나지 않아서 "벌써 승객 중에 별별 잡것들이" 모여들기 시작했다. 그 '잡것들'은 "1전이 모자라니 6전만" 내겠다며 요금을 깎거나, "술에 취해서 버스 안에다 미역전", 즉 오바이트를 하거나, "두 구역을 타고 한 구역"의 가격만 내겠다는 손님들이었다. 이들 때문에 여차장들의 눈

에선 눈물이 마를 날이 없었다.

1928년 4월 버스의 개통에 발맞춰 경성부영버스회사에서는 여차장을 모집했다. 굳이 버스의 차장을 남성이 아닌 여성으로 채용한 이유는 여성이 남성보다 더 친절하다는 선입견이 자리 잡고 있었다. 전차 차장은 남성이었다. 전차를 이용하는 승객들은 '거칠고 투박한' 남자 차장에 대해서 가끔씩 불만을 표출했었고 이런 이유에서 버스 차장은 애초부터 여성을 고용하기로 결정한 것이었다.

경성부영버스회사에서는 여차장 모집 광고를 냈다. 응모 자격 요건은 15세에서 20세 미만의 고등보통학교를 졸업한 미혼 여성으로 국한했다. 식민지 조선에서 최초로 선발된 여차장은 모두 12명이었다. 그들은 '6.2 : 1'의 경쟁률을 뚫고 선발되었다. 1930년에는 7명의 여차장을 뽑는 데 99명이 지원해서 '14.1 : 1'의 경쟁률을 보였다. 여성들이 일급 80전 내외의 여차장이라는 직업을 선택한 이유는 당시만 해도 여성들이 사회적으로 진출할 수 있는 직업이 그리 많지 않았으며, 1928년부터 시작된 세계 대공황의 여파에 따른 실업률 증가도 한몫을 했다. 1931년 경성부영버스에 근무하는 여차장은 65명이었다. 그리고 경인버스에는 17명, 경인유람버스에 수 명이 활동하고 있었다. 1934년 4월부터는 평양에도 버스가 운행되었으며 이와 함께 여차장도 등장했다.

'직업부인'이 된 '노라'의 후예들

1
내가 인형을 가지고 놀 때/ 기뻐하듯/ 아버지의 딸인 인형으로/ 그들을 기쁘게 하는/ 위안물이 되도다

(후렴)
노라를 놓아라/ 최후로 순순하게/ 엄밀히 막아논/ 장벽에서/ 견고히

닫혔던/ 문을 열고/ 노라를 놓아주게

2
남편과 자식들에게 대한/ 의무같이/ 내게는 신성한 의무 있네/ 나를
사람으로 만드는/ 사명의 길로 밟아서/ 사람이 되고저

3
나는 안다 억제할 수 없는/ 내 마음에서/ 온통을 다 헐어 맛보이는/
진정 사람을 제하고는/ 내 몸이 값없는 것을/ 내 이제 깨도다

4
아아, 사랑하는 소녀들아/ 나를 보아/ 정성으로 몸을 바쳐다오/ 맑
은 암흑 횡행橫行할지나/ 다른 날, 폭풍우 뒤에/ 사람은 너와 나
/ 나혜석, 「인형의 가家」, 『매일신보』, 1921년 4월 3일.

식민지 조선에서 여성이 직업 전선에 뛰어들 경우 세상 사람들은 그들을
'신여성', '모던 걸'이라 호명했지만, 이보다 더 일상적으로는 '직업여성'이나
'직업부인'이라 불렀다. '버스 걸', '데파트 걸', '가솔린 걸', '엘리베이터 걸',
'티켓 걸', '할로 걸', '오피스 걸' 등등의 이름으로 불리던 이들은 문학사적
으로 보면 모두 '노라'의 후예들이었다.
  '노라'는 노르웨이 작가 헨리크 요한 입센Henrik Johan Ibsen의 작품『인
형의 집Et dukkehjem』의 주인공이다. 가부장의 폭력에 저항하며 '인간'의 자
유를 찾아 집을 뛰쳐나온 노라는 서구에서는 여성해방의 상징적 존재였다.
입센의『인형의 집』은 일찍이 일본과 중국과 조선에 번역되는 등 많은 지
식인들의 주목을 받은 작품이었다. 입센 열풍, 나아가 '노라 신드롬'이 일
정도였다. 1921년 일본과 중국에 이어 조선에서도 입센의『인형의 집』이
번역되었는데, 번역자는 당대 최고의 중문학자이자 한국 근대 문학의 개척
자 중 한 사람이었던 양건식이었다. 1933년 채만식도『인형의 집』후일담

격인 『인형의 집을 나와서』라는 작품을 쓰기도 했다.

　가부장적 질서에 저항했던 노라. 여성이 아닌 인간의 자유를 갈망했던 '노라'. 노라의 외침은 동아시아 여러 나라 독자들의 심금을 울렸다. '노라 신드롬'은 노라를 닮고자 하는 동아시아 여러 나라 여성들로부터 일어났다. 남녀평등과 여성해방을 주장했던 수많은 노라의 후예들이 식민지 조선에도 등장한다. 이러한 '노라의 광풍' 속에서 중국의 사상가이자 작가인 루쉰魯迅도 '노라 신드롬'에 대한 자신의 견해를 피력한다.

　루쉰은 1923년 12월 26일 북경여자고등사범학교 문예회 강연회에 참석한다. 여기서 그는 입센의 '노라'에 대한 이야기를 꺼냈다. 강연회의 제목은 '노라는 떠난 후 어떻게 되었는가'였다. 루쉰이 『인형의 집』에서 주목한 것은 가부장적 권위에 맞서 집을 뛰쳐나간 한 여인의 선구자적인 행동이 아니라, "과연 집을 뛰쳐나가 사회에 '던져진' 노라는 어떻게 살아갈 수 있을까"였다.

　루쉰은 노라가 집을 나가서 선택할 수 있는 길은 두 가지밖에 없다고 말했다. 하나는 타락하는 것이고 다른 하나는 다시 집으로 돌아오는 것. 여기에 더해 혹시 또 다른 길이 있을지도 모른다고 덧붙였는데, 그것은 아주 가혹한 결과로, 바로 굶어 죽는 것이었다. 루쉰은 왜 북경여자고등사범학교 학생들에게 이런 가혹한 말을 던질 수밖에 없었던 것이었을까. 그것은 남성 중심의 세상에서 여성들이 진정한 '인간'으로 거듭나기 위한 '꿈'을 이룰 수 있는 방법을 학생들 스스로 고민하게 만들기 위해서였다. 노라에게 '주어진' 길은 그토록 심각하게 제한되어 있기에, 노라의 투쟁이 계속되기 위해서는 지상에 없는 새로운 길을 개척할 수밖에 없다고 말이다. 그것을 위해 필요한 것은 바로 '돈'이었다. 버지니아 울프Adeline Virginia Woolf의 외침처럼, 여성들에게는 '자기만의 방'이 필요하기에.

　희망을 위해서는 사람들에게 감각을 예민하게 하여 더욱 절실하게 자신의 고통을 느끼도록 하고 영혼을 불러일으켜 자신의 썩은 시체를 목도하도록 해야 합니다. 허풍을 떨고 꿈을 꾸는 일은 오직 이러한 때에 위대해 보입니다. 그래서 나는 가령 길을 찾지 못했다면 우리에게 필요한 것은 바로 꿈이며, 그러나 장래의 꿈은 필요하지 않고 다만 지금의 꿈이 필요하다고 생각합니다. / 루쉰, 「노라는 떠난 후 어떻게 되었는가」, 『무덤—노신 잡문집』, 홍석표 옮김, 선학사, 2001.

여성들이 '지금의 꿈'을 실현하기 위해서는 무엇보다 자신들이 처한 현실을 냉혹할 만큼 철저하게 파악해야 한다는 것. 도대체 '지금 – 여기'에 살고 있는 여성이 처한 현실은 무엇일까. 집을 나간다고 모든 것이 해결될 것인가. 루쉰은 노라가 가부장제의 최소 단위인 가정을 떠나서 진정 인간으로서의 자유를 누리고 살기 위해서는 단지 가정이 아닌 자신이 처한 사회의 문제를 깊게 고민해야 한다고 생각했다. 그 냉혹한 사회의 현실이란 집을 박차고 나간다 해도 달라질 게 없다는 것이었다. 가부장제의 모순을 각성한 '그 마음'만으로는 모든 문제를 해결할 수 없다는 것이 루쉰의 판단이었다. 그렇기 때문에 '지금 – 여기'에서 여성들이 가장 먼저 선취해야 할 것은 가부장제의 모순에 대한 단순한 각성도, 남녀평등의 외침도, 여성 참정권의 주장도 아닌 바로 '돈'이라고 말한다.

　　루쉰은 '돈'이야말로 여성의 참정권이나 여성해방의 거창한 주장보다 더 중요한 문제라고 생각했다. 루쉰이 말한 '돈'은 단순히 '돈' 그 자체를 뜻하는 것은 아니었다. 바로 '경제권'의 문제였다. 여성이 이 세상에서 인간으로 살아가기 위해, 자신의 꿈을 이루기 위해, 진정한 남녀평등의 세상을 실현하기 위해서 가장 먼저 해결해야 할 것은 경제권의 획득이자 경제적인 독립이었다. 루쉰은 경제권을 쟁취하는 것이야말로 여성의 참정권 획득이나 여성해방의 발판이라고 생각했다. 경제권의 평등한 권리가 이루어지지 않는 한 여성해방은 먼 일에 불과한 신기루일 따름이라는 것이다. 루쉰의 판단은 옛날이나 오늘날이나 적중한 셈이다. 루쉰의 판단처럼 식민지 조선의 '직업여성'들도 자신의 삶을 위해 가정을 박차고 세상 속으로 뛰어 들어가자마자 경제적인 문제에 봉착한다.

172

집을 버리고 떠나는 여자의 이야기를 우리는 수두룩하게 듣지마는 그렇다고 해서 곧 조선의 '노라'라고 불리지는 않는다. (……) 그들 젊은 직업여성들은 지금 밤 속을 걸어가고 있다. (……) '입센'의 희곡 『인형의 집』 속의 '노라'로서 대표된 일반 여성의 봉건적 가정 도덕에 대한 반항의 소리와 여권 주장의 부르짖음이 전 '유럽'의 여성계의 사상을 휩쓸고 있었던 것이다. (……) 자본가들은 사나이보다도 임금은 싸고 노동 시간은 길고 순종 잘하는, 다시 말하면 매우 저열한 노동 조건으로 고용할 수 있는 여자들을 더 요구하였다. 그래서 이 정세는 오늘까지도 계속해 나오며 도시에는 여공으로부터 '오피스 와이프'에 이르기까지 수없는 종류의 직업여성이 범람하고 있고 또 날로 그대로 증가해가는 추세에 있다. (……) 사차불피死且不避(죽는 한이 있어도 피할 수가 없음)로 할 수 없이 생활 전선에 몰려나온 직업여성에게 맡겨지는 직업의 성질은 대부분은 여성의 독특한 성적 매력이라는 것을 무기로 삼는 것이다. (……) 그 위에 황금, 지위의 폭력은 실직 앞에서는 참새와 같이 비겁할 수밖에 없는 연약한 그들의 정조까지를 위협하고 있다. / 김기림, 「직업여성의 성문제」, 『신여성』, 1933년 4월.

여성을 고용하는 사회가 되었다. 하지만 진정 여성을 남성과 동등한 인간으로 대하는 세상은 도래하지 않았다. 여성을 고용하는 이유는 저렴한 노동력을 확보하기 위한 자본가들의 전략이었으며, 어느 정도의 눈요깃거리를 위해서였다. 그것이 식민지 조선의 현실이었다. 식민지 조선에 살았던 수많은 노라의 후예들은 가정보다 더 크고 견고하고 촘촘한 가부장적 이데올로기의 그물망 속으로 빠져들어가고 있었던 셈이다.

고, 스톱, 오라이!

하루에도 수천 번 '오라이'와 '스톱'을 반복하는 여차장의 등장은 시민들에게는 일종의 신기한 '구경거리'였다. 여차장을 구경하려고 버스를 이용하는 사람들. 그들의 관심은 한결같이 여차장이 착용한 복장에 가 있었다. 여차장은 코발트 빛 정복을 입었다. 물론 바지가 아니라 스커트였다. 코발트 빛 복장에 정모帽를 쓰고, 커다란 혁대로 허리를 졸라맸으며, 목에는 붉은색 넥타이를 매고, 흰 양말을 신었다. 그들은 가죽 가방(돈 가방)을 어깨에 메고 한 손에는 차표를 개찰하는 '펀치'를 들고 있었다. 당시 사람들은 여차장의 이런 이색적인 복장을 '모던 걸'의 패션으로 받아들였다. 버스를 이용하는 승객들은 난생처음 접하는 여차장의 복장을 일종의 구경거리로 생각했으며, 그들이 조선어와 일본어를 섞어가며 하루 종일 반복하는 상용 어구를 들으며 키득거렸다.

> ゴ一, ストップ, オーライ
> 고－, 스톱－, 오라이! (……)
> ツギハ アンコクトウで コザイマス オリルカタハ マヘカラオリテ クタサイ.
> 다음은 안국동이올시다. 내리실 분은 앞으로 내려주세요.
> ナカが スヘテ イマスカラ スコシ マヘノ ホウヘ ツメテ クタサイ.
> 가운데 비어 있으니 조금 앞으로 당겨 서주십시오!
> ハナハだ スミマセンガキブヲ キラナイ カタハ キツブヲ キツテク タサイ.
> 대단히 미안합니다만 표 안 찍으신 분 표 찍어주십시오!
> /「고, 스톱 하는 뻐스 여학교」, 『삼천리』, 1936년 1월.

매일 똑같은 일상의 반복. 매일 수백 명에서 수천 명을 상대하면서 고된 노동 조건을 감내해야만 했던 여차장. 열악한 노동 조건을 지닌 직업이었으나 여차장이 되기 위해서도 시험은 보아야만 했다. 시험 과목은 독본과 산술과 상식이었으며, 신체검사와 구술시험도 치러졌다. 이런 공식적인 시험 과목 이외에도 별도의 시험이 준비되어 있었다. 그것은 지식적 차원과

정복의 스커트를 입고 있는 '모던 걸'을 보기 위해 버스를 탔을 정도로 여차장은 당시 신기한 구경거리였다.

는 또 다른 '능력'을 검증받는 것이었다. 기준이 무엇인지는 모르겠으나, 얼굴은 '어느 정도' 예뻐야 하며, 목소리도 고와야 했다. 게다가 손힘이 세야 했다. 매일 승차권을 펀치로 찍기 때문에 손아귀의 힘이 세야 한다는 것이었다. 공식적인 시험 과목과 신체검사 그리고 '주관적인' 면접을 통과하고 채용된 여차장은 먼저 한 달에서 40여 일 정도의 수습 기간을 거쳤다. 수습 기간이 끝나면 정식 여차장으로 발령을 받을 수 있었다.

여차장은 정규직이 아닌 임시직 '용원傭員'이었다. 그들의 임금은 월급이 아닌 시급 또는 일급이었다. 근무 시간은 오전 7시부터 오후 10시까지이거나 오전 6시부터 오후 9시까지였으며, 오전 근무와 오후 근무가 있었고, 평균 10시간 정도 근무했다. 여차장의 근무 조건은 당시 경성에서 직장에 다니는 다른 여성들에 비해서 그리 좋은 편은 아니었다.

> 보통학교 여교원: 35~60원, 오전 9시~오후 4시
> 유치원 보모: 10~50원, 오전 10시~오후 2시(정오에 끝나기도 함).
> 여기자: 25~60원, 오전 9시~오후 4시
> 여사무원: 30~50원, 오전 9시~오후 4시
> 여점원: 15~40원, 오전 9시~오후 9시
> 여환수(전화교환수): 25~50원, 오전 9시~오후 4시
> 간호부: 3~70원, 오전 9시~오후 4시
> 여차장: 25~30원, 오전 6시~오후 9시
> 연초 공장 여직공: 6~25원, 오전 7시~오후 5시
> 정미 회사 여직공: 10~30원, 오전 7시~오후 5시
> /「서울 직업부인의 보수」, 『삼천리』, 1931년 12월(필자 수정 및 요약).

여차장이 하루 종일 수백 명의 사람들에게 시달리며 받는 보수치고는 엄청난 박봉이었다. 근무 조건이 별반 좋지 않은 여차장이었으나 그들의 직업을 부러워하는 사람들도 종종 있었다. 아주 단순한 이유였다. 그래도 여차장은 '버스'를 공짜로 탄다는 이유에서였다. 남들이 보기에는 모던한 최

신의 직업이지만 정작 그녀들은 박봉에 시달리고 있었다. 여차장에 응시한 여성들 역시 그 직업이 좋아서라기보다는 호구지책인 경우가 대부분이었다. 그런데 일부의 남성들에게는 그렇게 보이지 않았던 듯싶다.

> 여학교를 졸업한 여성들로서 혹은 데파트의 여점원, 여교원, 여차장 등 직업 전선에 나오는 이가 많은데, 이 모든 여성의 직업을 보장하고, 취직에 있어 우선권을 주고, 급료 및 기타의 대우에 있어 좀 더 우대하고 그네의 정조를 옹호하여줄 역책力策을 말씀하여주세요. (……)
> 김동인: 직업여성이 되는 데는 허영도 섞였어요. 여학교 교사는 모르겠지만 그 밖에 가령 데파트 여점원이라든지 뻐스 걸女車掌이라든지, 모두 그 마음 가운데는 허영심에 잠기어 나오는 이도 많을 듯해요. 마치 무슨 '스바라시이(대단한)' 한 기회나 행운을 만날 것 같아서요.
> / 「'여성을 논평하는' 남성 좌담회」, 『삼천리』, 1935년 7월.

사회자가 직업 전선에 뛰어든 여성들의 근무 조건이나 넓게는 그들의 권리 보호를 위한 방법에 대해서 이야기를 해달라고 했더니, 김동인은 엉뚱하게도 여성들의 '허영심'을 문제 삼았다. 게다가 직종에 따라 사람을 차별하는 발언도 덧붙였다. 물론 김동인의 어투를 보면 이는 다분히 '추측성' 발언이다. 만약 김동인이 여차장의 힘겨운 일상을 제대로 알고 있었다면 그렇게 쉽게 그들의 '허영심'을 비난할 수 있었을까.

> 작년 4월에 보통학교를 마치자 바로 여차장으로 들어왔는데 현재는 한 시간에 9전씩이니 월수입 27원이 된다. (……) 27원 중에 1할은 신원보증금으로 제하고 또 승차권을 잘못 팔아서 생기는 부족금으로 50전 가량이 달아난다고 한다. 남겨진 24원이라도 반가워서 도중에 스리나 당하지 않았나 몇 번이나 만져보며 집에만 가면 (……) 그 당장에서 쌀값으로 10원, 반찬 값으로 4, 5원을 뺏기고 나면 바로 방

세 5원을 내야 된다. (……) 동생의 교육비로 보통 2원은 들어가고 또
화장 같은 것을 게을리하면 회사에서 말이 있으니 자연 화장품 값
도 상당히 든다. 더구나 크림이나 분이나 다 그전보다 5전씩이나 올
랐는데 (……) 이외에도 장작 값과 석탄 값이 들지요. 그리고 의복 값
하고. / 「여차장의 생활표」, 『동아일보』, 1937년 6월 10일.

이름을 밝히지 말라고 기자에게 간곡하게 부탁을 한 여차장 모 씨는 최저
생계비 정도를 벌며 고단한 삶을 이어가는 당대의 하층민에 불과했다. 더
군다나 신원보증금까지 뜯기는 비정규직 노동자였다. 신원보증금은 일종
의 노동자 억압 정책의 일환이었다. 일본인 기업체는 노동자를 통제하기
위해서 신원보증금을 받았다. 신원보증금은 퇴사할 때 돌려주는 것으로
되어 있는데 작업 중 회사에 손해를 입히거나 자신의 과실로 인해 퇴사할
경우에는 몰수되었다.
　여차장들에게 허영심이 있다면 얼마나 있었겠는가. 그들이 여교사와
다르다면 또 얼마나 달랐겠는가. 무슨 다른 '종족'이라도 된 듯이 취급받는
데에는 납득할 만한 이유가 없었다. 박봉에도 불구하고 화장품에 돈을 써
야 했던 그들의 노동 환경은 얼마나 또 열악했던 것일까.

구루마는 '애로'와 '에로' 사이를 달린다!

나: 연애편지 같은 것을 받아본 적이 있습니까.
여: 간혹 있지요. 신사 손님은 비교적 적지만 학생 따위가 저녁 늦게
돌아갈 때면 뒤를 쫓아서 우리 집 번지까지 알고 그냥 아무 번지 '뻐
스 걸 전殿'이라고 쓴 편지가 가끔 옵니다. (……) 슬쩍 발등을 밟는다
든가 또는 떠민다든가 몸을 나에게 기대고 시치미 뚝 떼고 엉뚱하게
먼 곳을 바라보는 체하는 사람이 많아요. 왜들 그러는지 모르지요.
나: 아마, 그것이 속일 수 없는 인간의 본능일지도 모르지요, 하고 한

번 건드렸다.

여: 글쎄올시다, 라는 말뿐으로 더 긴 설명이 없었다.

/「고, 스톱 하는 뻐스 여학교」, 『삼천리』, 1936년 1월.

여차장은 다양한 위험에 노출되어 있었다. 교통사고와 소매치기를 당하는 것도 위험한 일이었지만, 가장 큰 위험은 일상적인 '성희롱'과 '성폭력'이었다. 그때는 이런 개념이 정착되지 않았기에 여성들은 억울한 순간에도 어떻게 저항해야 하는지 몰랐다. 『삼천리』의 기자가 제목으로 뽑은 '거리의 여학교'란 말부터 성희롱의 소지가 다분하다. 기자가 지목한 '거리의 여학교'는 네 곳이었다. 종로에 있는 화신백화점(지금의 종로타워 자리), 동대문에 위치한 경성부영버스 사무소, 서대문에 있는 전매국, 지금의 서대문구 충정로에 있었던 동양극장. 『삼천리』의 기자가 이 네 곳을 '거리의 여학교'라 명명한 것은 이곳에 다니는 여성들이 모두 짙은 화장을 하고 굽 높은 구두를 신고, 제복(양장)을 입고 다니면서 돈을 번다는 이유에서였다. 이런 발상 자체가 여성의 성을 상품화하는 것이나 다름없는 일이었다.

식민지 조선에서는 '성희롱' 혹은 '성폭력'이 대부분 범죄로 인식되지 않았다. 물론 오늘날 성폭력은 명백한 범죄다. 그러나 오늘날에도 여전히 아주 '너그러운' 면이 남아 있어, 술에 취해 성폭행을 저지른 사람에게 '심신 미약 상태 인정'으로 사법부에서 감형을 해주는 등의 일이 빈번하다. 어쩌면 식민지 조선은 '성폭력을 권하는 사회'였는지도 모른다. 고용주들이 서비스직에 여성을 고용하는 결정적인 이유는 여성의 '성적 매력'을 이용하기 위해서였다. 여차장들에게도 일종의 '외모 가꾸기'가 요구되었다. 회사에서는 여차장에게 외모 가꾸기를 강요하고 관리하고 감독했다. 여차장들은 박봉에 시달리면서도 비싼 화장품에 돈을 쓸 수밖에 없었다.

최정희(부인 기자): 여자를 택하여 쓰는 자본주의의 심리를 생각하여 보면 모두가 욕심이라고 말할 수 있습니다. 모두가 여자라는 한 가지 조건으로 이용이 되는 편인데. (……)

곽현모: 백화점 같은 데서도 손님이 남자 점원이 있을 때에는 살 물건도 안 사고 여자 점원이 와야 그때서 사는 사람이 많습니다. 이러한 것을 많이 이용한 것이겠죠. (……)

채만식: 아하, 그러면 노동 이외에 에로 서비스를 조건으로 붙입니다 그려.

/「직업부인 문제 특집—직업부인 좌담회」,『신여성』, 1933년 4월.

'에로 서비스'라니! 오늘날이라면 채만식은 여성들의 엄청난 지탄을 받았을 것이다. 서비스업의 고용주들은 박봉에도 고분고분하게 말을 잘 듣는 여성들을 원했다. 또한 고객이나 고용주나 서비스직에 몸담고 있는 여성들에게 원했던 것은 '에로 서비스'였다. 사태가 이러하니 서비스직이었던 여차장을 바라보는 남성들의 눈에는 '에로'라는 두 글자가 크게 부각되었을 터다. 그러하니 남성들의 시선은 여차장의 머리끝에서 발끝까지를 훑고 지나갈 수밖에 없었다. 그러면 이상적인 여차장이란, 남성들이 원하는 여차장이란 과연 어떤 모습이어야 할까.

그 해답은 1934년 9월호『삼천리』에 실린 김성마金城馬의「정조와 직업여성」이란 글에서 찾을 수 있다. 김성마의 '여차장론'을 한번 정리해보자. 여차장은 "얼굴도 얼굴이거니와 음성이 양간"해야 한다. 뿐만 아니라 손은 "그네들의 생명의 하나"이다. 얼굴은 "갸름한 듯하면서도" "두 볼이 보기 좋게 통통"해야 한다. 또한 "시커먼 눈 속"에는 "영롱히 구르는 맑은 눈동자"를 지녀야 하며, "묘하게 도드라진 코"에 입술은 항상 "붉은 듯 만 듯"하면서 "간간하게 빠개져" 있어야 된다. 목소리는 "약간 감기에 걸린 듯"한 "콧소리"를 내야 한다. 이 목소리야말로 "얼마나 매력적"인지 모른다. "뻐스 걸"은 "5전만 내면 같이 드라이브" 할 수 있는 "값싼 처녀들"이다. 그렇지만 여차장도 여자인 이상 "가장 귀한 정조"는 "비싼" 것이니 잘 지켜야 한다. 그리고 사람들을 대하는 것이 아무리 힘들더라도 "현실 사회를 똑바로 보고" "앞으로 나갈 길을 꾸준히" 닦아야 한다.

김성마의 소위 '여차장론'은 김성마 '개인'의 생각이었을까. 그렇지는 않았을 터다. 남성들에게 그녀들은 어쩌면 5전만 내면 쉽게 '에로 서비스'를 즐길 수 있는 '값싼 처녀들'로만 보였을 것이다. 여차장의 자격 요건이었던 완벽한 보디 라인과 섬섬옥수 같은 손, 수밀도 같은 볼에 섹시한 입술, 맑은 눈동자는 모두 남성들에게 '에로 서비스'를 제공해주기 위해 요구되던 것이었다. 여기에 더해 '정조'의 소중함도 지키고, 세상의 현실을 똑바로 볼 수 있는 안목까지 바랐던 이 철저한 이중성이 어쩌면 식민지 조선의 일부 남성들이 여차장을 비롯한 서비스직에 종사하는 여성들을 바라보는 시선이지 않았을까.

직장 내 성폭행, '옷을 벗은' 여차장

승객들, 시민들, 군중들, 그 누구였든 간에 여차장을 바라보는 시선은 이중적이고 가식적이었다. 그들의 일상을 이해하는 척하면서도 그들의 허영을 꼬집고, 관음증적 시선으로 그들을 엿보면서도 그들의 '순결'을 강조했던 사람들.

여차장이 현장에서 겪는 성희롱도 성희롱이었지만 직장 내에서 당하는 성폭력은 상상하기조차 싫을 정도였다. 물론 모든 버스 회사 내에서 그랬던 것은 아닐 터다. 여차장의 주된 업무 중에 하나는 버스표를 파는 일이었다. 그래서 여차장은 가죽으로 만든 돈 가방을 들고 다녔다. 버스 한 대의 하루 수입이 고스란히 여차장의 돈 가방에 들어 있는 셈이었다. 가끔 버스 요금을 잘못 계산한 경우 여차장은 자신의 돈으로 손실을 메워야만 했다. 여차장이 언제나 현금을 소지하고 있다는 것을 누구나 다 알게 되자 소매치기도 등장했다. 러시아워의 만원 버스에서 여차장의 돈 가방은 소매치기의 훌륭한 먹잇감이었다.

버스 한 대의 하루 수입을 여차장이 관리하다 보니, 회사 측에서도 여차장의 행동을 예의 주시할 수밖에 없었다. 사람을 못 믿어서가 아니라 돈을 못 믿어서였을 것이다. 간혹 실제로 횡령 사건이 일어나기도 했다. 마산의 어떤 버스 회사에 근무하던 여차장은 운전수와 공모하여 2년 동안

2000여 원을 횡령했다. 이런 사건 때문이었는지 회사에서는 여차장을 관리 감독할 수 있는 새로운 방법을 고안해냈다. 당시에는 알몸 투시장치가 없었으니 손으로 하는 '신체검사'가 시행되었다. 여차장들은 퇴근을 할 때마다 회사 측의 감독관에게 신체검사를 받았다. 혹시나 여차장의 몸속에 숨겨져 있을지도 모를 회사의 돈을 찾겠다는 명목이었다. 그런데 신체검사를 빌미로 여차장을 성폭행하는 사건이 발생하여 사회에 큰 충격을 주었다.

1934년 12월 11일자 『조선중앙일보』에 '에로 감독'의 '성폭행' 사건이 실렸다. 사건의 전말은 이렇다. 시간은 1934년 12월 5일 오후 6시. 무대는 평양 부영버스 숙직실. 주인공은 버스 감독 '삼구ᄐᄆ(미구치, 가명)', 일명 "에로 감독". 그날 저녁 에로 감독 삼구는 여차장들의 근무가 끝나길 기다리고 있었다. 마침 10여 명의 여차장들이 업무를 마치고 퇴근 준비에 여념이 없었다. 이때 삼구는 "자기 혼자 있는 숙직실"로 "뻐스 걸들을" "한 사람씩 한 사람씩" 불렀다. 그리고는 "돈을 감추지 않았는지 검사하겠다!"며 여차장들의 몸을 더듬기 시작했다. '투철한 직업정신'이었는지는 모르겠으나 삼구는 "처녀들의 옷을 벗게 한 후"에 "유방은 물론 부끄러운 곳까지" 철저한 수색을 감행했다. 이에 "봉변을 당한" 여차장들은 어찌할 바를 몰랐다. "분함과 부끄러움을 참지" 못하고 그저 하염없이 눈물만 흘렸다. 오죽이나 당혹스럽고 수치스러웠으면 그녀들은 옷을 다시 입을 엄두도 내지 못했다. 그러자 삼구는 자신이 다시 옷을 입혀주겠다며 "손수 호크를 채워주는 등 추태"를 계속해서 부렸다. 이 소식을 들은 "부형들은 분개하여" 에로 감독 삼구의 "추악한" 행위를 사회적으로 문제화하기 위해서 대책을 협의했다. 그러나 그 후 이 사건이 어떻게 처리되었는지는 알 수 없다.

여차장을 가상의 범죄자, 미래의 범죄자로 규정하는 신체검사와 비슷한 제도는 어느 사회에나 만연한 일이다. 범죄의 예방이라는 목적으로 창안된 제도는 언제나 약자를 인권의 사각지대로 내몬다. 그런 제도는 우리 모두를 암묵적으로 미래의 범죄자로 몰아넣는다. 특히 감독이라는 중간 관리의 폭력은 토지의 주인보다 그 토지를 관리하는 중간 계급인 '마름'

1930년대에 잇따른 여차장 강간 사건은 인권의 사각지대에 있었던 여차장의 처지를 보여준다.

의 폭력처럼 지독하고 교활한 데가 있었다. 주변적인 위치에 있는 사람들은 언젠가는 자신이 권력의 핵심인 주인이 될 수 있다는 생각에 자신보다 아래에 위치한 사람들을 착취하고 학대하기 마련인 것이다.

'삼구'라는 버스 감독이 여차장들에게 가한 성적 폭력은 중간 관리의 폭력이었다. 이외에도 여차장의 생계 여탈권을 쥐고 있었던 버스 회사 사장의 성폭력이 또한 존재했다. 버스 회사 사장들의 성폭력은 더욱 극악무도했으며, 사회적으로도 큰 파장을 불러일으켰다. 전후 맥락을 정확하게 연결하기는 어렵지만 이 사건 이후 여러 잡지에서 '직업여성' 혹은 '직업부인'의 '성 문제'를 다룬 것을 보면 그 파장은 만만치 않았다.

『동아일보』는 1933년 2월 2일과 3일에 걸쳐 버스회사 사장의 성폭행을 집중적으로 보도했다. 기사 제목은「직업의 여탈을 미끼로 여차장의 정조를 유린」이었다. 검찰에 접수된 고소장을 재구성하면 이렇다.

가해자는 야전림野田林, 즉 노다 하야시. 피해자는 최정석崔貞奭. 최정석은 1932년 2월 미동공립보통학교를 졸업하고 "가세가 빈한하여" 직업전선에 뛰어들어야만 했다. 마침 경인버스회사에서 버스 여차장을 모집한다는 사실을 알고 버스 여차장이 되기로 결심했다. 같은 해 4월 어느 날이었다. 경인버스 사장 야전림은 최정석에게 취직에 관해 의논할 일이 있다며 자신의 집무실로 불렀다. 이때가 밤 9시 30분이었다. 최정석은 취직을 시켜주는 줄 알고 경인버스 건물 3층에 있는 야전림의 집무실로 갔다. 최정석이 들어오자 "차장 견습으로 채용"하겠다며 그녀를 안심시켰다. 그러나 그것도 잠시. 야전림은 말을 끝내기가 무섭게 열쇠로 문을 잠가버렸다. 그리고 사장실에 딸린 작은 방으로 최정석을 "끌고 들어가 강간을" 했다. 그후 7월 어느 날, 야전림은 최정석을 사장실로 호출했다. 이때 역시 밤 9시 30분이었다. 야전림은 이번에는 "본차장으로 승격시켜" 준다고 말을 한 후 4월 어느 날의 밤과 똑같이 "강간"을 했다. 그해 10월 경인버스회사의 노동자들이 파업을 단행했다. 야전림은 최정석에게 파업에 관해서 의논할 일이 있다며 호출했다. 파업 중이니 회사가 아닌 시내로 나오라고 했다. 그러고는 여관으로 끌고 가서 "너만은 해고하지 않도록 하겠다"며 또 "정조를 유린"해버렸다. 결국 최정석은 야전림의 지속적인 성폭행을 참지 못하고 검사국에 고소장을 제출했고, 이에 "직업여성의 직업을 미끼로 정조를 유린"한 이 "색마의 거동"이 "청천백일하에 전모"를 드러내게 되었던 것이다.

야전림은 승진과 해고를 미끼로 최정석을 강간했으며, 최정석은 혹시 자신의 일로 다른 동료들에게 피해가 가는 것을 막기 위해 사장의 성폭행을 쉬쉬했던 것이다. 결국 검찰은 야전림과 최정석을 소환하여 조사를 벌였다. 그런데 이때의 사법부는 남성의 성폭력에 대해서 너무나 관대한 판결을 내렸다. 야전림에게 내린 법정 판결은 겨우 벌금 '500원'이었다.

여차장은 회사의 안팎에서 '성희롱'과 '성폭력'에 자주 노출되어 있었다. 그러나 이를 개선하기 위해 노력하는 사람들은 아무도 없었던 듯하다. 1920~1930년대 식민지 조선은 성폭력에 대하여 무감각한 사회였고, 여차장을 비롯한 '서비스직에 종사하는 여성을 위한 나라'는 아니었던 셈이다. 오히려 그 사회를 지탱하고 있는 전반적인 제도와 토양이 '직업여성들'도 지각하지 못하는 사이에 그들을 '에로 서비스'로 내몰고 있었다. 결국 여차장과 그들의 후예들은 여전히 '애로와 에로' 사이에서 위험한 삶의 곡예를 연출해야만 했던 것이다.

8 토털 헬스 케어? 물장수

> 우리는 우리의 땅을 사겠다는 당신들의(백인들) 제안에 대해 심사숙고할 것이다.
> (……) 우리가 어떻게 공기를 사고팔 수 있단 말인가? 대지의 따뜻함을 어떻게
> 사고판단 말인가? 우리로선 상상하기조차 어려운 일이다. 부드러운 공기와 재잘
> 거리는 시냇물을 우리가 어떻게 소유할 수 있으며, 또한 소유하지도 않은 것을
> 어떻게 사고팔 수 있단 말인가? 햇살 속에 반짝이는 소나무들, 모래벌판, 검은 숲
> 에 걸려 있는 안개, 눈길 닿는 모든 곳, 잉잉대는 꿀벌 한 마리까지도 우리의 기억
> 과 가슴속에서는 모두가 신성한 것들이다. (……) 우리는 대지의 일부분이며, 대
> 지는 우리의 일부분이다. / 「시애틀 추장의 연설문, 1854년」,『나는 왜 너가 아니
> 고 나인가』, 류시화 엮음, 김영사, 2003.

물맛 감별의 달인

큰 기근이 들었다. 가뭄으로 먹을 것이 부족하고 쌀값은 폭등했다. 순조
24년인 1814년의 일이었다. 가족도 친척도 없어 품팔이로 하루하루를 연
명했던 한 사내는 자신이 이제 죽을 운명임을 깨달았다. 일거리도 뚝 끊겼
다. 그는 어차피 죽을 바에야 '깨끗한 귀신'이 되는 게 낫겠다 싶었다. 그래
서 관악산 동쪽 기슭으로 찾아들었다. 그곳에는 '명품' 샘물이 있었다.

사내는 매일 물만 마셨다. 물을 마시고 난 뒤에는 상쾌한 햇볕을 쬐
고 산에서 내려왔다. 가끔 사람들이 사내에게 밥을 주기도 했으나 사내는
정중히 그 밥을 거절했다. 이유는 남에게 신세를 지고 싶지 않아서였다. 그
는 배고플 때마다 샘물로 뛰어가 물을 마셨다. 관악산을 오르내리며 그는
매일 샘물을 마셨고, 그 덕에 배고픔도 잊었다.

이듬해에는 대풍이 들었다. 사람들은 사내를 불러 일을 시키려 했다.
그런데 사내는 더 이상 품을 팔지 않을 것이라고 잘라 말했다. 큰 기근 덕
에 그는 곡식을 먹지 않고도 지내는 법, 즉 도가道家의 수행 방법인 각곡방
却穀方을 체득했던 것이다. 이후 사내는 몇 해 동안 물의 성질에 대해서 깊
이 연구해나갔다. 물맛의 깊이를 터득한 그는 샘물, 우물물, 강물, 개울물

을 정확히 판별해냈다. 사내의 신통한 능력은 시골 저잣거리의 입소문을 타고 기어이 한양의 고관대작 사랑에까지 스며들었다. 고관대작은 사내를 불러 도성 안의 유명한 샘물들의 등급을 매기게 했다. 사내는 삼청동의 성천星泉이 제일 좋고, 훈련원의 통정通井과 안현鞍峴의 옥폭玉瀑이 나란히 3등이며, 2등은 없다고 말했다.

사내는 한술 더 떠서 물의 무겁고 가벼움도 알 수 있다고 주장했다. 의심이 많은 사람들은 이에 각각의 물을 저울에 달아보니 과연 사내의 말과 같았다. 그 후 그는 명산을 찾아 유람을 떠났고, 사람들의 눈에서 사라졌다. 사람들은 이 사내를 '수선水仙'이라 불렀다. 이 이야기는 유재건劉在建이 편찬한 전기집傳記集 『이향견문록』(1862)에 나온다.

유재건이 '수선'의 이야기를 『이향견문록』에 넣은 이유는 무엇이었을까. 아마도 글을 읽는 사람들이 가져야 할 마음 자세, 즉 더 좋은 음식을 탐하는 인간의 욕망을 비롯한 모든 탐욕스런 욕망을 경계하라는 뜻에서였을 터다. 나에게 '수선'의 이야기는 자연의 소유이자 생명의 젖줄인 '물'을 수탈하고 지배하고 소유하려는 인간의 탐욕이 기승을 부리는 현실과 오버랩 된다. 더군다나 이제는 어디를 가나 흔해빠진 생수 페트병을 보면서 나는 '봉이 김선달'을 떠올리기도 한다.

대동강의 주인은 과연 누구일까

'봉이 김선달'의 이야기는 흔히 '희대의 사기꾼'을 가리킬 때 많이 인용된다. 태양 에너지를 개발한 연구자, 어처구니없이 태양과 달의 소유권을 주장한 사람들을 언론에서는 가끔씩 '현대판 봉이 김선달'이라 부른다. 이들이 '현대판 봉이 김선달'이란 별명으로 불리는 이유는 아마도 인간의 소유가 아닌 태양이나 달의 소유권을 주장했기 때문일 것이다. 그런데 어떻게 19세기 조선에서 대동강의 소유권을 주장하고 이를 매매하는 것이 가능했을까.

김선달은 대동강 주변의 나루터에서 만난 물장수들을 보며 기발한 아이디어를 생각해낸다. 대동강을 팔아먹겠다는 속셈이었다. 김선달은 물장수들에게 엽전 몇 닢씩을 나눠주며 물을 길어 갈 때마다 자신에게 한 닢씩 돌려달라고 부탁했다. 물장수들은 대동강 물을 길을 때마다 김선달에게 엽전 한 닢씩을 내었다. 엽전을 내지 못한 물장수는 김선달에게 호되게 야단을 맞았다. 이 광경을 보고 있던 한양 상인들은 필시 김선달이 대동강의 주인이라고 생각하게 됐다.

한양 상인들은 대동강 물로 엄청난 돈을 벌 수 있다는 생각에 김선달을 꾀기 시작했다. 김선달은 물려줄 자식이 없지만, 대동강은 조상 대대로 물려받은 것이라 팔 수 없다며 한양 상인들의 제안을 거절했다. 한양 상인들은 포기하지 않고 집요하게 김선달을 구워삶았다. 이에 어쩔 수 없다는 듯 김선달은 대동강을 한양 상인들에게 팔기로 한다. 대동강은 결국 황소 60마리의 가격에 해당하는 4000냥이라는 거금에 낙찰되었다. 김선달은 '비싸 보일수록 귀한 것이다'라고 믿는 인간의 허영심을 살뜰히 이용해 먹은 것이다.

이 이야기 속에는 자신의 소유도 아닌 물건을 자신의 것처럼 팔아먹은 희대의 사기꾼 봉이 김선달의 재치와 이익을 위해서라면 물불 가리지 않는 상인들에 대한 조롱이 섞여 있다. 대동강이 어찌 한 개인의 소유일 수가 있겠는가. 그렇지만 한양 상인들이 봉이 김선달을 대동강의 주인이라고 오해할 수밖에 없었던 이유가 있었다. 당시에도 '물'은 판매되는 '물건'이었으며, 그 판매에 대한 권리가 존재하고 있었기 때문이었다. 또한 19세기 후반에서 20세기 초반이었다면 정말 '누군가는' 대동강을 정식으로 매매했을 수도 있었을 터이다. 당시 '물 시장'의 형성과 '물장수'의 삶을 살펴보면 어째서 봉이 김선달의 사기가 먹힐 수 있었는지 알 수 있을 것이다.

물장수의 '진기 묘기'

조선 사람의 생활의 색다른 모습은 물장수이다. 물론 조선에서도 급수 시설과 같은 것은 알려져 있지 않다. 상당한 규모의 공동 수도 사업을 하는 것은 꿈에도 상상할 수 없는 것임에도 불구하고 대도시에 물을 공급한다는 점에서는 조선보다 더 좋은 자연 조건을 가진 나라는 별로 없다. / G. W. 길모어, 『서울풍물지*Korea from Its Capital*』, 신복룡 옮김, 집문당, 1999(1892).

미국 선교사이자 육영공원의 교사였던 길모어George William Guilmore가 조선에 도착한 것은 1886년이었다. 『서울풍물지』가 출간된 것은 1892년이었으니, 이 책은 미국 선교사가 본 19세기 말 한양의 풍경을 담고 있는 셈이다. 미국 선교사 길모어에게 물지게를 지고 가는 물장수의 모습은 매우 이국적인 풍경으로 다가왔다. 『서울풍물지』에 따르면, 조선의 물장수가 "스위스나 영국의 우유장수"와 비슷한 행색을 하고 있었기는 했지만, 물을 파는 사람을 길모어는 처음 본 것이었다. 양쪽 "동이에 물을 가득 담고도" 물을 "한 방울"도 흘리지 않고 똑같은 "보폭과 진동을 유지"하는 물장수의 걸어가는 모습은 "외국인들의 눈에는" 그저 "신기롭기만" 한 것이었다. 더군다나 물장수들은 심지어 "물이 넘치는 것을 막기 위한 덮개도 씌우지" 않은 채였으니 말이다. 길모어뿐만 아니라 많은 외국인들이 조선의 기이한 풍경 중 하나로 물장수의 존재를 꼽았다. 그도 그럴 것이 서구에는 물장수가 존재하지 않았기 때문이었다.

　19세기만 해도 흔히 '문명국'이라 불리는 나라의 사람들은 대부분 상수도를 통해 식수를 공급받았다. 서구에서 상수도를 도입한 것은 전염병 때문이었다. 19세기 초 유럽은 콜레라로 몸살을 앓았다. 유럽인들은 전염병에 대한 공포를 떨쳐버리기 위해 공중위생 사업에 박차를 가했다. 공중위생 사업의 일환으로 가장 먼저 진행된 것이 도시 환경의 정비였으며, 이중에서도 상수도와 하수도의 정비가 먼저 실시되었다. 콜레라의 원인이 불결한 공중위생 상태 탓이라 여긴 유럽인들은 식수의 관리야말로 콜레라를 예방하는 지름길이라고 생각했다. 1613년 인구 15만의 영국 런던에 상수도가 보급되었다. 함부르크에서는 1842년, 단치히에서는 1869년, 베를

린에서는 1870년에 상하수도 설비가 완공되었다. 그리고 1850년대 들어 파리의 리옹 가에 최초의 근대적 하수 시설이 설치되었다. 상하수도 설비를 완벽하게 끝낸 서구 사람들에게 힘들게 물을 지고 다니는 '물장수'는 이미 '사라진 직업'이었던 것이다.

> 한국에서 가장 눈에 잘 뜨이는 직업 중의 하나는 물장수이다. 시골에서는 아낙네들이 샘이나 우물에서 물동이에 물을 담아 머리에 이고 집으로 나르지만 도시에서는 이런 일을 하는 특수한 계층의 남자들이 있다. 서울에서는 근처에 자리하고 있는 초라한 우물을 이용하는데 이에 관해서는 아예 언급하지 않는 것이 좋다. / H. B. 헐버트,『대한제국멸망사*The Passing of Korea*』, 신복룡 옮김, 평민사, 1984(1906).

외국인들이 물장수를 신기한 눈으로 바라본 것은 단지 '물장수'라는 직업 때문이 아니었다. 오히려 조선인들이 물장수를 통해 식수를 사먹는 풍속이 더 신기했던 것이다. 외국인들은 동네 우물에서 물을 길어 마시는 조선인들의 풍습을 이해하기 어려웠다. 외국인들이 보기에 조선의 우물은 매우 불결했다. 헐버트Homer Bezaleel Hulbert가 보기에 조선인들은 "우물 바로 옆에서 흙이 묻은 옷을 빠는" 것을 "조금도 주저하지" 않았으며, 빨래를 한 "오물은 쉽사리 우물로 흘러들어"가고 있었다. 게다가 바로 그 우물 옆에서 "채소나 그 밖의 여러 물건들을" 씻고 있었다. 헐버트는 조선의 "우물들은 위생이라는 것과는 거리가 멀며", 이와 같은 우물로 인해 "콜레라나 그 밖의 전염병"이 창궐할 수밖에 없다고 여겼다.

어떻게 저렇게 더러운 물을 먹고 살아간단 말인가! 아, 불결하기 그지없는 조선인들이여! 대다수의 외국인들은 조선인들이 우물물을 먹고 살아간다는 것을 좀처럼 이해할 수 없었다. 특히 외국인들은 한양과 같은 도시에 상수도 시설이 없다는 데 더더욱 놀랐다. 그렇기에 식수를 배달해주는 물장수의 존재가 외국인들의 눈에는 신기한 구경거리였다. 결국 물장수의 존재는 조선이 비위생적인 나라이자 '미개한' 나라임을 증명하는 직

외국인들의 눈에 비친 조선의 물장수는 미개하고 비위생적인 잔재의 산물이었다.

업이었던 셈이었다.

위생은 하늘로 머리를 두고 죽기를 싫어하는 것이다

1888년 3월 일본 상선 한 척이 제물포 항구에 도착했다. 제물포에 내린 승객들 중에는 훗날 명성황후의 주치의로 활동하게 될 릴리아스 호튼Lillias S. Horton도 있었다. 릴리아스 호튼은 이미 조선에서 선교 활동을 하고 있던 호레이스 그랜트 언더우드Horace Grant Underwood를 만나 결혼을 하였고, 죽을 때까지 조선에서의 선교 활동을 멈추지 않았다.

릴리아스 호튼 언더우드가 쓴 『상투의 나라Fifteen Years among the Top-Knots or Life in Korea』 속의 조선은 "비위생적이라든가 불결하다든가 하는 정의에 속하는 모든 상상 가능한 모습들"이 파노라마처럼 펼쳐진 나라였다. 언더우드에게 조선 사람들이란 "우물 가까이에서 더러운 의복을 세탁"하고, "썩은 야채들"을 도로에 수북하게 쌓여 놓으며, "날것의 푸른 오이와 껍질이 벗겨지지 않은 쓴 딸기"를 아무렇지도 않게 먹으며, "소화가 잘 안 되는 김치를 급하게" 삼키며, 배추는 "도랑물에 씻어 무와 함께 소금과 고춧가루로 맛"을 내며, 모든 종류의 "녹색 수확물"은 "자연의 법칙을 완전히 무시한 채" 먹음으로써 "서구인들을 깜짝 놀라게" 만드는 '미개인들'이었다.

근대 초기 조선을 여행한 외국인들이 남긴 여행기는 수두룩하다. 그들의 여행기의 내용 중에서 빈번하게 발견되는 단어는 '불결'이라는 두 글자다. '문명국'의 수준을 측정하는 방식이야 여러 가지가 있겠지만, 공중위생과 보건위생의 수준이야말로 문명국이냐 문명국이 아니냐를 구별하는 중요한 척도 중의 하나다. 외국인들은 조선의 공중위생과 보건위생 수준이 매우 열악하다고 판단했다. 그렇기 때문에 수많은 외국인 선교사들이 조선을 '불결한 나라'로 지목했다. 외국인들만 그랬던 것은 아니었다. 개화파 역시 그랬다. 김옥균의 문명개화 프로젝트의 얼개를 고스란히 담고 있는 『치도약론』(1882)의 핵심 역시 '위생'이었다. 조선의 문명개화 프로젝트의 중심에는 '국민'의 '위생'이 자리 잡고 있었다. 따라서 정부에서는 '불결'

과의 전쟁을 선포했다. '위생 개혁'의 밑바탕에는 외국인의 눈에 비친 조선이 지나치게 비위생적이라는 사실, 그에 대한 뿌리 깊은 '수치심'이 자리 잡고 있었다.

1883년『한성순보』가 발간되었다.『한성순보』의 발간은 조선의 근대개화 프로젝트의 일환이었다. 이를 위해『한성순보』에는 다양한 근대 계몽에 관한 기사가 실렸을 뿐 아니라 세계 각국의 사정을 소개했다. 1884년 5월 5일자『한성순보』의 「각국근사各國近事」란에 '만국위생회'라는 제목의 기사가 실렸다. 기사의 내용을 요약하면 다음과 같다.

대체로 위생이라고 하면 모든 병을 발생하지 못하도록 예방하는 것이며, 의료라고 하면 이미 발생한 병을 치료하는 것이다. 위생은 하늘로 머리를 두고 죽기를 싫어하는 세계의 동포와 우리 백성들의 급선무이다. 병을 발생시키는 원인이 여섯 가지 있으니 음식과 공기와 기후와 행위와 유전과 감염이다. 더러운 물은 만병의 원인이다. 현재 구미 각국에는 자체 내에 위생국衛生局이 있어서 전국 위생 사무와 위생 감독을 실시한다. 위생 규칙에는 다섯 가지 조항이 있다.
1. 먹는 음식과 물을 철저히 관리한다.
2. 시도市道와 골목길, 하수도, 변소 등을 소제하여 더러운 것이 흘러내리거나 증발하지 못하게 한다.
3. 감염되는 병에 걸린 사람들은 모두 병원으로 옮겨 치료하고 그 병이 전염되지 않도록 소독한다.
4. 자녀가 출생하면 반드시 우두법에 따르도록 한다.
5. 일체의 의약 도구를 검사하여 경솔하게 사용하거나 부질없이 시험하지 못하도록 한다.

위생이야말로 개화의 급선무였다. 이에 따라 1894년 7월 30일 위생국이 신설된다. 위생국은 전염병 예방과 의약 및 우두와 관련된 사무를 담당했다. 그 구성원은 참의參議 1명, 주사主事 2명이었다. 그동안 방역 사업, 의약 관런 사무, 우두 사업 등이 별개의 기구들을 통해 진행되었는데, 이 과정에서 발생했던 혼란을 극복하고 제반 위생 사무를 총괄하기 위한 단일 기구가 탄생한 것이다.

위생은 병을 예방하는 것이며, 의료는 병을 치료하는 행위다. 치료는 일차적으로 질병에 걸린 사람들을 전제로 하지만, 위생은 도래할 질병, 미래의 환자에 대한 지속적인 감시의 시스템이다. 이는 일상의 습속을 개량하지 않으면 안 되는 것이었다. 몇백 년 동안 지속되었던 일상을 어느 날 갑자기 바꾸는 일은 그리 쉽지 않다. 위생은 질병과의 전쟁이기도 했지만 민중의 삶의 습속과 싸우는 일이기도 했다. 조선 정부는 위생 개혁을 위해 갖은 노력을 쏟아 부었는데 이러한 과정에서 우물 개량이 시급한 과제로 부각되었다. 바야흐로 '물과의 전쟁'이 시작된 것이다. 따라서 정부는 대대적인 수질 관리 사업에 착수했다.

물과의 전쟁, 위생 순검이 납신다

대저 물이란 것은 사람의 일용 음식에 들어가지 않는 데가 없다. 의복을 세탁하는 데든지 무슨 물건을 만드는 데든지 몸을 정결하게 하는 데든지 무릇 천만 가지에 물을 사용하지 않고 되는 일이 별로 없다. 사람은 하루라도 물을 먹지 못하면 살 수가 없는 것이다. 물이 아니고는 일신의 혈맥도 관통하게 할 수 없고 다른 음식을 소화도 잘할 수 없으며 신체와 목숨을 잘 기르지 못할 것이다. / 「논설」, 『제국신문』, 1900년 5월 24일.

조선 정부는 위생 개혁의 일환으로 우물과 개천을 정비하고 관리하기 시작한다. 이는 각종 세균에 의한 전염병을 예방하기 위한 것이었다. 더 나아가 이는 조선인의 신체, 곧 인종을 보존하는 방법이었다. 계몽 지식인들은 서구의 나라들이 '문명부강'한 나라가 될 수 있었던 것은 물을 잘 관리했기 때문이라는 점을 민중들에게 역설했다. 정부에서는 각 동네마다 우물을 개량하기 시작했다. 우물의 입구에 문을 설치하여 개천의 더러운 물이 들어가지 못하게 했다. 우물 주변에는 돌로 발판을 만들어 발에 묻은 오물이나 흙이 우물로 들어가는 것을 방지했다. 또 우물 위에는 지붕을 만들어 빗물이나 더러운 먼지의 침입을 예방했다. 우물의 물을 긷는 두레박도 여러 집에서 돌려쓰지 못하게 했다. 두레박을 공동으로 사용하는 것은 자칫 병균이 전염될 수 있다는 판단에서였다. 그렇지만 오랜 습속을 하루아침에 바꾸는 것은 쉽지 않은 일이었다. 조상 대대로 매일 써온 물을 '더러운 물'이라고, '병을 옮기는 물'이라고 하다니. 당시 백성들로서는 황당하고 귀찮기 그지없는 일이 아니었을까.

> 지금 서울 안에 있는 사람들이 먹는 물은 대소변 거른 물, 섞인 물을 먹는 것이라. 그 물 한 방울을 현미경 밑에 놓고 보면 가득한 것이 버러지 같은 생물인데 그 생물 까닭에 대개 열 사람이면 아홉은 체증이 있다든지 설사를 한다든지 학질을 앓는다든지 무슨 병이 있든지 성한 사람이 별반 없다. (……) 우리가 바라건대 한성부에서는 억지로라도 위협하여 가면서라도 욕은 먹고 시비를 듣더라도 조선 인민이 정한 물을 먹게 해주는 것이 이 어둔 백성들을 인도하는 본의가 될 것이다. / 「논설」, 『독립신문』, 1897년 9월 2일.

> 양잿물이 지독하여 위생에 극해하거늘 무식한 여인네가 우물가에서 빨래하니 그 뉘가 금단하며. / 「시사필언」, 『제국신문』, 1901년 3월 23일.

대소변을 거른 물, 버러지 가득한 물, 양잿물 섞인 물……. 그런 물들은 서구인의 관점에서는 더럽고 불결한 물이었다. 그러나 오랫동안 그런 물을 자연스럽게 사용해온 조선 사람들에게는 위생 개혁 자체가 엄청난 폭력으로 다가왔다.

조선 사람들은 여전히 개천에서 빨래를 했고, 개천이 가까운 곳에 퇴비를 쌓아놓는 경우가 흔했다. 화장실의 오물이 개천을 통해 흘러갔으며 가끔씩 개천에서 오줌을 누기도 했다. 계몽 지식인들이 보기에 이 모든 행위는 건강에 아주 해로운 것이자 미개하고 야만스러운 짓이었다. 인민의 자발적인 위생 개혁이 이루어지지 않자 정부에서는 드디어 공권력을 투입한다. 정부에서는 인민들이 정부에서 정한 '위생 규칙'을 지키는지 어기는지를 감시하는 임무를 지닌 경찰을 선발하여 인민들의 위생 단속을 실시한다. 이른바 '위생 순검'이 출현한 것이었다.

위생 순검은 개천에서 빨래하는 사람들, 노상 방뇨를 하는 사람들, 변소를 치우지 않는 집, 길가에 퇴비를 쌓아놓는 것, 시장에서 상한 음식을 파는 상인, 술 마시고 아무 데서나 잠을 자는 사람 등을 감시하고 단속했다. 여기에 더해 위생 순검들은 자신이 담당한 구역에 있는 우물을 하루에 몇 차례씩 관리하고 감독했다. '위생 규칙'을 어긴 사람은 경찰서에 끌려가 태형笞刑을 받거나 당시의 생활수준에 비해 가혹한 벌금을 물어야만 했다. 사람을 살리기 위한 위생 사업이 이제 사람을 죽도록 고생시키는 흉물스런 죽음의 사업이 되었다. 한마디로 '위생'이 곧 '고생'이었다.

물장수의 전성시대

서울의 밀집지대에서 물장수를 하려면 50~100달러의 권리금을 지불하고 그 자리를 사야 한다. 물을 공급받는 각 가정은 매달 요금을 지불한다. (……) 물통은 대나무 끈으로 동여매어져 있으므로 물장수가 묘한 몸짓을 하면서 걸을 때에는 물통이 흔들리어 그 동여맨 부분이 서로 마찰되어 마치 중국인들이 사용하는 손수레의 차축에서 나는 소름끼치는 소리가 나기 때문에 행인들은 물장수에게 길을 비켜준다. / H. B. 헐버트, 『대한제국멸망사』, 신복룡 옮김, 평민사, 1984(1906).

1910년대에 우물을 통해 물을 길어다 배달하는 물장수는 어디서나 볼 수 있는
흔한 직업 중 하나였다.

1886년 육영공원의 교사로 부임한 헐버트의『대한제국멸망사』에 따르면, 물장수는 "방대한 조직"을 갖춘 "공인된 제도"였다. 그러나 물장수가 처음부터 특정한 조직을 갖춘 채 등장한 것은 아니었다. '물 판매'라는 상행위 역시 '공인된 제도'로서 인정받았던 것도 아니었다. 물장수가 거대한 조직을 갖추고, 더 나아가 정부로부터 '공인된 제도'로서 취급받을 수 있었던 것은 역설적이게도 물장수의 생계를 위협하는 '대한수도회사'의 탄생과 밀접한 관계가 있다.

물장수가 언제 등장했는지는 정확하지 않다. 대략 1800년대 전후로 그 시기를 잡는다. 물론 여기에는 우리가 잘 아는 '북청 물장수'도 포함된다. 물장수는 아침저녁으로 각 가정에 물을 배달하는 사람을 뜻한다. 헐버트는 당시 서울에서 가장 흔하게 볼 수 있는 직업 중의 하나가 물장수라고 회상한다. 그만큼 물장수가 많았다는 것을 의미한다. 1908년 수도가 보급되기 전까지 서울에서 물장수를 직업으로 삼았던 사람은 대략 2000여 명 정도였다. 1910년『민적통계표民籍統計表』에 따르면 당시 서울의 인구는 23만 3590명이었으며, 이 중에서 상업에 종사하는 사람은 1만 3672명이었다. 이를 기준으로 보면 서울 상업 인구의 15퍼센트가 물장수였던 셈이다.

물장수가 이렇게 많았던 이유는 물을 배달시켜 먹는 사람들이 많았기 때문이다. 이는 역설적으로 서울 시내에 있는 우물의 수질이 여전히 좋지 못함을 반증하는 것이기도 하다. 1910년대 서울 시내의 우물 수는 총 1만 1410개였다. 이 중에서 식수로 부적합한 우물은 9911개였다. 우물은 많았지만 식수로 사용해도 좋은 우물은 많지 않았다. 또한 개인적으로 우물을 소유한 집도 별로 없었다. 따라서 서울 사람들은 식수를 조달하기 위해 물장수를 찾았다.

물지게꾼들이 물을 길어 올리는 우물은 시내에서 가장 아름다운 곳에 있다. 큰길에서 벗어나 통행로 바로 옆에 자리 잡은 우물은 돌로 쌓은 원형의 샘으로 주위보다 2피트(60센티미터) 정도 높다. 물 긷는 시간은 따로 정해져 있지 않으며 인가와 아주 가깝기 때문에 언제라도 이용할 수 있다. 그래서 직업적인 물지게꾼을 비롯해 일반 가정집의 여종 등이 하루 종일 긴 행렬을 이루며 이곳을 오고 간다. / 퍼시벌 로웰Percival Lowell, 『내 기억 속의 조선, 조선 사람들*Chosŏn, The Land of the Morning Calm*』, 조경철 옮김, 예담, 2001(1885).

물장수는 약 30리터의 물을 어깨에 지고 다녔다. 결코 만만치 않은 무게였다. 그들이 힘겹게 지고 나른 물값은 대략 1000갤런(약 3785리터)에 22펜스(약 92전) 정도였다. 물장수 한 사람당 약 10~20호를 상대로 거래를 했으며, 이들은 아침저녁으로 각 가정에 물을 배달했다. 이와는 다르게 물을 지고 다니면서 파는 물장수 행상도 존재했다.

이처럼 2000여 명이 물장수로 생업을 삼았지만, 이들 모두가 똑같은 물장수는 아니었다. 물장수를 하기 위해서는 세 가지 요건이 갖춰져야 했다. 우물과 물자리(수좌水座)와 급수 노동이 그 요건들이었다. 한강에 물이 넘쳐난다고 해서 그 물을 그냥 퍼다 팔 수는 없었다. 물장수는 물을 판매할 수 있는 담당 구역이 정해져 있었다. 기존 물장수들은 신참 물장수들이 자신의 구역에 침범하지 못하게 하였다. 물장수가 물을 판매하는 담당 구역을 물자리[水座]라고 불렀다. 이 자리의 권리를 급수권汲水權이라고 한다. 이 급수권은 무형의 재산으로 인정되어 매매되었다. 그래서 '물지게꾼'을 고용하여 물자리세만 챙기는 물장수도 생겨났다. 이들은 급수노동을 하지 않았다. 물장수 중에는 북청北靑 출신의 물장수가 많았는데, 이들을 '북청 물장수'라 불렀다. 이들이 유명한 데에는 북청 사람들이 자신들의 연고지를 기반으로 똘똘 뭉쳐 급수권을 주장함으로써 '물장사'를 독점했기 때문일 수도 있다. 재력가 중에는 직접 우물을 파서 물장수에게 물을 파는 사람도 생겨났다.

따라서 물장수도 여러 계층이 존재했다. 우물을 소유하고 물장수에게 물을 파는 물장수, 급수권을 이용하여 물자리세만 받는 물장수, 물자리세를 내고 영업하는 물장수, 물자리세를 내고 영업하는 물장수에게 고용된 물지게꾼 등이다. 사정이 이러하니 봉이 김선달이 대동강을 팔아먹은 것도 그리 허황된 일만은 아니었다. 조상 대대로 대동강에서 물을 길어다 팔았다면, 대동강에서 취수할 수 있는 권리가 김선달에게 있을 수 있기 때문이다. 게다가 김선달에게 속아 넘어간 자들은 돈에 눈이 먼 상인들이었으니, 속이기가 마냥 어렵지만도 않았을 터이다.

수돗물은 만병통치약?

1908년은 역사적인 해다. 그해 9월 최초의 근대식 수도가 개통되어 서울 사람들에게 상수도를 통한 '물 공급'이 시작된 것이다. 그러나 지금처럼 각 가정마다 수도 밸브가 설치된 것은 아니었다. 수돗물이 각 가정으로 직접 공급되기까지는 여러 해 동안의 준비 작업이 필요했다.

1898년 '콜브란-보스트윅 상회'는 고종으로부터 서울의 수도 사업에 관한 특허를 받았다. 그리고 1903년 12월 9일 서울 수도 사업의 특허에 관해서 공식적으로 계약을 체결한다. 하지만 1905년 콜브란-보스트윅 상회는 6만 5000파운드를 받고 런던의 '인터내셔널 신디케이트'에 수도 사업 특권을 팔아치운다. 단, 수도 부설은 콜브란-보스트윅 상회가 이름을 바꾼 '콜브란-보스트윅 개발회사'에서 담당하는 조건이었다. 인터내셔널 신디케이트는 서울의 수도 사업을 위해 '대한수도회사Korean Water Works Limited, manager and engineer H. G. Foster Barham'를 설립했다. 대한수도회사는 상수도 시설과 경영 관리를 담당했다. 콜브란-보스트윅 개발회사는 1906년 8월 뚝섬(뚝도) 정수장 공사에 착공하여 1908년 8월에 공사를 마친다. 대한수도회사는 1908년 9월 1일부터 급수 인구 12만 5000명에게 하루 1250만 리터의 급수를 시작했다. 그렇다고 지금처럼 각 가정마다 수도 파이프가 연결된 것은 아니었고, 도시의 중요한 거점에 수돗물이 나오는 공용 수도를 설치한 것이었다.

이로써 조선 최초의 근대식 수도 시설이 탄생했다. 근대식 수도 시설이 갖춰짐에 따라 인민들은 좀 더 깨끗한 물을 마실 수 있는 기회를 잡았다. 그러나 물장수들은 정부와 밀착된 글로벌 기업의 조선 진출을 달갑게 여기지 않았다. 물장수들은 대한수도회사의 등장으로 그동안 자신들이 누렸던 '특권적 지위'를 상실하게 되었기 때문이었다. 이에 물장수들은 자신들의 생계 수단과 기존의 권리를 지켜내기 위해 온갖 노력을 기울여야만 했다. 최근 홈쇼핑에서 방영하는 렌탈 정수기 광고 콘셉트와 매우 비슷하다. 요컨대 '당신이 먹는 물, 안전합니까?'라는 질문으로 불결한 물에 대한 '공포와 불안'을 조성하는 것이다.

순량純良한 물을 음용하오.
제군은 질병으로 하여금 고뇌를 당하시옵나이까.
제군은 친우와 애자愛子를 영결永訣하심이 있으셨나이까.
제군은 항상 신기身氣가 피곤하고 정력이 노손勞損하였나이까.
순량한 물을 음용하시면 이들 고난을 면하시리이다.
순량한 물을 반드시 음용하시고 불량한 우물물은 폐용廢用하시어 독해毒害를 면하시오. (……)
급수상汲水商이 순량한 한강수로만 음료수를 공급함을 반드시 주목하오. (……)
한 동네 안에 있는 각 집에서 동시에 수돗물을 취용取用하게 되는 경우에는 급수 요금을 특별히 저렴하게 하겠습니다.
유한책임有限責任 대한수도회사 왈.
/「대한수도회사 광고」, 『대한매일신보』, 1909년 3월 5일.

자신들의 권리를 지키려고 고군분투했던 것은 물장수들만이 아니었다. 대한수도회사 역시 기존의 '물 시장'을 제패하고 있었던 물장수와 맞서야 하는 과제에 봉착했다. 대한수도회사가 일차적으로 선택한 방법은 대대적인 '물 광고'였다. 대한수도회사는 인민들에게 수돗물이 우물물보다 더 좋은 물이라는 광고를 신문을 통해 선보였다. 신문을 통한 수돗물 광고는 연일 계속되었다. 대한수도회사의 수돗물 광고는 선정적이고 공격적이었다. 대한수도회사는 우물물은 만병의 근원이자 '독약'이며, 수돗물은 만병을 치료할 수 있는 '약수'라고 선전을 했다. 물 광고가 아니라 약 광고에 가까운 내용이었다. 허위 광고이자 비방광고이자 과대광고의 소지가 충분했지만 이를 규제할 법규는 없었다.

물장수들은 대한수도회사에 맞서 단체를 조직한다. '수상야학회水商夜學會'와 '수업회의소水業會議所'였다. 하지만 이 두 단체에 가입하는 물장수들의 계층은 달랐다. '수상야학회'에 가입한 물장수들은 대부분 급수노동에 종사했다. 그들은 비록 물자리는 갖고 있었지만 자본 부족으로 직접 급수노동을 담당했으며, 대부분 북청 물장수였다. 물론 이 중에서도 몇몇은 물지게꾼을 고용한 부류도 있기는 했다. '수업회의소'에 참여한 물장수들은 대한수도회사에 대항하여 천일회사天一會社를 설립하고 우물물 영업을 계속하고자 했던 부류들이었다. 이들은 자신들을 '자본금 소유주資本金所有主'라고 불렀다. 수업회의소에 참여한 물장수들은 물자리뿐만 아니라 개인 우물도 소유하고 있었던 재력가들이었다.

수상야학회는 자신들이 보유한 물자리 권리를 보상해줄 것을 대한수도회사 측에 요구했다. 대한수도회사는 수상야학회의 요구를 단호하게 기절했다. 그 대신 대한수도회사는 수돗물 '특판'을 수상야학회에 일임했다. 대한수도회사의 입장에서도 고육지책이었다. 기존의 물장수를 배제하고서는 소비자에게 물 공급을 원활하게 할 수 없다는 판단에서였다. 따라서 수상야학회는 대한수도회사의 수돗물을 공급하는 하청 업체로 전락했다. 대한수도회사는 수상야학회에게 511개의 급수전給水栓 중에 200개를 지급했다.

수상야학회 소속의 물장수들은 일명 특설 공용전(공동전共同栓)을 통해 수돗물을 집집마다 배달했다. 그리고 한 달에 한 번씩 보증금과 월세를 대한수도회사에 납부하는 식이었다. 대한수도회사의 특설 공용전이 수상야학회에 임대되자 우물물을 판매하던 물장수들은 심한 타격을 입게 되었다. 이러한 경위로 우물을 보유하고 있었던 자산가들은 수업회의소를 조직하고 대한수도회사에 대항하게 되었던 것이다.

수업회의소는 수상야학회 측과 협상을 벌였다. 자신들과 손잡고 영

근대식 수도가 개통된 후에도 물장수들은 특설 공용전을 통해 수돗물을 배달했다.

업을 하자는 것이었다. 수상야학회는 처음에는 수업회의소의 제안을 긍정적으로 받아들였으나 결국 대한수도회사의 회유에 넘어가 수업회의소와의 상생은 파국으로 치달았다. 게다가 수상야학회와 대한수도회사는 1908년 9월 말부터 10월까지 '무료 급수'를 실시했다. 이는 수도의 시험 가동을 빌미로 경쟁 상대였던 수업회의소의 기를 꺾기 위한 일종의 판촉 행사였다. 약 10주간의 무상 급수가 끝나자 수상야학회는 학부學部에서 명령한 '학회'의 영업 활동 금지 정책에 따라 명칭을 '수상영업회水商營業會'로 개칭하고 다시 영업을 시작했다. 이렇게 수상야학회가 명칭을 바꾼 이유는 수상야학회는 원래 노동야학회의 한 분과로서 가입하였다가 독립했음으로 공식적으로는 '학회'였기 때문이었다.

수상영업회 소속의 물장수들은 대한수도회사 소속 물장수임을 증명하는 호패를 차고 등유 깡통으로 만든 물통을 사용했으며, 자신들이 대한수도회사의 '공식 급수부'임을 널리 알리기 위해 신문에 광고를 냈다.

> 본회本會에서 한성부 수도회사와 계약하고 5부 내伍部內 음료수 공급역供給役을 모두 관리하여 조만간 개통함. 수진동 내壽進洞內 수상야학회. / 「광고」, 『황성신문』, 1908년 8월 26일.

수상영업회 소속 물장수는 등유 깡통으로 만든 물통을 지고 다녔기 때문에 '깡꾼'이라고 불렀으며, 우물물을 판매했던 수업회의소 소속의 물장수나 물지게꾼 혹은 개인적으로 물을 판매했던 물장수는 나무로 만든 물통을 지고 다녔기 때문에 '통꾼'이라고 불렀다.

물장수가 사라져가고 물 도둑이 생겨나다

조선이 일본의 식민지 통치를 받게 되자 대한수도회사의 경영도 바뀌게 되었다. 대한수도회사는 일본 정부에 매도되었으며 경기도 관할로 이관되었다. 대한수도회사의 관영화 이후 한성수상조합(수상영업회)은 명칭을 변경하여 '경성수상조합'으로 탈바꿈하였다. 또한 한성수상조합이 경성수상조합으로 바뀌기 이전인 1910년 3월에는 그동안 여러 단체에 난립해 있던 물자리 권리를 하나로 통합하여 '수좌인준증권水座認准證券'을 발행했다.

대한수도회사가 관영화되면서 요금의 징수 체계도 변화를 맞이했다. 1912년 3월 경기도는 경성수상조합이 직접 수도 요금을 징수할 수 있는 권리를 부여했다. 경성수상조합은 월급제로 물장수를 고용했으며, 이에 조합의 직원이 수도 요금을 직접 징수하게 된다. 물장수들은 크게 반발했지만, 수상조합은 오히려 물지게꾼을 모집하는 방식으로 물장수들의 반발에 맞불을 놓았다. 결국 영세 물장수들은 자본력으로 밀어붙이는 거대한 조합의 힘에 밀려 고용 노동자의 위치로 점점 몰락해가고 있었다.

경성수상조합은 자신들이 직접 수도 요금을 징수하는 한편, 물지게꾼을 고용하여 각 가정에 물을 판매했다. 이 과정에서 소비자들의 원성은 날로 높아만 갔다. 물값으로 인한 시비가 끊이지 않았으며, 조합과 물장수 그리고 물지게꾼들 사이의 반목도 그치지 않았다. 이로 인한 피해는 고스란히 소비자들의 몫이었다. 그 피해가 얼마나 심했던지 1912년 12월 14일자 『매일신보』에는 「수상조합은 인민의 원굴怨窟」이라는 기사가 실렸다.

『매일신보』 기자가 판단하기에 경성수상조합의 조합은 말뿐인 조합이었다. 수상조합의 실체를 들여다보면 물장수들의 조합이 아니라 "한두 명의 개인"이 다른 사람들의 "명의만 빌려"서 주인 행세를 하고 있었던 것이다. 더욱이 물값을 징수하는 방식은 자기들 마음대로였는데, "이 동리와 저 동리" "남부와 북부"가 서로 달랐다. 게다가 수상조합은 자신들을 마치 "관청으로 자처"하면서 물값을 "임의대로 가감"하기도 했으며, 물값을 연체한 집이 있을 경우 아예 물을 주지 않거나 "성질이 고약하고 막돼먹은 내지인"을 시켜 "공갈과 야료"를 서슴지 않았다.

1914년 6월 31일 식민지 통치 당국은 마침내 경성수상조합을 해산시켰다. 경성수상조합을 해산시키는 과정에서 식민지 통치 당국은 경성수상조합의 수좌인준증권에 대한 보상 정책을 실시했다. 수좌인준증권의 보유자는 약 55명 정도였고, 그 액면가는 17만 6800원의 거액에 달했다. 조선총독부가 경성수상조합을 해산시킨 이유는 수상조합은 일본에도 없는 제도였을 뿐 아니라 수상조합으로 인한 갖가지 골칫거리를 일거에 척결하기 위해서였다. 식민지 당국이 경성수상조합을 해산시킴으로써 피해를 본 것은 어찌 보면 '순수하게' 물을 배달했던 급수부, 혹은 물지게꾼들이었다. 앞서 말했지만 당시의 거대한 규모의 '물 시장'에서 배를 채웠던 것은 물자리를 가지고 있으면서 급수노동을 하지 않았던 일부 거대 물장수들이었다. 그들은 직접 급수노동을 하지 않으면서도 수좌인준증권을 현물처럼 매매하여 이익을 보기도 했다.

경성수상조합이 해산되면서 식민지 통치 당국은 공용전, 즉 공용수도를 기존의 228개에서 419개로 크게 증설했다. 이제 각 가정에서는 당국이 지급한 '물표'를 받아 공용수도에 가서 물표를 내고 물을 공급받으면 되었다. 식민지 당국은 공용수도를 관리·감독하기 위해 수도국에 순사를 배치하였으며, 순사는 인민들이 수도 규칙을 지키며 공용수도를 이용하는지를 철저하게 감시했다. 다양한 종류의 기상천외한 '물 범죄'가 성행했던 물은 이제 '관리'의 대상을 넘어 '범죄'의 대상이 되어버렸던 것이다.

요사이 경성 시내에는 수통물에 대하여 날마다 경기도 수도국 순사의 발견으로 관영 수도 규칙에 의하여 종로경찰서에 고발하는 건수가 하루에도 여러 건인데 최근에 고발된 자는

◀ 익선동 60번지 송원준(46)은 감찰도 맡지 않은 열쇠를 가지고 근처 수통물을 뜨다가 발견되었고,

◀ 수송동 104번지 조진철(20)은 적선동 51번지 나카무라中村에게 부탁을 받아 수통물을 떠다 주는 것을 기화로 여겨 적선동 김한태에게 하루 두 지게씩 물 내주고 한 달에 30전씩 받아먹던 일이 탄로났고,

◀ 경성 화동 사는 김성녀(39, 김씨 성을 가진 여자라는 뜻-필자)는 안사일이란 자의 부탁으로 물을 떠다 줄 때에 가회동 이근영의 집에 떠다 준 일이 발각되었고,

◀ 수은동 사는 김성녀(40)는 수통물을 떠서 남에게 많이 나누어주

다가 순사에게 들키어 고발되었고,

◀ 봉익동 170번지 송인섭은 연지동 6번지 구득손의 부탁으로 물을 떠다가 슬며시 연지동 문수경에게 하루 한 지게씩 주기로 약속하고 한 달에 30전씩 받던 일이 탄로났고,

◀ 경성 누하동 사는 류옥현(57)은 근처 김두환의 부탁을 들어 수통 물을 길어다 주는데 틈틈이 그 동네 김경창의 집에 물을 떠다 주던 일이 발각되어 지금 모두 취조 중이라는데 범과자가 많은 모양이더라.
/「위반자 속출」,『매일신보』, 1915년 8월 12일.

식민지 당국의 정책에 따라 경성수상조합의 '물장사'는 공식적으로 금지되었다. 그렇다고 '물장수'가 사라진 것은 아니었다. 사라진 것은 '경성수상조합'이었다. '경성수상조합'이라는 이름은 사라졌지만 여전히 조합의 힘은 '비공식'적으로 발휘되고 있었다. 물장수들도 비공식적으로 활동했으며, 수좌인준증권도 재산으로 취급되어 여전히 매매되었다. 조선총독부는 수도요금을 징수하기 위해서 '수도총대水道總代'를 선발하고 수도요금 징수와 납부 등의 수도 업무를 무보수로 담당하게 했다. 수도총대는 이용자 15호당 1명이었다. '수도총대'라는 직책이 신설되면서 물장수들은 일반 수용자 자격으로 사용을 신청하여 수도 열쇠와 감찰을 받은 후 '불법'으로 수돗물을 판매했던 것이다.

여기에 더해 당국의 단속을 피해 물을 '밀매'하는 사람들이 생겨났다. '물 밀매'가 생겨난 것은 그만큼 '물'이 돈벌이가 되는 좋은 '상품'이 되었음을 뜻하는 것이었다. 물론 물 밀매는 물지게꾼으로 살았던 사람들의 호구지책이었을지도 모른다. 결국 식민지 당국과 수좌인준증권을 가진 거대 물장사들 사이에서 힘없는 물지게꾼 혹은 영세한 물장수들만 큰 피해를 보았던 셈이다.

급기야 1924년 조선총독부는 수도 방임제에서 수도 계량제로 제도를 변경한다. 수도에 계량기를 설치한 것이다. 이로써 비공식적으로 활동했던 물장수들은 정말 사라질 위기에 봉착했다. 비공식적으로 활동했

던 물장수들은 다시 조합을 결성하기로 한다. 총 351인의 발기로 자본금 20만 원의 '경성공수조합京城供水組合'을 조직했는데, 이 조직은 경성수상조합과 같은 수좌인준증권을 보유한 재력가들이었다. 이와는 별도로 급수부(물지게꾼) 중심의 '급수부조합'도 설립되어 활동을 벌였다. 두 조합은 여러 차례의 협의를 가진 후 순수한 급수부 중심의 '급수권 운동'을 추진하기로 결정하고 명칭을 '급수조給水組'로 바꾼다. 하지만 급수조의 활동이 어느 정도 효과가 있었고 순수한 급수부들의 권리가 어떻게 확보되었는지는 잘 알려져 있지 않다.

마침 1924년 시인 김동환은 「북청北靑 물장사」란 시를 발표하여 이제는 정말로 '사라져가는' 물장수에 대한 향수를 아름답게 그려냈다.

새벽마다 꿈길을 밟고 와서
머리맡에 찬물을 솨— 퍼붓고는
그만 가슴을 디디면서 멀리 사라지는
북청 물장사

물에 젖은 꿈이
북청 물장사를 부르면
그는 삐걱삐걱 소리를 치며
온 자취도 없이 사라져버린다

아침마다 기다려지는
북청 물장사
/ 김동환, 「북청北靑 물장사」, 『동아일보』, 1924년 10월 13일.

1800년대 전후에 생겨난 물장수는 몇 차례의 시대적 격변을 겪으면서도 그 명맥을 이어가고 있었다. 물장수의 명맥이 지속될 수 있었던 것은 여전히 식민지 조선의 수도 시설이 미미한 편으로 지금처럼 각 가정마다 수도

관이 연결된 것이 아니었기 때문이었다. 물장수의 명맥은 근근이 이어졌고, 1970년대 초반까지 존재했다.

　'정부 – 상인(물장수) – 소비자(인민)'의 이해가 미묘하고도 복잡하게 얽히고설킨 '공공재'로서의 자원을 어떻게 이용해야 할까. '물장수'의 존재는 다른 상품과는 달리 좀 더 근원적이고 윤리적인 물음을 요구한다. '물'을 팔 수 있다면, 바람과 공기도 팔 수 있는 것인가. 어쩔 수 없이 물을 팔아야 한다면 좀 더 많은 사람들에게 깨끗한 물을 저렴하게 공급할 수 있는 길은 없을까. 아무리 돈이 좋다 한들 알프스의 물과 북극의 물과 제주도의 물과 같은 천혜의 공공재를 고갈시키면서까지 '생수'로 만들어 파는 것은 윤리적 차원에서 옳은 일일까. 천연암반수와 해양심층수는 퍼내도 퍼내도 마르지 않는 화수분인 것일까. 생태계의 파괴는 곧 인류의 멸망을 의미한다. 우리가 생수를 마시면 마실수록 지역의 생태계는 파괴될 것이며, 소비자들은 더 비싼 물을 사 먹어야만 한다. 생명의 원천인 물마저 빈부의 차이에 따라 불균등하게 공급된다면 인류는 과연 어떻게 될 것인가. 물장수는 사라졌지만 '식수'의 문제는 여전히 인류의 전 지구적 화두다.

9 메디컬 트릭스터, 약장수

임질 근치根治. 절대 보증. 만일 효과 없으면 절대 환불. 유명한 화류병 학과의 태두泰斗 독일 구로벨 박사 신발견. 백방으로 치료하고 백약이 다 효과 없어 돈만 허비하고 완치가 되지 않아 고통 하는 분. 주의, 이 약보다 좋은 약이 있다면 100원을 드림. 직수입원, 신성당대약방神聖堂大藥房 / 「광고」, 『동아일보』, 1929년 12월 25일.

애들은 가라~, 애들은 가!

초등학교 때였다. 어머니는 방학만 되면 어김없이 나를 남쪽 바닷가로 내려보냈다. 바닷가에서 외로이 생활하는 할아버지와 할머니를 만나라는 이유에서였다. 서울역에서 통일호 열차를 타고 남쪽으로 남쪽으로 내려가 다시 몇 번 더 버스를 갈아타면 고향집에 도착할 수 있었다. 오랜만에 고향으로 내려온 손자를 위해 할아버지는 '매번 똑같은' 행사를 준비해놓았다. 산소에 가기, 동네 어른들께 인사하기, 장터에 가기. 이 행사 말고 겨울방학 때는 할아버지가 손수 만든 '연'이 보너스로 준비되어 있었다. 산소에 가서 절을 하고, 산소에서 내려오는 길에 동네 어른들께 인사를 하면, 그다음은 장터로 향했다. 장터로 갈라치면 고향집에서 20여 분을 걸어 나가 버스를 타야 했다. 읍내의 장터에는 언제나 사람들로 북적거렸다.

할아버지가 장터를 찾은 이유는 특별히 무슨 물건을 사기 위해서는 아니었다. 읍내 장터에서 이모는 채소와 야채를 팔았다. 할아버지가 오랜만에 고향에 내려온 손자를 데리고 장터에 간 것은, 첫째는 이모를 만나게 하기 위해서였고, 그다음에는 친구들과 막걸리 한잔을 하기 위해서였다. 옛날의 장터는 요즘의 마트와는 아주 다른 곳이다. 물론 요즘도 '재래시장'이 있어 텔레비전 속에서나마 그 훈훈한 풍경을 엿볼 수는 있다. 장터와 마트의 가장 큰 차이는 물건 값이나 시설의 편의성 등에서 생기는 것은 아니다. 장터에는 있고 마트에는 없는 것이 있다면 그것은 바로 인간관계였다. 시골 장터에서 장사를 하는 사람들이나 물건을 사러 나오는 손님들이나 어찌 보면 한 사람 건너면 모두 친분이 있을 정도로 끈끈한 지역 공동체의 일원이었다.

할아버지 역시 장터 상인들과 친했다. 할아버지가 장터에 나간 것은 좌판에 펼쳐놓은 물건을 고르기 위해서라기보다는 일주일마다 한 번씩 서로의 소식과 안부를 묻기 위한 일종의 '마실'이었다. 이런 장터에 그 지역 사람들이 아닌 외지인들이 가끔씩 좌판을 펼쳐놓기도 했다. 그 대표적인 외지인이 바로 약장수였다. 약장수는 약만을 팔지는 않았다. 약장수는 약을 팔기 전에 다양한 이벤트를 준비했다. 손님을 끌어들이기 위한 호객 행위인 셈이었다. 음악을 연주하기도 하고, 접시를 돌리기도 하고, 덤블링을 하기도 하고, 때로는 독사를 잡아채는 기술을 선보이기도 했다. 쇼가 끝나면 입심 좋은 사회자가 드디어 약을 선전하기 시작했다. 약 하나를 팔기 위해 약장수는 만능 엔터테이너가 되어야 했던 것이다.

자아~자아~, 애들은 가라, 애들은 가. 날이면 날마다 오는 게 아녀. 사고 싶다고 매일 살 수 있는 게 아녀. 저기 가는 아저씨 일단 한번 앉아봐. 저기 가는 아줌마, 눈치 보지 말고 일단 한번 앉아봐. 안 사도 뭐라고 안 해. 일단 한번 구경이나 해봐. 이게 말로만 듣던 그 만병통치약이여. 이거 한 통만 일단 잡쉬봐. 며칠만 지나봐, 몸이 불끈불끈하고 난리가 날 것이여…….

호기심 반, 의심 반이지만 몇몇 사람들은 약장수가 선전하는 '만병통치약'을 샀다. 그 약이 정말 만병통치약이라 생각하고 구매한 사람들이 과연 몇이나 있을까. 장터에 모인 사람들은 약장수의 화려하고 달달한 언변에 빠져들어 약을 구매했다. 약을 산 사람들 자신이 구매한 약이 정말 만병통치약은 아니더라도, 그래도 몸에 좋은 것이겠거니 하고 약을 구매하는 것은 아니었을까. 또한 약을 구매한다기보다 약장수들이 펼쳐놓은 여흥판에 대한 일종의 답례는 아니었을까. 약장수의 퍼포먼스에 대한 답례, 그리고 만

병통치약을 향한 가상의 플라시보 효과. 그런 순박한 마케팅이 그 시대에
는 통했던 것이다.

　　약장수가 판매한 그 만병통치약이 진정 몸에 좋은 약인지 아닌지는
차치하고서라도 검증도 되지 않은 약을 이렇게 아무렇지도 않게 사고파는
관행이나 문화는 과연 어떻게 형성된 것일까. 약장수가 팔았던 그 '만병통
치약'은 언제부터 등장한 것일까. 특별히 아프지도 않으면서 행여나 하는
질병과 죽음의 공포를 떨쳐버리기 위해 일상적으로 약을 복용하는 행위는
과연 언제부터 일상적인 우리네 삶의 한 방식이 되었던가. 더 나아가 사람
들이 약의 효능보다는 약장수의 화려하고 달콤한 언변이나 제약회사의 선
정적인 과대광고를 통해 약을 구매하게 된 것은 언제부터일까.

　　시골 장터에서 활약했던 약장수의 모습을 통해 우리는 전근대적 장
터 문화나 약 판매 관행을 이해할 수도 있지만, 더 크게는 근대 의학과 제
약 산업의 형성 배경을 묘파할 수도 있다. 그리고 이러한 과정을 이해하기
위해서는 서구에서 태동한 근대 의학과 근대 초기 조선에서 위생 담론이
형성되는 과정을 추적하지 않을 수 없다. 약장수는 어느 날 갑자기 등장한
직업이 아니다. 약장수가 등장하기까지는 서구의 근대 의학과 제약 산업,
그리고 조선의 전통적 의료 시스템인 한의학과 서구 의학의 대결 등이 얽
히고설켜 있다. 따라서 식민지 조선의 장터 곳곳에서 활약했던 약장수들
이 등장한 배경과 그들의 삶의 편린들을 살펴보기 위해서는 한참을 에둘
러 가야만 한다.

점성술 모르는 의사는 바보다?

근대 초기 조선은 '건강'에 대해서 집요하리만치 강박적인 사회였다. 건강
한 삶을 사는 것이야 아주 오래된 인간의 욕망이었다. 세계에서 가장 오래
된 영웅 서사시이자 '최초'의 신화라고 불리는 『길가메시 서사시*Epic of Gil-
gamesh*』의 길가메시 왕이 모험을 떠났던 것 또한 '불멸의 꿈', '영생의 욕망'
을 실현하기 위해서였다. 길가메시 왕이 불멸을 꿈꾸고 영생을 바랐던 것

근대 초기 장터에 가면 흔히 볼 수 있는 좌판 중 하나였던 약장수를 통해
당시 근대 의학과 조선의 위생 담론을 유추해 볼 수 있다.

은 인간은 언젠가는 죽는다는 두려움 때문이었다. 그러나 죽음에 대해서 인간이 느끼는 공포는 일상적인 문제라기보다는 아주 막연한 문제였다.

　　건강한 삶을 영위하고 죽음의 공포를 떨쳐버리려는 인간의 욕망이 '의학'을 만들어냈는지도 모른다. 학문으로서의 '의학'이 아니라 인간의 신체에 침입하는 질병의 고통을 해결하기 위한 노력은 고대 시대에도 분명 있었으나 그때의 '의학'은 지금과 같은 기술적인 학문은 아니었다. 의학의 아버지라 불리는 히포크라테스Hippocrates로부터 내려오던 신체와 질병에 대한 인식은 자연철학을 밑바탕으로 한다. 히포크라테스는 신체 내부의 운동을 우주의 순환과 동일한 것으로 파악했다. 히포크라테스가 중요하게 생각한 것은 '점성술'이었다. 히포크라테스에게 천체의 움직임을 살피는 점성술은 인간의 맥박(별들의 순행)을 관찰하는 준거가 되었다. 그에게 질병은 체액 간의 균형이 무너진 상태를 의미했다.

　　체액설은 엠페도클레스Empedocles의 자연철학 이론을 인체라는 소우주에 접목시킨 것이다. 엠페도클레스의 자연철학은 자연의 구성 요소를 물, 불, 공기, 흙 등의 4원소로 파악한다. 히포크라테스는 인체에는 자연의 4원소에 대응하는 혈액, 점액, 흑담즙, 황담즙이라는 네 가지 종류의 체액이 존재하는데, 건강은 이 구성 요소들이 양적·질적으로 정확한 비율로 혼합되어 있을 때 달성된다고 생각했다. 히포크라테스에게 건강이란 신체가 조화를 이루고 있는 상태이며, 질병이란 그런 조화가 깨진 상태를 말하는 것이었다. 결국 질병이란 네 가지 체액 가운데 어느 한 요소가 모자라거나 넘칠 때, 혹은 몸 안에서 따로 떨어져 서로 융합이 잘 되지 않을 때 생기는 현상을 말한다. 이러한 관점은 세계와 인간을 대우주와 소우주로 이해하고 이들 사이의 통일적 관계를 설정하는 총체론적 입장이라 말할 수 있다. 그래서 히포크라테스는 "점성술을 이해하지 못하는 사람은 의사가 아니라 바보"라고 단언했다.

　　그러나 18~19세기에 들어서면서 이제 점성술을 믿는 의사야말로 '바보'가 되었고, 체액설에 근거한 의료 행위를 하는 의사야말로 '사이비 의사'로 지목받게 되었다. 의학은 철학이 아니라 '과학'이 되었다. 파스퇴르Louis

Pasteur와 <u>코흐</u>Heinrich Hermann Robert Koch에 의해 세균설과 감염설이 확립되면서 의학은 진정한 '과학'의 영역으로 들어섰다. 질병은 더 이상 몸의 내부나 외부적 균형이 깨진 상태가 아닌, 세균의 감염에 의해서 발생하는 것으로 인식되기 시작한다.

죽음, 천천히 스며드는 공포

18세기 서구의 근대 과학은 급격한 발전을 이룩했다. 이에 따라 죽음에 대한 인간의 태도 역시 점진적으로 변화하기 시작한다. 죽음은 갑자기 들이닥치는 손님이 아니라 인간의 삶을 조금씩 갉아먹으면서 서서히 침입하는 손님이었다. 대량 사망의 일시적인 드라마와 같은 전염병인 페스트나 콜레라에 대한 두려움보다 더 두려운 질병은 우리의 삶 속에 미끄러져 들어와 조금씩, 조금씩 생명을 갉아먹으면서 마침내는 죽음의 문턱에까지 인도하는 그러한 질병들이었다.

18세기에 태동한 근대 의학의 핵심은 '삶을 관리'하는 기술이었다. 삶을 관리한다는 것은 단지 질병의 치료만을 목표로 하지 않았다. 당시 정치권력의 기본적인 목표 중 하나는 '전체 인구의 건강과 신체적 복지'였다. 건강은 개인이 책임져야 할 부분임과 동시에 사회 전체의 목표가 된 것이다. 18세기에 생겨난 정치권력의 새로운 기능 중 하나는 육체적 복지, 건강, 장수를 사회적으로 보장해야 하는 일이었다. 이와 같은 의학의 사회적 기능 변화를 일으킨 근본 원인은 노동력과 인구의 문제였다. 18세기 유럽의 인구는 급격히 증가했다. 정치권력은 증가한 인구를 생산의 순환 속으로 편입시키고, 적절한 권력 장치를 동원해 보다 정교하게 관리해야만 했다. 당시는 인구 문제를 사회적 부를 갉아먹는 대상으로서가 아닌 지배의 대상으로 바라보기 시작했다.

18세기에는 '분류 의학'이 성립되었다. 분류 의학은 질병이 갖는 역사적이며 지형학적인 의식이 무엇인가를 밝히려는 것이다. 따라서 질병이 발생한 지역의 토양, 기후, 계절, 강우량, 전염성의 근원, 기근 등이 중요하게 취급되었다. 다시 말해서 분류 의학이란 린네Carl von Linné가 다양한 종류의 식물을 설명하고 분류한 방법론을 질병의 분류에 적용한 것이다. 요컨대 인간의 신체에 자리 잡은 질병을 종種과 종류種類 혹은 종족種族의 위계질 서로 분류했던 것이다. 결국 이러한 분류법은 질병의 도표를 만드는 것이 었으며, 이를 통해 의사들은 비로소 각각의 질병을 기억하고 치료할 수 있 다고 생각했다.

그러나 풍토병과 전염병은 도표화하기 어려운 문제였다. 이에 '분 류 의학'과는 다른 방식의 새로운 형태의 의학 담론이 구성되기 시작한다. 18세기 중반까지의 전염병이란 '갑자기 들이닥치는 죽음'으로서 얼마나 많 은 사람들이 희생되었으며 감염되었느냐에 따라 그것을 '전염병'이라 부를 수도 있었고, 아니면 그냥 '질병'이라고 호명할 수도 있었다. 하지만 18세 기 말에 들어서면서 새롭게 생성된 의학 담론은 전염병의 문제를 국가적 차원에서 관리하는 것을 목표로 했다.

전염병을 해결하려 했던 의학은 분류하기의 의학과는 대조적이다. 그것은 마치 집단적인 현상을 단 한 번에 뭉뚱그려 파악했던 의학적 시선과, 환자 하나하나를 관찰하여 다양한 질병 속에서 독특한 현상 이 스스로 자신의 모습을 나타내기를 기다렸던 개별적·의학적 시선 이 대조적인 것과 마찬가지다. 하나의 환자를 관찰함으로써 다른 환 자의 상태를 유추할 수 있고, 전염병이 발생한 시간을 하나의 단위 로 묶어 생각하며, 질병의 종류를 파악하기 위해 그것이 드러난 장소 를 차별적으로 개념 정의하고 병의 원인을 분류하는 등의 방법으로 질병의 일관된 모습을 찾으려는 작업과, 동질적인 표면처럼 등장하 는 질병의 역사적이고 지형학적인 공간을 찾으려 했던 작업이 바로 전염병을 해결하려고 새로운 의학이 관심을 기울였던 일들이다. / 미 셸 푸코Michel Paul Foucault, 『임상의학의 탄생』, 홍성민 옮김, 인간사랑, 1993.

분류 의학은 질병을 인간의 육체와는 무관한 '독립된 실체'로 생각했다. 하지만 새롭게 구성된 의학 담론은 지식의 차원에서뿐만 아니라 의료 행위에 있어서도 국가의 공공기관이 의학적 지식과 의료 행위를 관리하고 다뤘다. 1776년에 프랑스는 의학의 중앙집권화를 위해 '왕립의학회'를 창설했다. 1776년 4월 29일 왕립의학회에서 발표된 칙령의 서문은 당시 의학의 중앙집권적인 성격이 과연 무엇이었는가를 상상할 수 있게 한다.

전염병이 위험스럽고 파괴적인 존재가 되는 것은 그것의 정체가 제대로 밝혀지지 않아 의사들로 하여금 어떠한 조처를 취해야 좋은지 모르게 만드는 경우일 뿐이다. 그러나 전염병의 정체가 제대로 밝혀지지 않는 이유는 서로 다른 전염병의 증상과 성공적인 치료 방법들을 연구하고 기술하지 않는 데서 비롯된 것이다. / 미셸 푸코, 『임상의학의 탄생』, 홍성민 옮김, 인간사랑, 1993.

중앙집권화된 의학은 전국가적으로 전염병에 대한 조사와 연구, 사례 분석 그리고 기록 등을 통하여 질병에 대한 조직적인 관리의 시스템을 가동했다. 전염병이 퍼질 가능성이 있는 지역의 행정감독관은 질병의 흐름을 파악하기 위해 전문적인 의사 이외에 여러 명의 보조의사를 임명할 수 있었다. 또한 경찰력과 행정력, 즉 검역감시관을 지방에 파견하여 지역 의사들의 활동과 주민들의 건강 상태를 지속적으로 관찰하고 감시했다. 검역감시관은 질병과 전염병에 관한 막대한 정보를 수집하는 한편 의사의 의료 행위를 통제하고 감독했다.

1793년 프랑스 혁명전쟁 이후 의사들은 국가 정책에 복무하면서 자신들의 영향력을 행사했다. 이제 의학이란 병을 고치기 위한 '기술적인' 영역을 넘어서게 된다. 의사들은 병원에서 수많은 환자를 돌보는 대신 사람들의 생활 속에서 건강과 행복의 지표를 관리하는 책임자가 되었다. 여기서 의학은 '건강한 사람을 관리'하는 것인데, 그 '건강'이란 병에 걸리지 않은 상태를 넘어서 '정상적인 사람'의 의미를 포괄했다. 18세기 혁명전쟁 이

후의 의학은 개인의 '건강'을 관리하는 차원을 넘어서 사회적 차원의 정상
과 비정상적 병리 상태까지 고려하기 시작한 것이다.

18세기의 의학적 시선은 질병의 빈도나 주기의 문제가 아니라, 하나
의 질병이 다른 질병과 구분되는 독특한 특성만을 주목한다. 그러나 19세
기 임상의학은 질병을 '증상symptom'을 통해 파악하게 되는데, 이때 중요한
것은 증상의 빈도나 주기 등이다. 다시 말해 '계산 가능성'을 통해 질병을
포착하는 것이다. 임상의학의 발전은 의학 이론만이 아니라 의학의 사회적
역할과 의료 제도 등에도 많은 변화를 가져왔다. 더욱이 19세기에 이르자
병원은 치료의 장소뿐만이 아니라 의학의 교육과 환자의 교정을 위한 장
소로 변모하게 된다. 질병은 인간의 고통으로 이해되기보다는 임상의학적
'시선'으로 '분석'되고 '범주화'되는 '병리해부학적' 공간 속의 실체로 이해되
기에 이른다.

임상의학이 만개할 수 있었던 원인의 하나로 '진료소'의 탄생을 들 수
있다. 진료소는 새로운 의학 지식의 원천이자 동시에 의사의 훈련장이었
다. 진료소가 등장하기 위해서는 의학의 중앙집권화가 어느 정도 해체되
어야만 했다. 그렇다고 의학의 중앙집권화가 무력화되었다는 것은 아니다.
다만 국유화되었던 병원이 민간단체의 성격으로 변화했다. 하지만 병원의
조직과 관리는 아직까지 국가의 행정 업무에 편입되어 있었다. 그리고 각
관할 구역에 진료소를 설치했던 것이다.

권력은 매우 신중하고 세심하게, 그리고 지속적인 방식으로 개인의
삶 속으로 파고들어갔다. 개인의 신체에 대한 권력 기술은 19세기에 들어
서면 그 절정을 이룬다. 권력은 하나의 생명체로서 인간을 장악하고 '삶과
죽음을 관리'하고자 했던 것이다. 이른바 '생체 권력'이 출현한 것이다. 생
체 권력이 장악하고 있는 것은 죽음이라기보다 '사망률'이다. 이 메커니즘
은 예측과 통계를 이용해 사망률을 낮추고, 수명을 연장시키고, 출산을 권
장하기 위한 방식으로 작동한다. 요컨대 살아 있는 사람들로 구성된 인구
에 반드시 있게 마련인 우연적인 요소들 주변에 최대한의 보조 장치를 마
련하고, 삶의 질을 최적의 수준으로 만드는 규제 장치를 마련하는 것이다.

즉 종種으로서의 인간의 생물학적 과정들을 고려하고, 여기에 규율을 부과하는 것이 아니라 '조절'하는 것이다. 예를 들어, 학교와 군대가 규율 권력을 생산하고 관리한다면, 의료 기관과 구호 기금 그리고 보험 등이 바로 생명을 관리하고 '조절'하는 생물학적 혹은 생체 권력인 셈이다.

돌팔이 한의사는 가라!

서구에서 태동한 근대 의학과 생체 권력은 19세기 조선에도 유입되었다. 유길준, 서재필 등을 비롯한 많은 계몽 지식인들은 문명국가 건설의 일환으로 서구 의학의 중요성을 설파했다. 국민의 건강이 곧 막강한 국력의 밑받침이 된다는 것이 계몽 지식인들의 논리였다. 계몽 지식인들은 서구의 의료 시스템을 갈망했지만, 그 갈망이 조선 사회에서 곧바로 실현되지는 않았다. 조선 사회에 서구식 의료 시스템이 도입된 것은 개신교의 의료 선교 덕택이었다.

조선에서 기독교가 선교 활동의 자유와 함께 국가로부터 보호와 지원을 받게 된 것은 선교사 앨런Horace Newton Allen이 갑신정변 때에 그의 '뛰어난' 의술로 민영익을 사경에서 구한 것이 계기가 되었다. 앨런은 민영익의 생명을 구한 공로를 인정받아 고종을 알현하게 된다. 이때 앨런은 고종으로부터 서울에 서구식 병원의 설립을 약속 받는다. 이후 1885년 한국 최초의 서구식 병원인 광혜원이 설립된다. 여기에는 최초의 서구식 병원이 설립되었다는 것 이상의 다른 의미가 있었다. 조선 정부가 미국 선교사들과 그들의 선교 활동의 자유를 암묵적으로 인정한 것이다. 그러나 개신교의 의료 선교를 통해 유입된 서구의 근대 의학은 이미 몇백 년에 걸쳐 내려온 조선식 전통 의학인 '한의학'과 대결을 펼쳐야만 했다.

조선의 의학 체계는 주로 중국의 의학 체계이며 중국에서 들어온 것이다. 뜸을 자주 놓기 때문에 조선 사람을 벗겨 보면 어떠한 통증을 고치기 위해 뜨거운 뜸을 놓은 자리가 없는 사람을 본 적이 없다. 침도 뜸만큼 자주 놓는데 때로는 침이 더러워 원래의 병보다 더 심한 병을 일으킬 수가 있었다. 언젠가 나는 침을 사용하여 매우 슬픈 결과가 일어난 경우를 본 적이 있다. / H. N. 앨런,『조선견문기*Things Korean*』, 신복룡 옮김, 집문당, 1999(1908).

의사였던 앨런의 회고에도 등장하지만 조선의 전통 의료 시스템 중 하나인 '침술'은 앨런뿐만 아니라 수많은 서구인들로부터 야만적인 의료 행위로 지탄을 받았다. 앨런이 보기에 조선의 '침술'은 과학적으로 검증되지 않은 의료 행위였을 뿐만 아니라 생명을 위협하는 '사이비 의술'에 가까웠다. 특히 그가 목격한 침술의 "매우 슬픈 결과"란 무엇이었을까.

사건은 앨런과 친하게 지냈던 조선 관리 가족에게서 일어났다. 앨런이 쓴『조선견문기』의 내용을 한번 살펴보자. 관리의 외아들은 7대 독자였다. "미남자였고 건강했으며" 나이는 약 스물한 살이었다. 어느 날 7대 독자가 두통을 호소했다. 뒷머리가 아프다는 것이었다. 이때 아들과 함께 있던 친구가 침을 맞으면 좋겠다고 했다. 이에 머리가 아파 괴로워하는 아들이 가여웠던지 어머니는 아들의 친구에게 침을 놓을 줄 알면 어서 침을 놓으라고 재촉했다. 친구는 "대담하게 환자의 목 뒤에 침을 꽂았다." 그러나 어찌 된 일이었을까. 아들은 "입에서 거품을" 뿜었다. 침을 잘못 놓았던 것이다. "침이 골수를 꿰뚫"는 바람에 아들은 그 자리에 쓰러져 죽고 말았다. 몇 시간 뒤 어머니 또한 충격으로 절명했다.

앨런은 '의사'가 아니어도 어느 학식이 있으면 "누구나 의료 행위를" 할 수 있다고 생각하는 조선의 풍습에 놀라지 않을 수 없었다. 그러나 침술과 뜸으로 상징되는 한의학에 대한 비판은 앨런과 같은 서구의 의사에게서만 나온 것은 아니었다. 1896년 인민 계몽의 일환으로 창간된『독립신문』에는 비과학적인 의료 행위에 대한 강한 비판이 자주 게재되었다. 역시 미국에서 의사 면허를 딴 필립 제이슨(서재필)이 창간한 신문다웠다.

1896년 12월 1일자『독립신문』논설의 핵심은 '못된 한의원을 척결하라!'였다. 조선 사람들의 가장 "큰 화"는 "못된 의원"이다. "무식한 의원"

의 "약과 침" 때문에 불쌍한 사람들이 "목숨을 많이 잃었으니" 조선의 의원이야말로 "세계에서 제일 위태한" 자다. 특히 요즘에도 "소위 의원이라 하는 자들"이 사람들에게 "침을 놓아 죽은" 이가 많다고 한다. 조선의 의원은 "사람이 어떻게 생긴 것"인지 모르고, 시체를 "해부해본 일도 없으니", "각종 혈관과 신경과 오장육부"가 무엇이며 그 위치가 어디인지도 모를뿐더러, 그 기관들이 "무슨 직무를 하는 것인지" 모르는 것도 당연하다. 사정이 이러하니 환자들에게 "덮어놓고 약을 주며 덮어놓고 침을 놓는" 것이다. 정부에서 "의학교와 병원"을 세우는 것이 당장 어려운 일이라면 제일 먼저 "침 놓는 것을 금하여 불쌍한 목숨들"을 살려야 할 것이다. 또한 조선 사람들은 병이 들면 무조건 "무당과 판수로 굿을" 하거나 "넋두리를" 하니, 이 "침쟁이와 무당과 판수"만 엄금해도 "몇만 명"은 살릴 터이다. 경무청과 한성부에서는 시급히 이들을 단속하기 바란다는 것이다.

『독립신문』의 의학 담론의 기반은 서구적 의료 시스템이었다. 그리고 서구적 의료 시스템은 기독교 의료 선교를 통해 조선으로 유입되었다. 기독교 의료 선교는 조선인들의 세계관과 의학 사상적 인식과는 무관하게 과학과 문명이라는 무기를 앞세워 한의학과 민간 의료를 비과학과 야만의 이름으로 끊임없이 주변부화시켰다. 이로써 '기독교(의료 선교) - 과학 - 문명'의 도식이 성립하게 된다. 기독교를 종교로서보다는 문명개화의 힘으로 받아들인 근대 초기 조선의 지식인들에게 기독교를 통해 들어온 서구 근대 의학은 매우 설득력 있게 다가왔다.

한의학과 한의원이 위험한 존재로 비판받은 것은 의학에 대한 체계적인 지식이 부족하며, 의료 기구를 비위생적으로 관리하며, 해부학적 경험이 없다는 이유에서였다. 더구나 계몽 지식인들은 한의원의 의료 행위를 무당이나 판수와 같이 '미신'을 추종하는 것과 동일선상에 배치했다. 이는 서구의 '과학적'이고 '합리적'인 치료 체계를 정당화하기 위한 수사적 전략이었다. 이로써 전통적 사유 체계는 주변부화되어 하나하나 지워져나가고 서구의 과학적 의료 체계를 통한 신체에 대한 인식이 그 자리를 대신하게 된다. 결국 한의원은 악의 상징으로 서구의 의사는 생명을 구하는 명의로서 부각된다.

민간의학의 추방, '양의'의 탄생

한의학이 비판받으면서 서구의 의학은 '문명의 빛'이 되어 조선 사람들의 마음을 움직이기 시작했다. 서구와 같은 문명국이 되고자 하는 정부의 열망이 그 어느 때보다 높았던 시기였다. 그렇지만 민간에서는 아직까지 전통 의료 행위인 한의학과 민간 의료가 막강한 힘을 발휘하고 있었다.

> 평택군 역말 약국 하는 의원 김 씨가 남의 삼대 독자 이일학을 고친다 하고 무슨 약 네 개를 주거늘 아침 전에 먹였더니 미초未初(오후한 시경)부터 토사하다가 즉사하였다 하니 우리나라에 시급한 것은 의학교를 널리 설립하여 이렇게 비명횡사하는 폐가 없게 함이 좋을 것이다. /「잡보」,『제국신문』, 1899년 3월 16일.

민간에서는 의원의 잘못된 약 처방과 침술로 인해 가끔씩 비명횡사하는 사람들이 생겼다. 더욱이 약을 보관하는 것 또한 비위생적인 경우가 많다. 정부는 '건강한 국민'의 육성이야말로 부국강병의 기본이라고 생각했고, 이에 의료 행위에 대한 대대적인 개혁을 단행한다.

대한제국은 1900년 1월 2일 자로 내부령內部令 제27호를 반포한다. 이는 새로운 의료 행위의 기준을 마련하기 위해서였다. 내부령 27호에는 의사 규칙, 약제사 규칙, 약종상 규칙藥種商規則이 포함되어 있었다. 총 32개 조항으로 구성되어 있는 이 조항 중에 제1조부터 7조까지는 의사에 관한 규칙이었고, 8조부터 22조까지는 약제사에 관한 규정이었으며, 23조에서 24조까지는 약종상 규칙이었다. 정부는 의사와 약제사(약사)와 약종상(약장수)을 구별했다. 의사와 약제사에 대해서는 종전보다 철저한 자격 조건을 부여했는데, 의사와 약사가 되기 위해서는 의과대학과 약학과의 졸업증명서를 가지고 있어야 하며, 내부에서 시행하는 시험에 합격해야만 했다.

약제사는 의사의 처방에 따라 약을 제조할 수 있으며, 약국을 개업하여 의사의 처방에 따른 약을 제조하여 판매할 수 있었다. 그렇다면 약제사와 약종상의 차이는 무엇이었을까. 약제사는 약을 제조할 수 있는 권한이 있었지만 약종상에게는 약을 제조할 권한이 없었다. 약종상은 규정상 단순히 '약품을 판매하는 자'였다. 약종상은 약품 판매에 관한 허가증이 있는 사람을 뜻했다.

의사, 약제사, 약종상의 규정을 정한 정부는 27조 말미에 '약품 순시 규칙藥品巡視規則'을 마련하여 약국을 비롯하여 약품을 판매하고 제조하는 장소의 위생 상태를 감독하기에 이른다. 약품 감시원은 감시할 시간을 미리 예고하여 고시했으며, 썩거나 상한 약을 발견하면 소각하는 임무를 맡았다. 이와 같은 '약품 순시 규칙'이 정해진 이유는 여전히 약국의 약품 관리가 허술했기 때문이었다.

약 권하는 사회, 유사품에 주의하시오!

개성군 영창학교의 체조 교사 원제상 씨가 본래 임질이 있더니 근일에 또 안질이 있어서 자기의 오줌으로 눈을 씻다가 임질이 전염하여 백약이 무효하고 눈이 멀 지경이 된지라. 원 씨는 명예로 배의학교와 영창학교에서 열심히 교수하다가 병으로 위태함을 사람마다 가엾게 여긴다더라. / 「임질 전염」, 『대한매일신보』, 1907년 10월 27일.

요즘 같은 상황에서 이런 기사가 났다면 아마 각종 포털 사이트 검색 순위 1위일 것이다. 그런데 이 기사의 초점은 임질이라는 '성병'이 아니라 눈이 멀게 된 훌륭한 교사에게 맞춰져 있다. 당시 사람들에게는 성병이 '감기'와도 같은 것이었을까? 이 기사에는 성병에 대한 부끄러움이나 수치심이 틈입할 여지가 없다. 사람들이 가엾게 생각하는 것은 '백약이 무효'라는 점이다. 임질균이 눈에 들어가 안질이 걸릴 수 있는지는 잘 모르겠으나, 임질을 잘 치료할 수 있는 약만 있었어도 원제상 씨의 삶은 달라지지 않았을까. 만약 원제상 씨가 '화평당약방'에서 판매하는 '사향소창단'을 빨리 복용만 했더라도 이런 변은 일어나지 않았을 수도 있었다.

> 서서 풀무골 사는 박정호 씨가 주마창 7, 8년에 백약이 무효하여 가산을 탕진하고 죽기만 기다리더니 남문 밖 이문골 사는 양약국 하는 염진호 씨가 와서 보고 가세와 병세를 불쌍하게 여겨 인명 살리기만 주의하여 수공과 약값은 관계하지 않고 기계와 약을 가지고 날마다 와서 치료한 지 몇 달 만에 완치되어 출입을 한다니 염 씨는 참 위생하고 시제施濟하는 도리가 매우 훌륭하더라. /「잡보」, 『제국신문』, 1899년 4월 11일.

종기로 고생을 하던 박정호를 살린 것은 '양약'이었다. 7, 8년 동안 썼으나 효과가 없었던 약은 민간에서 떠도는 약이었을 터이다. 당대의 신문에는 이처럼 '양약'과 '서구 의술'을 통해 생명을 건진 미담들이 자주 실렸다. 이런 과정을 통해서 서구식 의료 행위와 '양약'은 서서히 민간으로 스며들었다. 하지만 민중들이 한의원이나 구시대의 '약방'에서 제조한 약이 아닌 '신약'에 대해서 관심을 갖게 된 데는 '약 광고'의 힘이 컸다.

1900년대 초부터 『대한매일신보』를 중심으로 대대적인 약 광고가 실리기 시작한다. '신약 전쟁'에 뛰어든 사람은 이경봉과 이응선이었다. 이경봉은 태평로에 '제생당대약방'을 설립했고, 이응선은 광교 근처에 '화평당약방'을 세웠다. 더욱이 이응선의 경우에는 『대한매일신보』에 사진이 실리기도 했는데, 한 개인의 사진이 신문에 실리기는 이응선이 처음이었다. 물론 그 이유는 이응선이 1909년 조선을 휩쓴 콜레라 발병 때 자신이 개발한 약을 무상으로 공급했기 때문이었다.

> 본국에서 10년을 연구하여 사향소창단이란 약을 발명했는데, 남녀 물론하고 무슨 창병이든지 한 제를 매일 한 개씩 먹으면 효험이 백

224

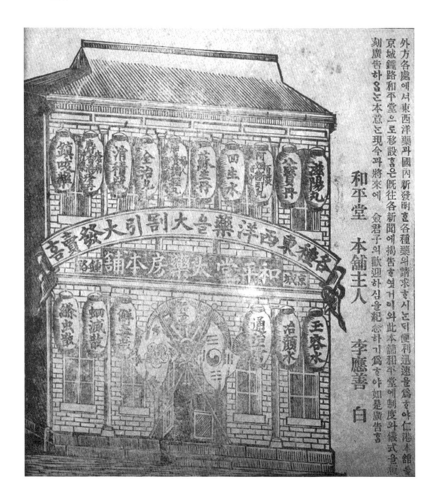

1900년대에 설립된 화평당약방.

발백중 되는 고로 매일 손님들이 와서 사가오니 창병 있는 사람들은 오래 고생하지 말고 속히 와서 문의하기를 희망함. / 「광고」, 『대한매일신보』, 1907년 10월 1일.

이응선이 개발한 신약 중에서 주력 상품은 '사향소창단'이었다. 한 제에 4원짜리와 2원 50전짜리가 있었다. 사향소창단 이외에 '회생수'와 '소생단'도 있었는데, 회생수와 소생단은 1909년 콜레라가 창궐했을 때 무상으로 공급했던 약이었다. 이응선과 경쟁 관계였던 이경봉이 설립한 제생당대약방의 주력 상품은 '청심보명단'이었다. 청심보명단은 소화불량, 멀미, 원기 부족에 도움을 준다는 약이었다. 이 약이 얼마나 잘 팔렸던지 '짝퉁 청심보명단'이 등장하기도 했다. 이에 제생당대약방에서는 신문에 '유사품 주의' 광고를 냈다. 자신들이 파는 약은 '청심보명단'이지 '보명단'이 아니니 '보명단'을 '청심보명단'으로 속지 말라는 것이었다.

당시 약 광고에 등장하는 대표적인 '약'은 일종의 '자양강장제'와 같은 지금으로 말하면 건강식품에 가까웠던 약과 '성병 치료제'였다. 특히 성병 치료제는 약 광고의 많은 부분을 차지했다. 화평당약방의 사향소창단도 성병 약이었으며, '종로자혜약방'에서 판매하는 '남녀창병거근약'도 성병 치료제였다. 그만큼 당시 조선인들에게 임질과 매독 같은 성병이 많았음을 반증하는 것이었다.

자양강장제, 위장약, 성병 치료제를 비롯하여 다양한 약품들이 신문 광고를 대거 장식해갔다. 약의 종류도 다양했다. 태양조경환胎養調經丸, 자양환滋陽丸, 백응고白鷹膏, 안령환安靈丸, 건뇌환健腦丸, 실모산實母散 등등. 그런데 신문에 실린 약 광고를 보면 대부분 '과대광고'였다. 이 과대광고를 살펴보면 하나의 약이 특정한 질병에 효험이 있는 게 아니라 그야말로 '만병통치약'으로 선전되었다.

만병통치약의 탄생

조선의 각 신문에는 특색이 있다. 매약賣藥 광고가 8할을 점령한 사실
이 그것이다. 말하길, 매독약, 임질약, 폐병약, 성 흥분약. 외국 사람
이 보면 조선인은 모다 화류병자라고 할 일. 광고료도 귀하나 민족
의 체면은 더 귀하다. / 「담배 한 대 피워 물고」, 『삼천리』, 1931년 4월
1일.

대한제국 시기와 식민지 시기에 민간에 유통되어 인기를 끌었던 약은 대부
분 '매약'이었다. 약종상은 약품을 판매할 수 있는 허가를 지닌 사람이었으
며, 제약자는 약품을 제조하여 판매하는 사람을 뜻했고, 매약업자는 매약
으로 제조된 제품을 판매하는 사람이었다. 매약이란 의사의 처방전에 따
라 조제한 약이 아닌, 주치병과 약효를 붙여 포장된 약품을 뜻한다. 지금
으로 말하면 '활명수'와 같은 '일반 의약품'을 뜻한다. 이 매약만을 판매할
수 있는 사람을 매약업자 혹은 매약상이라 한다. 국내에서 개발된 매약도
있었지만, 일본에서 수입된 매약이 많았다. 매약 제조사들은 특정한 주치
병에만 효과가 있는 약을 마치 만병통치약인 것처럼 과대광고를 했다. 신
문은 '사실'을 전한다고 믿었던 당시의 분위기 속에서 사람들은 매약 회사
의 약 광고를 사실로 받아들였다.

　일례로 건뇌환健腦丸을 복용하면 두통, 졸증, 중풍, 변비, 이명, 건망
증, 우울증, 신경병, 뇌막염, 뇌충혈 등 각종 질병에 효과가 있다는 선전은
거의 '만병통치'의 개념에 가까운 것이었다. 이뿐만 아니라 제약회사들은
근대적인 '과학'과 전근대적이라 불리는 '비과학적인 초월의 세계'를 결합
하는 방식으로 광고를 만들었다. 하나의 약을 복용하면 마치 만병 회춘할
것 같은 착각을 불러일으키게 만들었다. 약 광고에는 '신약神藥', '영약靈藥',
'묘약妙藥', '기사회생起死回生'과 같은 자극적인 문구가 꼭 들어가 있었다.

　1910년 9월 2일자 『매일신보』 광고에는 화평당의 '팔보단八寶丹', '소
생단', '회생수'를 비롯한 다양한 약 광고가 실렸는데, 그 광고의 중심에 '기

사회생'이란 큼지막한 문구를 박아놓았다. 화평당은 '기사회생'이란 말로는 도저히 '팔보단'의 효험을 선전하기에 부족하다고 생각했던지 1911년에 이르면 시각적 이미지를 동원한다. 일단 광고 문구를 보면 다음과 같다.

> 문명한 오늘날 교통기관으로 제일 중요한 철도를 알지 못하는 자는 있을지라도 우리 화평당의 팔보단을 알지 못하고 사용하지 않는 사람은 어디 있으리오. / 「광고」, 『매일신보』, 1911년 1월 7일.

광고에는 증기를 내뿜는 시커먼 기차가 그려져 있고, 기차의 몸통에 '팔보단'을 적어넣었다. 기차의 이름이 '팔보단'인 셈이었다. 화평단의 광고 전략은 기차라는 근대 과학의 총아와 팔보단이 결합하고, 더 나아가 팔보단이 기차보다 더 유명하다는 것이었다. 화평당만 그랬던 것은 아니었다. 신정약방의 '인단仁丹' 광고에는 근대식 공장 이미지가 들어갔고, 청심보명단 광고에는 양복을 입은 신사가 조선인들이 한 번도 본 적이 없는 비행선을 가리키는 모습의 이미지를 사용했는데, 비행선에 '청심보명단'이 새겨져 있었다.

> 비행선은 지상에서 이륙하여 억천만리億千萬里의 공중을 정복하고, 보명단은 해우海隅에서 나와 억천만인億千萬人의 위병을 정복한다. / 「광고」, 『매일신보』, 1911년 4월 25일.

일본에서 생산된 매약인 '인단'의 광고 역시 비과학적이고 비합리적이긴 마찬가지였다. 제약회사에서 설명하는 인단의 효능은 멀미, 두통, 현기증, 복통, 소화불량, 구취 제거, 과음 후 각성 효과, 감기, 전염병 예방 등이었는데, 거의 만병통치의 수준이었다. 이처럼 제약회사들은 자신들이 개발한 약의 효능을 과대해서 광고하거나 부분적으로는 허위 광고를 하는 것을 주저하지 않았다. 많이 팔면 그만이었다.

제약회사들은 자신들이 판매하고 있는 약을 선전하기 위해서 '만병통치'의 개념과 '신약', '묘약', '영약'이라는 초월적인 세계에서나 사용될 법

228

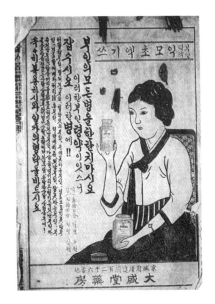

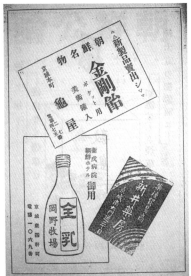

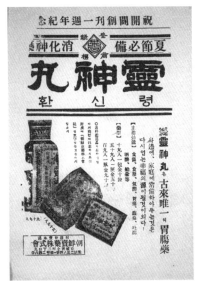

대성당약방의 익모초 액기스와(왼쪽 위) 동화약방의 활명수(오른쪽 위), 신정약방의
금강이 전유를 취급한다(왼쪽 아래)와 조선매약의 위장약 령신환(오른쪽 아래) 광고.

한 문구를 사용했다. 또한 이 약들이 마치 근대 과학과 기술의 산물인 것처럼 기차와 비행선과 공장의 이미지를 겹쳐놓았다. 그리하여 '만병통치약'이 과학적 연구의 산물인 것처럼 소비자들을 오해하게 만들었다. 더군다나 이들 제약회사에서 명명한 약의 이름 또한 소비자들을 초월적인 세계로 빠져들게 하는, 마치 불로장생의 세계로 진입할 것 같은 착각을 불러일으키기에 충분했다.

　매약 회사의 약 이름들은 거의 신화적이고 초월적이며 주술적인 세계에서나 가능한 것들이었다. 일본에게 인단이 있었다면 식민지 조선에게는 팔보단, 청심보명단이 있었는데, 이 약명의 공통점은 '단丹'을 사용했다는 점이었다. '단'이란 일반적으로 수은이나 유황 등이 함유된 광물성 약제로 가열과 승화 과정을 거쳐 만든 화합 제제를 뜻한다. 하지만 이 '단' 자는 불로장생을 의미하는 '선단仙丹' 세계를 의미하는 것이기도 했다.

　매약 전쟁 속에서 살아남기 위한 제약회사들의 광고 전략은 도를 넘는 것이었다. 총독부가 앞장서서 제약회사들의 과대 허위 광고를 문제 삼았지만, 제약회사들의 약 광고 관행은 쉽사리 바뀌지 않았다. 또한 약을 구매하는 소비자들은 언제나 '건강 염려증'에 걸릴 준비가 되어 있었다. 인단, 청심보명단, 팔보단 등은 날개 돋친 듯 팔려나갔다. 소비자들은 당대의 인기 있는 약을 구매하기 위해 제약회사의 지정 판매처인 약방으로 발걸음을 옮겼지만, 이러한 약들을 약방에서만 구입할 수 있는 것은 아니었다.

매약행상이 전국을 떠돌다

매약청매업賣藥請賣業은 본업을 삼아도 넉넉히 될 수 있으나 부업으로 가정의 부인이 능히 할 수 있는 것입니다. 양약국洋藥局을 내는 데는 세 가지가 있습니다. 즉 약제사藥劑師가 경영하는 양약국과 약품만을 파는 양약국과 그 외에 매약—이 매약이라는 것은 의사나 약제사의 설명이 필요 없고 그대로 복용할 수 있는, 즉 다시 말하면 봉지나 갑에 넣어서 설명서와 정가가 박혀 있는 것—을 판매하는 매약청매업이라는 것입니다. 이것은 물론 별다른 면허도 영업세도 필요하지 않고 누구든지 할 수 있는 것입니다. 우선 한 50원이나 100원만을 가지고 시작한다면 그대로 보통 집에서 별다른 설비도 할 것 없이 마치 한방약국漢方藥局같이 그대로 자기가 거처하는 방 안에다 여러 가지 약품을 사다가 두고 대문에 조그만 간판을 붙이고 할 수 있다. / 「아무 가정에서나 할 수 있는 신식 부업 몇 가지, 200원 자본으로 매월 90원 수입되는 매약청매업」, 『별건곤』, 1929년 4월 1일.

의료 기관이 절대적으로 부족한 시절이었다. 요즘처럼 주기적으로 '건강검진'을 받을 수 있는 제도적 장치가 마련되어 있는 것도 아니었다. 절대적으로 부족한 의료 기관의 빈 자리를 '매약상'이 채워나갔다. 매약은 누구나 팔 수 있었다. 일반 의약품이었던 매약을 판매한다고 해서 특별한 규제나 처벌을 받는 것은 아니었다. 매약회사의 약을 도매로 받아다가 소매로 팔면 그만이었다.

매약 판매는 수익이 좋은 편이었다. 그래서 너도나도 매약에·손을 대는 경우가 흔했다. 매약회사는 각종 신약을 출시했으며 매약상인들은 이 약을 떼다 팔았다. 수익이 많이 나는 장사였기 때문에 고학생들은 학비를 벌기 위해서 매약행상을 다녔다. 학교의 경비가 부족하자 교장이 교사들을 데리고 매약행상을 떠나는 경우도 있었다. 이런 경우에는 전문적인 매약행상이 아니었다. 학교의 자금 부족, 학비 부족, 어려운 가정 형편 등으로 인한 궁여지책이었다. 이와는 달리 전문적으로 매약행상을 하는 경우가 있었다. 이들은 매약상회 소속의 매약행상들이었는데, 매약을 가지고 전국 팔도를 누비며 약을 팔았던 '약장수'였다.

시골 장터의 약장수들은 손풍금을 켜기도 하고 바이올린—당시의 말로는 깽깽이—을 켜며 호객 행위를 했다. 가끔 텔레비전을 통해 볼 수 있는 노래도 하고 북도 치고 서커스도 하며 호객 행위를 하는 약장수는 그다지 많지 않았다. 시골 사람들은 약장수의 손풍금과 바이올린 소리와 재치 있는 입담에 넘어가 약을 구매했는데, 이렇게 약을 파는 약장수는 그래도 '좋은 약장수'였다. 약장수, 즉 매약행상이 사회적으로 주목을 받은 것은 그들의 판매 전략이 사람들에게 유흥판을 제공했기 때문이 아니라 불법행위 때문이었다.

1928년 1월 31일자 『중외일보』는 전국을 떠돌며 약을 파는 매약행상의 행태를 적나라하게 고발하고 있다. 매약행상들의 약 판매 방식은 한마디로 "강압적 매약"이었다. 더욱이 그들은 "극빈자 농민"이나 "세상 물정을 자세히 알지 못하는 촌 중에서도 두메산골"을 타깃으로 하여 시골 사람들의 "고혈을 착취"했다. 매약행상들은 "가증한 수단"을 동원하여 약을 강매하는데, 그 수단이란 공권력을 사칭하는 것이었다. 약장수들은 시골을 돌아다니면서 "1원짜리 약포"를 "주인이 있거나 말거나" 아무 집에나 던져놓고 집주인의 성명을 적은 다음 서너 달 있다가 약을 푼 곳에 찾아가 돈을 뜯어내는 것이었다. 만약 집주인들이 약을 받지 않거나 돈을 내지 않으면 이렇게 호통을 친다. "이것이 어떤 약인 줄 아느냐!" "이것은 면소面所에서 배치하는 것이다." "경찰서에서 위생을 보급하기 위하여 주는 것이다." 시골 사람들은 약장수의 입에서 공권력이 튀어나오자 두려움에 떨며 마지못해 약값을 내놓는다. 그래도 약을 구매하지 않는 사람들이 있을 경우, 약장수들은 "두세 사람씩 떼를 지어" 사람들을 위협하거나 "심하면 구타까지" 가하며, 더러는 "집안에 있는 물건을 아무것이나" 약탈하는 등 "잔인무도한 행동"을 저지르기도 한다.

조폭 같은 약장수들의 강압에 못 이겨 산 약이 효과가 있으면 그나마 다행이었다. 약장수들이 파는 약은 흔히 '정품'이 아니라 '짝퉁'이었다. 예를 들어 약장수들은 불티나게 팔았던 약 중에는 금계랍金鷄蠟이 있었다. 금계랍은 염산키니네를 뜻하는 것으로 말라리아에 특효가 있는 치료제였다. 말라리아는 열대 지역의 풍토병이었지만 온대 지역인 조선에서도 여름이면 '학질'이란 병명으로 유행했던 질병이었다. 조선 사람들은 금계랍을 말라리아(학질) 치료에만 사용했던 것이 아니라 진통제, 강장제 등 '만병통치약'으로 사용했으며, 한국 최초의 서양식 병원인 제중원에서도 높은 인

다양한 쇼와 이벤트를 벌여 불법 매약 행위를 벌였던 약장수는 현대에 들어 '떳다방'의
모습으로 변질되었다.

기를 구가했던 약품이었다. 그러했으니 제중원에서도 다른 약들은 무상으로 지급했지만 금계랍만큼은 돈을 받았다. 그만큼 금계랍에 대한 조선인들의 '신뢰'는 높았다. 하여 금계랍은 요즘의 '아스피린'이나 '정로환' 같은 가정상비약 중 하나였다. 약장수들은 그런 금계랍의 '짝퉁'을 만들어 판매했는데, 그 주된 성분은 '밀가루'였다.

의료 기관의 턱없는 부족은 매약상이 활개를 칠 수 있는 발판을 마련해주었다. 약장수는 의료 혜택을 제대로 받지 못하는 농어촌을 돌면서 약을 팔았다. 물론 정직하게 약을 판매한 약장수들도 있었겠지만, 순진한 시골 사람들을 속여 폭리를 취하는 경우가 많았다. 그렇지만 부정한 수단으로 폭리를 취한 약장수들은 대부분 유령단체에 소속된 약장수들이 많았다고 한다. 경성에는 조선매약상회, 조선상회, 판본제약소 등 거대 매약상회가 있었다. 사실을 확인할 수는 없지만 이 회사들은 자신들이 고용한 매약행상들은 불법적으로 매약 판매를 하지 않는다고 못 박았다.

> 경남 창원군 청가면 속선리 19번지에 본적을 두고 각처로 약을 팔며 돌아다니는 조병식은 충남 논산군 강경면 북정에 사는 김현순과 공모하여 '와세링(바셀린)'에 붉은 물감을 섞은 후 그것을 조가비에 넣어 가지고 상처 난 곳과 기타 여러 가지 종처에 효험이 많은 곰의 기름이니 두꺼비의 기름이니 하여 지난달 28일에 안주군 율산리 거리에서 감언이설로 4원 50전을 편취하다가 안주 경찰서 경찰에게 체포되어 취조한 결과 두 사람은 신의주에서도 그와 같은 방법으로 기기한 일이 판명되어 지난 5일에 안주지청 검사국으로 서류와 함께 압송되었다더라. /「주의할 매약상」, 『동아일보』, 1922년 7월 16일.

약장수들의 불법행위로 피해를 보는 사람들이 많아졌다. 그뿐만 아니라 엉터리로 제조한 약을 먹고 죽는 사람까지 생겨났다. 조선매약상회를 비롯한 나름대로 이름을 알린 매약상회들도 불법 매약행상들을 단속해야 한다고 연일 목소리를 높였다. 경찰도 나서서 불법 매약행상을 단속했지만,

234

검거된 불법 매약행상은 미미했다. 또한 매약에 대한 규제가 엄격하지 않아서 검증받지 않은 약재로 매약을 만들어 파는 매약행상도 등장했다. 기존의 매약에 다른 첨가물을 넣어 소비자를 속이는 매약행상도 한둘이 아니었다. 공권력이 불법 매약행상 단속에 나섰지만 불법 매약행상의 활동은 좀처럼 줄어들지 않았다. 쉽게 돈을 벌 수 있었기 때문이었다.

'떳다방'의 문화사

시골을 돌며 매약행상을 했던 약장수가 사라진 자리에 지금은 '떳다방'이 등장했다. 노인들에게 '건강식품'이나 '유사 의료 기구'를 강매하고 사라지는 떳다방의 장사치들은 현대판 '약장수'다. 떳다방의 상술은 간단하다. 인정에 호소하거나, 사랑하는 자식들의 건강을 들먹이거나, 쇠약해가는 노인들의 건강을 두려움 속으로 밀어넣거나 한다. 떳다방의 장사치들도 예전의 약장수들처럼 '쇼'를 한다. 어른들 앞에서 노래를 부르고 춤을 추고 구성진 입담도 과시하고. 그다음에는 약을 선전한다. 최신 의약 기술로 만들어낸 신제품이라고. 신경통에도 좋고 치매 예방에도 좋다고. 갖은 아양을 떠는 장사치들의 꾐에 넘어가 어른들은 별반 효능도 없는 건강식품을 '만병통치약'으로 착각하고 산다. 어른들이 떳다방의 장사치들에게 산 것은 어쩌면 '약'이 아닐 것이다. 젊은이들이 자신들과 함께 놀아준 대가를 지불한 것일 터이다. '약'은 덤이라고 생각했을 것이다.

　우리는 기억하고 싶은 것만을 기억하는지도 모른다. 우리는 다양한 쇼를 보여주며 관객들을 즐겁게 해주던, 시골 장터 놀이판을 주름잡았던 '추억' 속의 '약장수'만을 기억하고 있는 것은 아닐까. 우리를 배꼽 빠지게 웃기며 기이한 '쇼'를 보여주었던 약장수는 그리 많지 않았다. 오히려 순진한 사람들의 등골을 빨아먹었던 약장수들이 더 많았다. 또한 시골 장터를 떠돌며 '만병통치약'을 팔았던 약장수의 그 '만병통치약'에 우리는 실소를 보내지만, 그 만병통치약이란 개념을 만들어낸 것은 떠돌이 약장수가 아니라 근대 제약회사였다. 그 제약회사야말로 진정한 허풍선이 '약장수'가 아니겠는가. 떳다방이나 약장수가 만병통치약을 팔 수 있었던 것도 어쩌면 근대 의학과 근대 제약회사들이 우리를 '건강 염려증 환자'로 부추긴 결과일지도 모른다.

에필로그

20세기의 가장 뛰어난 종교사가로 칭송받는 미르치아 엘리아데Mircea Eliade 가 쓴 『대장장이와 연금술사Forgerons et Alchimistes』라는 책이 있다. 그에게 대장장이와 연금술사는 '종교적 인간'이자 원시적 정식 구조를 분석하는 코드다. 대장장이는 철의 가공자이면서 불에 통달한 자이다. 엘리아데에게 야금술의 달인이었던 대장장이는 일반적인 '철의 노동자'가 아니라 불의 지배자이자 샤먼이자 영웅이자 신화적 왕의 상징이기도 하다. 불을 다룬다는 것, 광석으로부터 금속을 추출하고 정련한다는 것은 '자연'을 변화시키고 조절해서 새로운 물질로 만드는 일이다. 조물주가 인간의 형상을 빚었듯이 대장장이는 철을 담금질하고 주물러 인간에게 유용한 도구를 만들어낸다.

연금술사도 마찬가지다. 연금술사는 납을 금으로 만들어낸다는 허황된 판타지의 세계에 존재하는 자가 아니다. 대장장이나 연금술사나 모두 '시간을 지배'하려는 인간의 욕망을 대변하는 존재들이다. 자연보다 더 빨리 인간의 힘을 가속화하여 철을 만들고 금을 만들겠다는 것. 그들은 자연이 지배하는 시간이 아니라 인간이 조절하는 시간을 꿈꿨다. 그렇지만 그들이 자연이 지배하는 시간의 원칙을 오만하게 거슬렀던 것은 아니었다. 자연의 시간에 순응하면서도 이를 극복하려 했다. 대장장이와 연금술사의 '노동'은 신성한 통과의례를 위한 행위였다. 시간의 불가역성을 인정하면서도 그 불가역성을 부정하고 싶었던 대장장이와 연금술사. 거듭남의 재생을 갈구했던 대장장이와 연금술사의 욕망은 신화적이고 주술적인 세계에서만 현현되는 것은 아니다.

근대 과학은 자연의 신성성을 세속화하면서 성립되었다. 그 세속화의 가지들이 어쩌면 우리들이 그렇게도 붙잡고 있는 '직업'일지도 모른다. 자동차, 비행기, 고속철도 등은 자연의 시간을 단축하고 싶은 인간의 욕망이 현실화된 기계 문명이다. IT 기술은 시간과 공간을 초월한 네트워크를 구축하려는 인간의 의지가 표출된 것이다. 뿐만 아니라 '안티 에이징' 산업이나 줄기세포 산업, 제약 산업 등은 모두 시간의 불가역성에 대한 도전이다. 노화를 방지하고 생명을 연장시키는 것은 인간 본연의 욕망이자 꿈이지만, 그것은 자연의 시간을 배반할 때만 가능하다.

자연의 리듬을 극복하려는 의지가 낳은 근대의 직업들은 과학과 기술의 발전에 따라 생성과 소멸을 거듭한다. 그런 의미에서 최첨단 테크놀로지를 등에 업고 등장한 모든 직업은 연금술사의 근대적 버전인지도 모른다. 하지만 대장장이나 연금술사가 활동했던 시대와 지금 우리의 시대는 납을 금으로 만들 수 없다는 과학적 사실을 알고 있는 만큼이나 거리가 멀다. 더욱이 오늘날 우리가 선택한 직업은 '소명'으로서의 직업이라기보다는 '교환가치'로서의 직업인 경우가 흔하다. 우리가 몸담고 있는 직업은 그 사회의 욕망의 배치가 바뀜에 따라 함께 변화한다. 개인의 욕망에 따라 어떤 직업을 선택한다기보다는 그 사회의 주된 욕망이 무엇인가에 따라 개인들이 선택하는 직업의 선호도는 달라진다.

우리가 근대 자본주의 사회에서 살고 있는 한, 직업을 갖지 않고 평생을 살기는 아주 어려운 일이다. 직업은 인간이 사회적 개인으로 거듭나는 그 순간부터 죽을 때까지 함께하는 인생의 가장 가까운 벗이자 동반자다. 그런데 우리는 왜 자신이 선택한 직업으로부터 '즐거움'을 찾는 경우가 많지 않을까. 왜 우리는 대부분 일과 노동의 울타리 너머에서 인생의 즐거움을 찾는 경우가 많은 것일까. 왜 우리는 소명으로서의 직업을 선택하는 것이 아니라 교환가치로서의 직업을 선택해야만 하는 것일까.

일본 오키나와는 장수하는 노인들이 많기로 유명하다. 그곳의 사람들이 장수하는 비결은 호화로운 음식이나 정교한 운동 프로그램이 아니다. 그들의 장수 비결 중 하나는 '이키가이いきがい'다. 이키가이란 아침에 일어나야 할 이유다. 그것이 꼭 '직업'이 아니어도 좋다. 내가 그 일을 위해서

라면 아무리 힘들어도 기꺼이, 즐겁게, 아침에 눈을 뜨는 이유. 그것이 이키가이며, 살아가는 이유인 것이다. 현대인은 점점 자신의 진정한 '이키가이'와 '직업' 사이에 커다란 괴리를 느끼기 쉽다. '당신의 직업은 무엇입니까?'라는 질문보다 더 중요한 것은 '오늘 아침 눈을 뜬 이유는 무엇인가요?'라는 질문이 아닐까. 오늘 우리가 아침에 일어난 이유가 오늘 당신이 '출근'하는 이유와 같기를…….

그 어떤 선택을 할지라도, 우리는 우리의 삶에, 인생에 이렇게 대답할 수 있었으면 좋겠다.

존 바에즈의 노래처럼.

Gracias la vida.
인생이여, 고마워요.

참고문헌

1. 소리의 네트워커, 전화교환수

「'하이 하이, 난방'이 입버릇 된 교환수 아가씨의 설움」,『동아일보』, 1928년 2월 25~26일.
「모던 걸이란 어떠한 여자인가」,『중외일보』, 1927년 7월 25일.
「소화」,『삼천리』, 1932년 5월.
「얼굴보다 중요한 '키', 산호가지 같은 '귀', 이상야릇한 '적성시험', 전화교환수의 자격」,
　　　『동아일보』, 1936년 2월 20일.
「여교환수의 생활 이면」,『동아일보』, 1924년 6월 13일.
「여자 직업 순례—어느 편이 기계인지 분간키 어려운 동작」,『중외일보』, 1929년 10월 10일.
「여자 직업 안내—돈 없어서 외국 유학 못 가고 취직할 곳 몇이나 되는가」,『별건곤』,
　　　1927년 3월.
「전화교환수로 일가를 부양」,『중외일보』, 1927년 11월 9일.
「환영받는 조선인 전화교환수, 젊은 여자의 새 직업」,『동아일보』, 1920년 4월 12일.
강이수,「근대 여성의 일과 직업관」,『사회와역사』65권, 2004.
강이수,「일제하 근대 여성 서비스직의 유형과 실태」,『페미니즘연구』5호, 2005.
광화문국 김○숙,「각계각급 백지 한 겹 관계자 간의 신년 소원」,『별건곤』, 1929년 1월.
광화문 분국 전화교환수 이막동,「교환수가 본 세상, 학대와 비애」,『동아일보』, 1924년 1월
　　　1일.
김경일,『여성의 근대, 근대의 여성』, 푸른역사, 2004.
김원모,『한미수교사』, 철학과현실사, 1999.
민영환,『사구속초使歐續草』(『민충정공 유고(전)』), 이민수 옮김, 일조각, 2000.
박대양,『동사만록東槎漫錄』(『국역 해행총재 6권』), 남만성 옮김, 민족문화추진회, 1985.
요시미 순야,『소리의 자본주의』, 송태욱 옮김, 이매진, 2005.
용당포인,「전화로 3년간 연애」,『별건곤』, 1929년 1월.
윤지현,「1920~30년대 서비스직 여성의 노동 실태와 사회적 위상」,『여성과역사』10집,
　　　2009.
이규태,『개화백경』, 신태양사, 1973.
이기영,『정보통신 역사기행』, 북스토리, 2006.
이승원,「근대 전환기 기행문에 나타난 세계 인식의 변화 연구」, 인천대학교 박사학위 논문,
　　　2006.
이승원,『소리가 만들어낸 근대의 풍경』, 살림, 2005.
전화가설자 이창렬,「각계각급 백지 한 겹 관계자 간의 신년 소원」,『별건곤』, 1929년 1월.
토머스 포리스트 켈리,『음악의 첫날밤』, 김병화 옮김, 황금가지, 2005.

2. 모던 엔터테이너, 변사

「60원 잃은 문예봉」,『삼천리』, 1936년 2월.
「변사에게 불덩이—설명을 잘 못한다고」,『매일신보』, 1919년 1월 18일.

「시사평론」,『대한매일신보』, 1907년 12월 4일.

「연극장에 독갑이」,『대한매일신보』, 1908년 11월 8일.

「예단 일백인藝壇一百人 (98)」,『매일신보』, 1914년 6월 9일.

「오페라백은 괴상한 복면」,『동아일보』, 1927년 3월 1일.

「자유를 절규하고」,『동아일보』, 1920년 7월 8일.

「활동사진어람」,『만세보』, 1907년 5월 12일.

『동아일보』, 1926년 12월 8일.

강현구, 「1920, 30년대 대중소설에 나타난 굿·배드·맨과 변사의 목소리」,『국어국문학』
    134호, 2003.

김만수, 「'유성기 음반에 수록된 영화 설명 대본'에 대하여」,『한국극예술연구』6집, 1996.

김수남, 「조선 무성영화 변사의 기능적 고찰과 미학 연구」,『영화연구』24호, 2004.

노지승, 「'나운규 영화'의 관객들 혹은 무성영화 관객에 대한 한 연구」,『상허학보』23집,
    2008.

벽파생, 「영화 해설자의 편어」,『중외일보』, 1927년 7월 24일.

변사 성동호, 〈아리랑〉, 김만수 채록, Regal C 107-108.

서광제, 「영화의 원작 문제—영화소설 기타에 관하야」,『조광』, 1937년 7월.

심훈, 「관중의 한 사람으로 해설자 제군에게」,『조선일보』, 1928년 11월 18일.

안종화,『한국영화측면비사』, 현대미학사, 1998.

유홍태, 「은막암영 속에 희비를 좌우하던 당대 인기 변사 서상호 일대기」,『조광』, 1938년
    10월.

이정배, 「조선 변사의 연원과 의의」,『인문과학 연구』21집, 강원대학교, 2009.

이필우, 「영화계를 논하는 망상배들에게—제작자로서의 일언」,『중외일보』, 1930년 3월
    23~24일.

조희문, 「무성영화 해설자 변사 연구」,『영화연구』13호, 1997.

주은우, 「미국 무성영화와 백인 국가의 탄생」,『미국사연구』24집, 2006.

주창규, 「무성영화 〈아리랑〉의 탈식민성에 대한 접근」,『정신문화연구』106호, 2007.

팔극생八克生, 「활동 변사에게」,『매일신보』, 1919년 8월 22일.

하소, 「영화가 백면상」,『조광』, 1937년 12월.

3. 문화계의 이슈 메이커, 기생

「경찰관 무임」,『대한매일신보』, 1909년 3월 23일.

「공개 욕장에 예·창기 입욕 엄금」,『매일신보』, 1930년 6월 15일.

「괴악한 계집」,『대한매일신보』, 1910년 7월 13일.

「논설」,『독립신문』, 1898년 2월 12일.

「단발랑 1—머리 깎고 남복한 여학생, 그는 한성권번의 강향란」,『동아일보』, 1922년 6월
    22일.

「매음녀 중치」,『대한매일신보』, 1909년 4월 3일.

「반양복 금지」,『대한매일신보』, 1910년 3월 30일.

「시사평론(사계四戒)」,『대한매일신보』, 1909년 9월 18일.

「일노기—老妓의 자백自白 2」, 『매일신보』, 1914년 7월 29일.

「잡보」, 『독립신문』, 1896년 7월 11일.

「패란풍속」, 『대한매일신보』, 1909년 5월 29일.

가와무라 미나토, 『말하는 꽃 기생』, 유재순 옮김, 소담출판사, 2002.

강명관, 「조선 후기 기녀 제도의 변화와 경기京妓」, 『한국고전여성문학연구』 18, 2009.

기생 롱운, 「교육이 제일 급선무」, 『대한매일신보』, 1908년 5월 22~23, 28일.

김난홍, 「기생 생활의 이면(일)」, 『장한』, 1927년 1월.

미셸 푸코, 『성의 역사 1: 앎의 의지』, 이규현 옮김, 나남출판, 1997.

바츨라프 세로셰프스키, 『코레야 1903년 가을』, 김진영 외 옮김, 개마고원, 2006.

번 벌로 · 보니 벌로, 『매춘의 역사』, 서석연 · 박종만 옮김, 까치, 1992.

손종흠 · 박경우 · 유춘동 편, 『근대 기생의 문화와 예술: 자료편 1』, 보고사, 2009.

손종흠 · 박경우 · 유춘동 편, 『근대 기생의 문화와 예술: 자료편 2』, 보고사, 2009.

스티븐 컨, 『육체의 문화사』, 이성동 옮김, 의암출판, 1996.

신현규, 『기생, 조선을 사로잡다』, 어문학사, 2010.

옥향, 「저주받은 이 몸」, 『장한』, 1927년 2월.

윤옥향, 「예기의 입장과 자각」, 『장한』, 1927년 2월.

이능화, 『조선해어화사』, 이재곤 옮김, 동문선, 1992.

이사벨라 버드 비숍, 『한국과 그 이웃나라들』, 이인화 옮김, 살림, 1994.

이서구, 「경성의 재즈, 서울 맛 · 서울 정조情調」, 『별건곤』, 1929년 9월.

이승원, 「근대적 신체의 발견과 위생의 정치학」, 『국민국가의 정치적 상상력』, 소명출판, 2003.

이월향, 「눈물겨운 나의 애화」, 『장한』, 1927년 1월.

이인직, 『혈의 누』, 광학서포, 1907.

전난홍, 「기생도 노동자다-ㄹ가?」, 『장한』, 1927년 2월.

전봉관, 『경성 자살 클럽』, 살림, 2008.

『관보』, 내각 법제국 관보과, 1908년 9월 28일.

4. 이야기의 메신저, 전기수

강경애, 『강경애 전집』, 이상경 엮음, 소명출판, 2002.

강명관, 『안쪽과 바깥쪽』, 소명출판, 2007.

강명관, 『책벌레들 조선을 만들다』, 푸른역사, 2007.

권미숙 · 서인석, 「경북 북부 지역의 고전소설 유통과 '글패'」, 『고전문학과 교육』 17집, 2009.

김유탁, 「신문 광포 의견서」, 『서우』, 1907년 8월.

발터 벤야민, 『발터 벤야민의 문예이론』, 반성완 편역, 민음사, 1999.

서혜은, 「경판 방각소설의 대중성과 사회의식 연구」, 경북대학교 박사학위 논문, 2007.

안대회, 『조선을 사로잡은 꾼들』, 한겨레출판사, 2010.

알베르토 망구엘, 『독서의 역사』, 정명진 옮김, 세종서적, 2000.

유재건, 『이향견문록』, 실시학사 고전문학연구회 옮김, 글항아리, 2008.

이민희, 『책쾌 송신용』, 역사의아침, 2011.

이신성, 「이조 후기 이야기꾼과 '한문 단편'의 구성에 대한 연구」, 『어문학교육』 1권, 1978.

이옥, 『완역 이옥 전집 2』, 실시학사 고전문학연구회 엮음, 휴머니스트, 2009.

이우성 · 임형택 역편, 『이조한문단편집 상』, 일조각, 1990.

임형택, 「18 · 9세기 '이야기꾼'과 소설의 발달」, 『한국학논집』 2집, 계명대학교
        한국학연구원, 1980.

조수삼, 『이야기책 읽어주는 노인』, 박세영 · 박윤원 옮김, 보리, 2005.

조수삼, 『추재기이』, 허경진 옮김, 서해문집, 2008.

채만식, 『태평천하』 채만식전집 3, 창작사, 1987.

천정환, 『근대의 책 읽기』, 푸른역사, 2003.

한설야, 「나의 인간수업, 작가수업」, 『우리 시대의 작가수업』, 역락, 2001.

5. 트랜스 마더, 유모

「아이들을 입 맞추지 말 일」, 『가정잡지』, 1906년 10월.

「논설」, 『독립신문』, 1896년 12월 12일.

「논설」, 『독립신문』, 1898년 1월 4일.

「돈벌이하는 여성의 이면과 표면―어머니 대신으로 젖을 먹이는 인자한 젖어머니살이」,
        『동아일보』, 1928년 3월 6일.

「시사평론」, 『대한매일신보』, 1908년 8월 27일.

「시어머니 젖 먹여 봉양한 일」, 『가정잡지』, 1906년 8월.

「신체엔 손을 안 대도 상해죄가 성립될까」, 『조선중앙일보』, 1935년 8월 4일.

「애기에게는 어머니 젖이 제일」, 『조선중앙일보』, 1936년 2월 24일.

「유모가 부족」, 『동아일보』, 1929년 9월 28일.

「유모를 선택할 때 세 조건을 잊지 마라」, 『동아일보』, 1932년 3월 9일.

『국역승정원일기』, 고종 12년 10월 10일.

『일성록』, 정조 11년 2월 22일.

김명준, 「가정학역술」, 『서우』, 1907년 3월.

매릴린 옐롬, 『유방의 역사』, 윤길순 옮김, 자작나무, 1999.

박홍갑 · 이근호 · 최재복, 『승정원일기―소통의 정치를 논하다』, 산처럼, 2009.

변옥, 「어린아이 기르는 법」, 『자선부인회잡지』, 1908년 8월.

이해조, 『자유종』, 광학서포, 1910.

전미경, 『근대 계몽기 가족론과 국민 생산 프로젝트』, 소명출판, 2005.

D.T.K., 「상식 강좌」, 『별건곤』, 1928년 2월.

6. 바닥 민심의 바로미터, 인력거꾼

「전前세기의 유물' 건재―사회악으로 타락한 인력거」, 『동아일보』, 1955년 5월 22일.

「경찰이 조합 측에 교섭, 물가 조절에 의한 목욕 이발료 인력거 삯을 내리려 하는 실제의
        운동」, 『동아일보』, 1922년 11월 5일.

「경찰이 조합 측에 교섭」, 『동아일보』, 1922년 11월 5일.

「기술한 여학교」, 『대한매일신보』, 1908년 9월 25일.
「남문역 구내에서 인력거 표를 발매」, 『동아일보』, 1921년 4월 22일.
「목욕탕, 이발, 인력거 등 조합 측은 감액 부정, 물가 내림은 결국은 실패인가」, 『동아일보』,
　　1922년 11월 9일.
「불법의 인력거대, 과료로 처분한다」, 『동아일보』, 1920년 4월 12일.
「신년과 제4계급의 감상」, 『개벽』, 1925년 1월.
「야만의 행위」, 『대한매일신보』, 1908년 10월 25일.
「인력거 영업 단속 규칙」, 『대한매일신보』, 1908년 8월 20~26일.
「인력거 차대 취체 엄격」, 『동아일보』, 1910년 5월 6일.
「인력거 파업은 해결」, 『동아일보』, 1922년 11월 25일.
「인력거꾼 수작」, 『서북학회월보』, 1909년 12월.
「인력거꾼 친목회」, 『동아일보』, 1924년 1월 6일.
「인력거꾼 행패」, 『대한매일신보』, 1908년 10월 25일.
「인력거꾼의 중국 마차 배척」, 『동아일보』, 1923년 6월 16일.
「인력거 대검사, 인력거를 검사하고 차부의 의복도 단속」, 『동아일보』, 1921년 4월 12일.
「인력거부 동맹파업, 시가의 남부는 교통 사절 상태」, 『동아일보』, 1922년 11월 23일.
「인력거부의 단결체, 조선노동친목회」, 『동아일보』, 1924년 1월 7일.
「자동차 마차 인력거 등 경성에 만오천사백 대」, 『동아일보』, 1926년 5월 14일.
「자동차 홍수 시대」, 『중앙일보』, 1931년 12월 18일.
「자동차는 우리의 적—패배자의 석일몽」, 『조광』, 1935년 10월.
「직업에 귀천이 있으랴!」, 『동아일보』, 1932년 3월 31일.
「직업으로 본 세상의 면면」, 『동아일보』, 1924년 1월 1일.
「투서」, 『대한매일신보』, 1909년 7월 7일.
「확충된 대동학교의 서광, 직업에 귀천 있으랴!」, 『동아일보』, 1932년 3월 31일~4월 1일.
김백영, 『지배와 공간—식민지 도시 경성과 제국 일본』, 문학과지성사, 2009.
김영근, 「일제하 서울의 근대적 대중교통수단」, 『한국학보』 98, 2000.
서울특별시사편찬위원회, 『서울육백년사』 제4권, 1981.
유모토 고이치, 『일본 근대의 풍경』, 연구공간 수유 너머 동아시아 근대 세미나팀 옮김,
　　그린비, 2004.

7. 러시아워의 스피드 메이커, 여차장

「'뻐스'의 차체 진동으로 여차장 전락 즉사」, 『동아일보』, 1940년 3월 9일.
「'여성을 논평하는' 남성 좌담회」, 『삼천리』, 1935년 7월.
「7전짜리 자동차 20일부터 운전」, 『동아일보』, 1928년 4월 19일.
「각 버스 종업원 연합, 순직 여차장 장례」, 『동아일보』, 1932년 8월 17일.
「고, 스톱 하는 뻐스 여학교, 가로에 활약하는 104명의 여인군女人軍—거리의 여학교를
　　찾아서 3」, 『삼천리』, 1936년 1월.
「고물가시대 상의 점묘 (일)」, 『동아일보』, 1937년 6월 10일.
「고소상 내용 사실 전연 무근 여차장 정조 유린사건 피고소인 야전 씨 담」, 『동아일보』,

1933년 2월 3일.

「대경성의 숫자 행진 (1)-교통기관 편」, 『중앙일보』, 1931년 12월 15일.

「돈 감추었나 보다고, '뻐스 껄' 나체 검사」, 『조선중앙일보』, 1934년 12월 11일.

「뻐스 여차장 합격자는 7명」, 『동아일보』, 1930년 4월 11일.

「뻐스 운전수와 여차장 모집시험―募集試驗」, 『동아일보』, 1930년 4월 9일.

「뻐스 껄임을 기화로 차임을 중간 횡령」, 『동아일보』, 1938년 3월 3일.

「서울 직업부인의 보수」, 『삼천리』, 1931년 12월.

「여차장 가방 속에서 전차회수권 절취」, 『동아일보』, 1936년 3월 28일.

「여차장 울린 귀신같은 절도」, 『동아일보』, 1937년 8월 9일.

「여차장의 도난, 현금 7원 50전을 '스리' 당해」, 『동아일보』, 1938년 11월 29일.

「여차장의 생활표」, 『동아일보』, 1937년 6월 10일.

「오늘부터 운전할 뻐스와 여차장」, 『동아일보』, 1928년 4월 22일.

「조선 여성의 새 직업―가두에서 분투하게 된 뻐스 걸의 설움」, 『동아일보』, 1928년 4월
    25일.

「직업부인 문제 특집―직업부인 좌담회」, 『신여성』, 1933년 4월.

「직업의 여탈을 호이拜餌로 여차장의 정조를 유린」, 『동아일보』, 1933년 2월 2일.

「질주 자동차에서 여차장 추락 즉사」, 『동아일보』, 1940년 5월 18일.

「취객 3명이 여차장을 힐난, 모두 유치장 직행」, 『조선중앙일보』, 1934년 6월 1일.

×××차고 박순자, 「뻐스 껄의 생활기」, 『제1선』, 1932년 8월.

김기림, 「에트란제의 제일과第一課 (1)」, 『중앙일보』, 1933년 1월 1일.

김기림, 「직업여성의 성문제」, 『신여성』, 1933년 4월.

김백영, 『지배와 공간―식민지도시 경성과 제국 일본』, 문학과지성사, 2009.

김성마金城馬, 「정조와 직업여성, 서도수향西都水鄕의 가지가지」, 『삼천리』, 1934년 9월.

김영근, 「일제하 서울의 근대적 대중교통수단」, 『한국학보』 98, 2000.

나혜석, 『나혜석 전집』, 이상경 편집교열, 태학사, 2000.

노신, 『무덤―노신 잡문집』, 홍석표 옮김, 선학사, 2001.

서울특별시사편찬위원회, 『서울육백년사 제4권』, 1981.

쌍에스생, 「대경성 광무곡」, 『별건곤』, 1929년 1월.

유광렬, 「대경성 회상곡」, 『별건곤』, 1929년 1월.

이승원, 『소리가 만들어낸 근대의 풍경』, 살림, 2005.

8. 토털 헬스 케어? 물장수

「광고」, 『황성신문』, 1908년 8월 26일.

「논설」, 『독립신문』, 1896년 5월 19일.

「논설」, 『독립신문』, 1896년 6월 27일.

「논설」, 『독립신문』, 1897년 9월 2일.

「논설」, 『제국신문』, 1900년 5월 24일.

「논설」, 『제국신문』, 1900년 5월 24일.

「대한수도회사 광고」, 『대한매일신보』, 1909년 3월 5일.

「만국위생회」,『한성순보』, 1884년 5월 5일.
「서양인의 물론」,『제국신문』, 1900년 11월 10일.
「수상조합은 인민의 원굴」,『매일신보』, 1912년 12월 14일.
「시사필언」,『제국신문』, 1901년 3월 23일.
「위반자 속출」,『매일신보』, 1915년 8월 12일.
김동환, 「북청北靑 물장사」,『동아일보』, 1924년 10월 13일.
김재호, 「물장수와 서울의 수도」,『경제사학』 23호, 1997.
류시화 엮음,『나는 왜 너가 아니고 나인가』, 김영사, 2003.
北澤一利,『「健康」の 日本史』, 平凡社, 2000.
사라 네틀턴,『건강과 질병의 사회학』, 조효제 옮김, 한울아카데미, 1997.
서울특별시 상수도사업본부,『서울 상수도 백년사: 1908~2008』, 2008.
小野芳朗,『「淸潔」の 近代』, 講談社, 1997.
스티븐 컨,『육체의 문화사』, 이성동 옮김, 의암출판, 1996.
신동원,『한국근대보건의료사』, 한울아카데미, 1997.
아노 카렌,『전염병의 문화사』, 권복규 옮김, 사이언스북스, 2001.
유재건,『이향견문록』, 실시학사 고전문학연구회 옮김, 글항아리, 2008.
이승원, 「근대적 신체의 발견과 위생의 정치학」,『국민국가의 정치적 상상력』, 소명출판, 2003.
퍼시벌 로웰,『내 기억 속의 조선, 조선 사람들』, 조경철 옮김, 예담, 2002(1885).
하원호, 「물장수」,『내일을 여는 역사』 3호, 2000.
G. W. 길모어,『서울풍물지』, 신복룡 옮김, 집문당, 1999(1892).
H. B. 헐버트,『대한제국멸망사』, 신복룡 옮김, 평민사, 1984(1906).
L. H. 언더우드,『상투의 나라』, 신복룡·최수근 역주, 집문당, 1999(1904).

9. 메디컬 트릭스터, 약장수

「광고」,『대한매일신보』, 1907년 10월 1일.
「광고」,『동아일보』, 1929년 12월 25일.
「광고」,『매일신보』, 1911년 1월 7일.
「광고」,『매일신보』, 1911년 4월 25일.
「논설」,『독립신문』, 1896년 12월 1일.
「담배 한 대 피워 물고」,『삼천리』, 1931년 4월 1일.
「아무 가정에서나 할 수 있는 신식 부업 몇 가지, 200원 자본으로 매월 90원 수입되는 매약청매업」,『별건곤』, 1929년 4월 1일.
「임질 전염」,『대한매일신보』, 1907년 10월 27일.
「잡보」,『제국신문』, 1899년 3월 16일.
「잡보」,『제국신문』, 1899년 4월 11일.
「전조선 농촌을 무대로 부정 매약상 발호」,『중외일보』, 1928년 1월 31일.
「주의할 매약상」,『동아일보』, 1922년 7월 16일.
고병철, 「일제시대 건강 담론과 약의 구원론」,『종교연구』 30, 2003.

김미영, 「일제하 〈조선일보〉의 성병관련 담론 연구」, 『정신문화연구』 103호, 2006.

김윤성, 「개항기 개신교 의료선교와 몸에 대한 인식틀의 '근대적' 전환」, 서울대 종교학과 석사학위, 1994.

르네 듀보, 『건강 유토피아』, 허정 옮김, 명경, 1994.

미셸 푸코, 『임상의학의 탄생』, 홍성민 옮김, 인간사랑, 1993.

北澤一利, 『健康'の 日本史』, 平凡社, 2000.

사라 네틀턴, 『건강과 질병의 사회학』, 조효제 옮김, 한울아카데미, 1997.

小野芳朗, 『清潔'の 近代』, 講談社, 1997.

신동원, 『한국근대보건의료사』, 한울아카데미, 1997.

자크 르 고프 · 장 샤를 수르니아 편, 『고통받는 몸의 역사』, 장석훈 옮김, 지호, 2000.

조지 M. 포스터 · 바바라 G. 앤더슨, 『의료인류학』, 구본인 옮김, 한울, 1994.

콜린 고든 편, 『권력과 지식: 미셸 푸코와의 대담』, 홍성민 옮김, 나남, 1991.

크리스 쉴링, 『몸의 사회학』, 임인숙 역, 나남출판, 1999.

H. N. 앨런, 『조선견문기』, 신복룡 역주, 집문당, 1999(1908).